◎天津市2023年度哲学社会科学规划重点项目“个人生物识别信息的法律保护研究”（项目编号：TJFX23-004）成果

GEREN SHENGWU SHIBIE XINXI
FALÜ BAOHU YANJIU

个人生物识别信息
法律保护研究

朱沛智◎著

中国检察出版社

图书在版编目（CIP）数据

个人生物识别信息法律保护研究 / 朱沛智著 . 北京 : 中国检察出版社 , 2024. 8. -- ISBN 978-7-5102-3131-5

Ⅰ . D923.04

中国国家版本馆 CIP 数据核字第 2024X9K177 号

个人生物识别信息法律保护研究

朱沛智　著

责任编辑： 彭羽涵

技术编辑： 王英英

封面设计： 徐嘉武

出版发行： 中国检察出版社

社　　址： 北京市石景山区香山南路 109 号（100144）

网　　址： 中国检察出版社（www. zgjccbs. com）

编辑电话：（010）86423798

发行电话：（010）86423726　86423727　86423728

（010）86423730　86423732

经　　销： 新华书店

印　　刷： 唐山玺诚印务有限公司

开　　本： 710 mm × 960 mm　16 开

印　　张： 15.75

字　　数： 213 千字

版　　次： 2024 年 8 月第一版　　2024 年 8 月第一次印刷

书　　号： ISBN 978 - 7 - 5102 - 3131 - 5

定　　价： 52.00 元

前　言

个人生物识别信息被应用于身份识别是科技进步与发展的产物。每个人的生物特征都具有独特性。与传统的身份识别方式相比，个人生物识别信息的识别功能不但高效便捷，而且准确度更高。随着生物识别技术的迅速发展，人们在享受高科技给生活带来的实惠、便捷的同时，也会面临一些风险。个人生物识别信息一旦被不当使用，将会引发巨大的安全风险。现实生活中，个人生物识别信息被非法收集、使用、滥用的现象层出不穷，严重地损害了信息主体的合法权益。目前，我国立法对个人生物识别信息的保护力度在不断加强，但在个人生物识别信息法律保护方面依然存在很多不足之处，仍需要进一步完善。本书从我国个人生物识别信息的应用现状入手，界定个人生物识别信息保护中法律关系的主体，论述主体之间的强弱势对比关系，分析个人生物识别信息保护的立法现状及存在的问题，探究个人生物识别信息法律保护的必要性与基本范畴、理论基础，对个人生物识别信息法律保护的发展历程进行梳理，分析个人生物识别信息保护的立法现状及存在的问题，总结经验教训，立足于具有中国特色的个人生物识别信息法律保护制度的构建，以期为完善个人生物识别信息法律保护提出具体的建议，同时也为我国个人信息保护立法及实践提供参考。

本书共分为六章。

第一章是个人生物识别信息的法律界定。本章从个人生物识别信息的定义入手，对个人生物识别信息与相关概念，如个人生物识别信息数据、个人信息、个人隐私之间的关系进行界定；阐述个人生物识别信息具有唯一性、不可更改性、可识别性、易受损害且损害结果不可逆性等特征；对个人生物识别信息进行类型化研究；分析个人生物识别信息兼具人格利益与财产利益的双重属性。

第二章是个人生物识别信息的处理。本章对个人生物识别信息处理的内容、处理的原则进行论述；分析个人生物识别信息处理中存在的风险；介绍个人生物识别信息的应用范围，既包括公共应用，也包括商业应用、私人应用；探讨个人生物识别信息应用的发展趋势与边界，提出应当对个人生物识别信息的应用边界进行合理限定。

第三章是个人生物识别信息法律关系的权利主体。本章对个人生物识别信息法律关系的权利主体进行界定，探讨信息主体享有权利的性质及内容，并对信息主体权利的现状进行分析，提出加强对个人生物识别信息法律保护的必要性。

第四章是个人生物识别信息法律关系的义务主体。本章对个人生物识别信息法律关系的义务主体进行界定；分析个人生物识别信息保护中信息处理者负有安保义务的理论基础，明确信息处理者应当履行安保义务的具体内容。

第五章是个人生物识别信息保护的立法现状及存在的问题。本章对个人生物识别信息保护法律制度的理论基础进行探究，界定个人信息保护法的属性，并对国内外关于个人生物识别信息保护的立法现状，以及我国个人生物识别信息法律保护中存在的问题进行分析。

第六章是个人生物识别信息法律保护的完善。本章针对我国个人生物识别信息法律保护中存在的问题，重点对个人生物识别信息保护中的知情同意原则、个人生物识别信息侵权损害的认定、个人生物识别信息侵权责任制度、个人生物识别信息保护民事公益诉讼制度的完善，以及个人生物识别信息保护行政公益诉讼制度的构建进行探讨。

本书是2023年天津市哲学社会科学规划重点项目“个人生物识别信息的法律保护研究”（项目编号：TJFX23-004）的成果。个人生物识别信息的法律保护是一项系统工程，值得研究的内容非常广泛，本书不可能面面俱到，研究难免存在不足之处，期待专家学者予以批评指正。

Contents 目录

第一章　个人生物识别信息的法律界定

第一节　个人生物识别信息概述

个人生物识别信息需要特定的技术予以处理，信息技术的发展使个人生物识别信息的处理日益呈现出高效化、便捷化的特征。个人生物识别信息由于具有唯一性和难以变更性，能够精准识别特定的人，成为大数据时代自然人身份验证方式的新形态。人脸、指纹、虹膜、声纹等个人生物识别信息正广泛应用于治安防控、金融机构、公共交通、娱乐、智能建筑、商业贸易等诸多领域，并随着技术的发展应用于更广泛的领域。

一、个人生物识别信息的定义

个人生物识别信息是指由信息处理者通过相应的技术对自然人的生物特征、行为特征进行收集、加工，从而实现对特定个人进行识别的信息。一般来讲，信息处理者通过生物识别技术来收集、加工自然人的生物信息。生物识别技术是运用计算机技术，结合光学、声学、生物传感器，以及生物统计学原理等手段，依据人们的生物、行为特征来实现身份识别的技术。目前，该技术已被广泛运用到个人计算机、手机、安全门禁、零售店支付以及银行、交通安检、公共安全等众多领域。[①] 个人生物识别信息是生物识别信息法律关系中的重要客体，与自然人的权利密切相关。[②] 随着信息

① 参见刘越:《论生物识别信息的财产权保护》，载《法商研究》2016 年第 6 期。

② 参见付微明:《个人生物识别信息的法律保护模式与中国选择》，载《华东政法大学学报》2019 年第 6 期。

时代、数据时代的到来，互联网技术发展迅猛，使得人们的日常活动变得有迹可循，人们因此常说互联网是有记忆的。在大数据时代，数据的重要性与日俱增，成为与土地、资本、劳动力同等重要的社会基础要素，被称作为新时代的"石油"。① 实际上，单纯的数据价值并不大，正是蕴含了个人信息，才使得数据具有了更大的价值。个人信息遍及社会、经济的各个方面，成为社会的基础资源以及经济活动的重要要素，个人信息中的生物识别信息也同样如此。对个人生物信息进行识别的目的是将个人生物识别信息与特定的个人建立联系。个人生物识别信息正逐渐成为大数据时代自然人个人身份的新形态，即数字身份的重要组成部分，其所对应的社会关系已然成为法律调整的重要对象，将个人生物识别信息这一概念由技术领域代入法律领域也是顺理成章的事情。

欧盟把信息称为数据，2018 年欧盟实施的《通用数据保护条例》(GDPR)对生物识别数据进行了界定②。美国伊利诺伊州《生物识别信息隐私法》界定生物识别信息是根据个人生物特性唯一标识性可用于鉴别自然人的数据信息，是一种来源于自然人个人，能被识别为特定人的生物信息。英国的《个人数据保护法案》将"生物信息数据"界定为以自然人唯一的生物信息特征为基础，包括人脸、身材等物理特征，虹膜、指纹、DNA 等生物特征以及声音、习惯等行为特征，经过特定技术处理而获取的数据。

我国《信息安全技术生物特征识别信息的保护要求》也强调个人生物识别信息的可识别性。③《信息安全技术　个人信息安全规范》对生物识别

① 参见高富平:《数据生产理论——数据资源权利配置的基础理论》，载《交大法学》2019 年第 4 期。

② 2018 年欧盟《通用数据保护条例》第 4 条第 14 款规定，生物识别数据是指通过对自然人的物理、生物或行为特征进行特定技术处理而得到的相关个人数据。这类数据生成该自然人的唯一标识，比如人脸图像或指纹数到的相关个人数据。

③《信息安全技术个人信息安全规范》和《信息安全技术生物特征识别信息的保护要求》规定，个人生物识别信息是指根据人的生理特征和行为特征所识别的信息。

信息进行了列举[①]，民法典、个人信息保护法（以下简称个保法）、网络安全法等法律都把个人信息划分为一般个人信息和敏感个人信息，而生物识别信息属于典型的敏感个人信息。

二、个人生物识别信息与相关概念

个人生物识别信息与相关概念，如与个人生物识别信息数据、个人信息、个人隐私在保护的内容、义务主体、保护机制等方面有一定的相似之处，容易被人们混淆，但实际上它们又有明显的不同。对它们进行区分，有助于更好地进行相应的法律保护。

（一）个人生物识别信息与个人生物识别信息数据

在现实生活中，“信息”和“数据”两个概念经常被人们混用，欧盟的立法常常使用“数据”，美国的立法往往使用“信息”的表达方式。近年来关于“信息”和“数据”之间的关系，学界引发了热烈争论，有不同的观点。一种观点认为二者实际上是一回事。如程啸认为大数据时代下单个自然人的个人数据本身并无价值，真正蕴含巨大经济价值的是政府以及数据处理企业所收集和储存的海量个人数据[②]，在其表述中认为个人数据就是个人信息。另一种观点则认为，“信息”与“数据”有所不同，有学者认为数据是信息的一种体现形式[③]，也有学者认为“信息”和“数据”二者之间在外延、属性和存在状态等方面存在明显的区别[④]。笔者认同“个人信息”和“个人数据”二者之间有区别的观点。

① 我国《信息安全技术　个人信息安全规范》第5.4条规定，个人生物识别信息的范围包括个人基因、指纹、声纹、掌纹、耳廓、虹膜、面部识别特征等。

② 参见程啸：《论大数据时代的个人数据权利》，载《中国社会科学》2018年第3期。

③ 参见纪海龙：《数据的私法定位与保护》，载《法学研究》2018年第6期。

④ 参见梅夏英：《数据的法律属性及其民法定位》，载《中国社会科学》2016年第9期。

关于数据保护，欧洲议会于1981年通过了《保护自动化处理个人数据公约》，这是迄今为止第一个规范并保护个人数据、促进数据交流的国际公约。1995年欧盟颁布的《关于涉及个人数据处理的个人保护以及此类数据自由流动的指令》（以下简称《95指令》）对数据进行了界定。[①] 2012年欧盟委员会颁布了《欧洲议会和理事会保护个人资料处理权益以及促进个人资料自由流通条例草案》，对实施了近17年的《95指令》进行了修订。由于存在诸多争议，直到2016年4月14日，欧洲议会才最终投票通过了商讨多年的欧盟《通用数据保护条例》（GDPR），该条例在2018年5月25日生效，其中对个人数据进行了界定[②]。国际标准化组织（ISO）也对个人数据下了定义。[③] 从这些国家和地区以及国际组织对数据的法律界定，可以看出，有的把数据等同于信息，如欧盟；有的则认为个人数据是个人信息内容的表现形式，如国际标准化组织。

在我国的立法中，“数据”一词最早以“网络数据”之名出现在网络安全法中[④]，该法规定的数据主要是指各种电子数据。由于网络数据只是数据的一个种类，所以这是对数据的一种狭义理解。2021年颁布并施行的数据安全法中，作为虚拟空间的一个拟制概念，数据的范围既包括电子数据，也包括其他形式的数据。[⑤]

---

①《95指令》第2条规定："个人数据是指任何和被识别的或可被识别的自然人（数据主体）有关的信息。"

② GDPR第4条第1项规定："个人数据是指与一个被识别的（identified）或者可以被识别的（identifiable）自然人（数据主体）有关的任何信息；一个可被识别的自然人是指一个可以被直接或间接识别的，尤其是通过姓名、身份号码、地理位置、网上标识，或是通过与自然人所特有的身体的、心理的、基因的、精神的、经济的、文化的或是社会身份的一个或多个因素。"

③ 国际标准化组织（ISO）对数据下的定义是：数据是信息的一种形式化呈现方式，通过该种形式可将信息的内容展示出来，便于沟通、展示含义或处理。

④《网络安全法》第76条规定，网络数据，是指通过网络收集、存储、传输、处理和产生的各种电子数据。

⑤《数据安全法》第3条规定，本法所称数据，是指任何以电子或者其他方式对信息的记录。

“个人信息”的概念最早出现在1988年澳大利亚的《隐私法》中，该法规定“个人信息是可识别或理论上可识别身份的信息及观点”[①]。美国对个人信息保护的缘起是对隐私权的保护，其在立法中采用的是大隐私的概念，个人信息被纳入隐私保护的范畴，如加利福尼亚州的《消费者隐私法案》（CCPA）中采用的是隐私个人信息定义。

在我国台湾地区、香港特别行政区及澳门特别行政区的相关规定中，虽然使用了“Data”这一英文词汇，但其对应的中文词汇却为“资料”。[②] 因此，我国港澳台地区称个人信息为“个人资料”，如香港特别行政区《个人资料（私隐）条例》。

关于个人信息的规定，我国立法最早见于2011年工信部颁布的《规范互联网信息服务市场秩序若干规定》，该规定强调保护“用户个人信息”。[③] 2012年12月通过的《全国人民代表大会常务委员会关于加强网络信息保护的决定》，使用了“网络信息”“电子信息”“个人电子信息”的表述。[④] 2013年实施的《电信和互联网用户个人信息保护规定》和《信息安全技术公共及商用服务信息系统个人信息保护指南》也强调保护用户个人信息。[⑤] 最高法、最高检和公安部于2014年共同发布的《关于依法惩

---

① 参见郭春镇:《数字人权时代人脸识别技术应用的治理》，载《现代法学》2020年第4期。

② 参见梅夏英:《数据的法律属性及其民法定位》，载《中国社会科学》2016年第9期。

③《规范互联网信息服务市场秩序若干规定》规定，未经用户同意，互联网信息服务提供者不得收集与用户相关、能够单独或者与其他信息结合识别用户的信息，不得将用户个人信息提供给他人，但是法律、行政法规另有规定的除外；互联网信息服务提供者应当妥善保管用户个人信息。

④《全国人民代表大会常务委员会关于加强网络信息保护的决定》第1条规定，国家保护能够识别公民个人身份和涉及公民个人隐私的电子信息。

⑤《电信和互联网用户个人信息保护规定》规定，电信业务经营者、互联网信息服务提供者对其在提供服务过程中收集、使用的用户个人信息的安全负责；国家鼓励电信和互联网行业开展用户个人信息保护自律工作；电信业务经营者、互联网信息服务提供者及其工作人员对在提供服务过程中收集、使用的用户个人信息应当严格保密，不得泄露、篡改或者毁损，不得出售或者非法向他人提供。

处侵害公民个人信息犯罪活动的通知》中则规定了“公民个人信息”的范围。[①] 2016年颁布的《网络安全法》在第76条第5项中首次以法律的形式对“个人信息”进行了定义[②]。最高法、最高检于2017年公布的《关于办理侵犯公民个人信息刑事案件适用法律若干问题的解释》中，采用了刑法对“公民个人信息”的定义，强调个人信息为“反映特定自然人活动情况的各种信息”，其功能是“识别特定自然人”。[③] 2021年生效的《民法典》也使用了“识别特定自然人”这一表述，同时又对个人信息进行了分类，第1034条将个人信息分为私密信息和非私密信息。[④] 2021年实施的《个人信息保护法》(以下简称《个保法》)第4条界定了“个人信息”，肯定了个人信息的载体性，也同样采用了国际上的通说，即个人信息以身份的可识别性为核心特征，同时规定不包括匿名化处理后的信息。[⑤] “匿名化处理后的信息”之所以不属于个人信息，是因为经过匿名化处理后的信息能够达到不可识别的效果，因此也就此丧失了识别特定自然人的功能。

个人信息的可识别性是个人信息重要的法律特性，甚至可以说是个人信息的实质性特性。可识别性分为直接可识别性与间接可识别性，能够单

---

① 《关于依法惩处侵害公民个人信息犯罪活动的通知》第2条规定，公民个人信息包括公民的姓名、年龄、有效证件号码、婚姻状况、工作单位、学历、履历、家庭住址、电话号码等能够识别公民个人身份或者涉及公民个人隐私的信息、数据资料。

② 《网络安全法》第76条第5项规定，个人信息，是指以电子或者其他方式记录的能够单独或者与其他信息结合识别自然人个人身份的各种信息，包括但不限于自然人的姓名、出生日期、身份证件号码、个人生物识别信息、住址、电话号码等。

③ 《关于办理侵犯公民个人信息刑事案件适用法律若干问题的解释》第1条规定，《刑法》第253条之一规定的“公民个人信息”，是指以电子或者其他方式记录的能够单独或者与其他信息结合识别特定自然人身份或者反映特定自然人活动情况的各种信息，包括姓名、身份证件号码、通信通讯联系方式、住址、账号密码、财产状况、行踪轨迹等。

④ 《民法典》第1034条规定，个人信息是以电子或其他方式记录的能够单独或者与其他信息结合识别特定自然人的各种信息，包括自然人的姓名、出生日期、身份证号码、生物识别信息、住址、电话号码、电子邮箱、健康信息、行踪信息等。

⑤《个人信息保护法》第4条规定，个人信息是以电子或者其他方式记录的与已识别或者可识别的自然人有关的各种信息，不包括匿名化处理后的信息。

独直接识别个人身份的是直接可识别性，如个人生物识别信息无须借助其他信息可直接识别特定人；而结合其他信息识别个人身份的是间接可识别性。从主体范围来说，个人信息是与“个人”有关的信息。从个人信息的载体来看，个人信息不仅可以以电子载体方式进行记录，也可以通过其他方式进行记录。在互联网时代之前，个人信息大都是记载在有形物体上，如石头、竹签、绸布、纸张等，并通过这种实物记载方式流传下来。伴随着互联网时代的到来，信息记载的方式更加丰富，现在大都以无形的电子载体对个人信息进行记载。不管是何种形式，有形物还是无形物，个人信息均具有高度的可识别性。一般的个人信息包括姓名、肖像、家庭住址、联系电话、生物特征等；特殊的个人信息包括个人的性格、爱好、习惯等。在现代社会中，相较于更为纯粹的传统个人隐私，个人信息还具有一定的公开性，个人信息的利益范围更为复杂，个人信息所体现的人格利益和财产利益具有相对显性的属性表征，实际上也蕴含一定的社会利益，而这种社会利益包含一定的安全利益、秩序利益乃至法律利益等。[①] 由于同公共利益及国家安全的联系日益紧密，个人信息成为社会治理的重要依据。例如，在新冠疫情期间，政府通过健康码、行程码的收集、使用民众的人脸识别信息用于疫情防控工作。

数据是储存在系统中可被计算机识别的一种信息，从某种意义上说是一种经过自动化程序处理，被加工成特定形式的信息。随着市场经济的不断发展，为了促进各生产要素之间的流动，社会基本单位也从家庭单位分解到了个人。在社会活动中从事活动、留下痕迹最直接的主体就是个人，大多数信息也正是由个人而产生的。与此同时，携带个人信息的数据在进入流通领域之后，能够发挥财产性作用，通过数据可以传递信息，“在数据和信息的关系上，数据和信息是不可分离的，数据是信息的表达形式和载

---

① 参见陈伟、宋坤鹏:《数据化时代“公民个人信息”的范围再界定》，载《西北民族大学学报（哲学社会科学版）》2021 年第 2 期。

体，信息是数据的内涵”[①]。由于信息的表达形式多种多样，数据只是其中的一种表达形式，与其他传统信息表达形式不同的是，数据的特征与优点是储存系统容量大、速度快、类型多、分析应用价值高。正是因为个人数据与特定的个人相关联，才使得数据具有“人性魅力”，具有巨大的价值，这也是对数据进行处理与挖掘的动力。数据处理者对相关个人信息进行技术处理后，享有对个人数据处分和收益的权利。法律规定，对于那些经过技术手段处理后无法识别关联信息主体的数据可以自由转让，且无须征得信息主体的同意。

在个人信息的种类之中，个人生物识别信息是个人信息的一种特殊形式，即高度敏感的个人信息。在数据种类中，含有个人生物识别信息的数据被称为生物识别信息数据。生物识别信息数据是以个人生物识别信息为依据，经过特定技术处理而获取的数据，是个人生物识别信息的一种表现形式。个人生物识别信息和生物识别信息数据较为相似，都以自然人的生物信息为核心，但二者有着实质性的差别：首先，个人生物识别信息的表现形式多种多样，并非仅以数据的形式存在，只不过在大数据时代确实是以数据形式为主要储存方式。其次，个人生物识别信息并非单纯承载个人各项生物特征内容的客体；而生物识别信息数据则是一种客观存在，可视为生物识别信息的一种物化存在形式。最后，生物识别信息与生物识别信息数据的重要区别在于其具有“识别”性质。生物信息数据是对个人生物识别信息以数字或字符形式表达的一种客观表现，而个人生物识别信息是采用技术化手段处理的可识别信息，具有可识别功能，而且是直接可识别性，能够单独有效地识别出具体的自然人。生物识别信息数据虽然能够反映自然人的有关生物信息，但不能与自然人直接相关联。对生物识别信息数据安全的保护实际上是对以数据为载体的个人生物识别信息的保护。二

① 参见个人信息保护课题组:《个人信息保护国际比较研究》(第二版)，中国金融出版社 2021 年版。

者是形式与内容的关系。在现实生活中，个人生物识别信息伴随着数据流通被广泛传播，这是数字时代个人信息流通机制的重大变化。

（二）个人生物识别信息与个人信息

个人生物识别信息作为信息时代新兴信息的产物，其广泛的应用极大方便了社会生产及生活。目前在我国的立法中并未对个人生物识别信息进行专门的法律界定。民法典以列举的方式明确个人信息是包括生物识别信息在内的各种信息。《个保法》第二章对个人信息的分类采用的是“敏感信息”和“非敏感信息”的划分方式。《个人信息安全规范》把个人信息划分为三类，即隐私信息、敏感个人信息、一般个人信息。不管如何分类，都是把个人生物识别信息界定为典型的敏感个人信息。可见，个人生物识别信息与个人信息的关系是包含与被包含的关系。个人信息是个人生物识别信息的种概念，个人生物识别信息是个人信息是属概念。

1. 个人信息的分类

按照不同标准，可以把个人信息划分为不同类别。

第一，根据个人信息识别性强弱程度的不同，可以把个人信息分为直接个人信息和间接个人信息。直接个人信息是指能够单独、直接识别出信息主体的信息。该类信息识别性较强，无须其他信息的辅助即可以直接辨识出信息主体的身份，如指纹、虹膜、DNA 等个人生物识别信息。间接个人信息则是需要结合其他的个人信息才能辨识出信息主体的信息。该类信息的识别性较弱，往往需要通过其他信息的配合才能识别信息所有者的身份，如出生日期、婚姻状况、电子邮箱、就医记录、消费习惯、家庭住址等信息。我国民法典、网络安全法等关于个人信息的规定也体现了这一分类。实际上，随着科技的飞速发展，个人信息的可识别与不可识别边界也逐渐不易区分，以前不可识别的信息，现在也能识别信息主体的个人身份。[①] 在大数据、云计算的冲击下，不可识别信息与再识别技术结合应用，使得很多信息已经被赋予可识别性。例如，人们在上网时形成的浏览信息，可以与其他信息相结合用以创建个人档案，并识别特定的人。[②] 技术专家们已经证实，经过匿名化处理的个人信息与再识别技术相结合也能识别出信息个人的身份，完全不可识别的个人信息已不存在。也就是说，如今可识别性已经成为个人信息的重要属性。

第二，根据个人信息对信息主体的重要程度，即个人信息敏感程度的不同，可以将个人信息分为个人隐私信息、个人敏感信息和一般个人信息。涉及个人隐私的信息为隐私信息，从个人信息的重要程度来讲，隐私信息可以说是对权利人最为重要的信息，“个人隐私强调的是个人生活安宁不受非法干扰，私人信息不受非法收集、刺探和公开”[③]。敏感个人信息的敏感性在于，一旦泄露或非法使用，会导致歧视或人身、财产权受到严重危害，会给信息主体造成极大的不良影响。《个保法》第二章第二节对个人敏感信息的处理规则进行了专门规定，对其给予特别保护。一般个人信息是经信息权利人同意或推定同意可以公开的个人信息，如自然人的姓名。从该分类中可以看出，隐私信息、个人敏感信息属于权利人不愿为他人知晓、具有隐秘性的个人信息。

第三，根据信息主体的身份不同，可以将个人信息分为普通人群的个人信息和特殊人群的个人信息。考虑到利益平衡，有时需要将主体身份进行划分，个人信息的公开应当依据信息主体身份的不同而分别进行差异性操作。这里的特殊人群主要指的是未成年人。对于未成年人来说，对其个人信息的收集、使用更应当严格遵守法律的规范，以保护未成年人的

① 参见林洹民:《个人信息保护中知情同意原则的困境与出路》，载《北京航空航天大学学报（社会科学版）》2018 年第 3 期。

② 参见赵园园:《互联网征信中个人信息保护制度的审视与反思》，载《广东社会科学》2021 年第 3 期。

③ 参见张新宝:《隐私权的法律保护》，群众出版社 1997 年版，第 17 页。

合法权益。

2. 个人生物识别信息与个人信息的关系

在我国的立法中，网络安全法首次明确把个人生物识别信息作为个人信息的种类加以保护；民法典以列举的方式规定了个人信息包括生物识别信息；2021 年颁布的个保法是把个人生物识别信息划归为个人敏感信息，并且规定了相较于其他个人信息更为严格的保护措施。2021 年 7 月最高人民法院发布《关于审理使用人脸识别技术处理个人信息相关民事案件适用法律若干问题的规定》，专门针对个人敏感信息中最容易收集、社交属性最强的人脸信息进行了规范。与指纹、虹膜等个人生物识别信息相比而言，人脸信息的身份认证效果最为便捷，该司法解释为个人信息相关民事案件的处理提供了法律依据。

互联网将人类带入数字化时代，用一串串代码记录着人们的一言一行。伴随着大数据和科技的快速发展，个人生物识别信息作为新型的个人信息，在身份认证上具有极大的便捷性，在诸多领域得以广泛应用。不同于一般的个人信息，个人生物识别信息具有较强的识别性，直接与特定的自然人相关联。与一般个人信息相比，对其进行收集、使用相当的便捷，尤其是像人脸、虹膜、声纹等生物识别信息无须信息主体进行实物接触即可以完成采集。目前，个人生物识别信息运用的范围日益广泛，但同时因其具有较强的人格属性，生物识别技术的运用也存在很大的风险。一旦个人生物识别信息被非法使用、滥用或泄露，其危害性远远大于一般个人信息，尤其会直接危害到自然人的人格权益，给信息主体造成不可逆的损失。由于个人生物识别信息属于敏感个人信息，具有高度的敏感性，因此需要受到法律的特别保护。总而言之，作为特殊的个人信息，个人生物识别信息是个人信息的一个种类，又由于其是被特定技术处理用以识别身份的个人信息，跟自然人直接相关联，属于个人信息中的敏感信息。

另外，个人生物识别信息与个人生物信息也不是一回事，生物信息是个人生物识别信息的来源与依据，个人生物识别信息是通过生物识别技术对个人生物信息进行加工、分析后的结果。换句话说，生物识别信息是经过生物识别技术的加工、分析，具有数据外观，可以精确反映信息主体生物特征的个人信息，是由生物信息技术化衍生而成的产物。

（三）个人生物识别信息与个人隐私

从个人生物识别信息法律保护的产生和发展历程来看，个人生物识别信息保护的缘起是对隐私权的保护。美国在立法中采用的是“大隐私”的概念，个人信息被纳入隐私权保护的范畴。[①] 个人生物识别信息的确与个人隐私存在许多相似之处。首先，二者的权利主体都是自然人，法人、非法人组织是无法成为个人信息权和隐私权主体的。其次，二者追求的价值目标都是尊重自然人的人格尊严和个人自由，并且在权益受到侵犯时，都会给权利人带来较大的风险和损害。最后，二者在权利客体方面具有交叉重叠性，《民法典》第 1034 条对此作出了规定[②]。个人生物识别信息中隐秘的个人信息，与隐私权的部分内容重合。二者在调整范围发生重合之时，应当优先适用隐私权保护规则。

虽然个人生物识别信息与个人隐私具有共同之处，但二者的区别仍然非常明显。首先，二者的权利客体不同。个人隐私的关键词是“隐私”，着重强调私密性；而生物识别信息的关键词是“识别”，着重强调通过生物特征来实现识别个人身份。[③] 二者的权利客体虽然具有部分的重叠交叉，但不同之处亦很明显。由于隐私是公民不愿被他人所知悉或公开的秘密，其具有排外特性，在认定隐私信息时不可能由法律法规规章或标准明确加以规定，只能从社会大众正常认知和价值权衡的角度出发，逐一认定案涉个

---

① 参见王利明:《和而不同：隐私权与个人信息的规则界分和适用》，载《法学评论》2021 年第 2 期。

② 《民法典》第 1034 条第 3 款规定，个人信息中的私密信息，适用有关隐私权的规定；没有规定的，适用有关个人信息保护的规定。

③ 参见李卫华:《民法典时代个人隐私信息公开豁免条款的困境及完善》，载《行政法学研究》2021 年第 6 期。

人信息是否属于私密信息。[①] 个人生物识别信息中的确有一些信息是具有私密性的，如个人的遗传信息，但是有些个人生物识别信息，如人脸信息、虹膜信息、指纹信息等，具有一定的社会公开性，便于收集，方便验证身份，这些个人生物识别信息不具有私密性，因此不可能成为个人隐私。其次，二者的权利性质不同。隐私权作为人格权是一项消极防御性的权利，属于自然人的消极权利，其权利事项并不需要进行列明，以不受非法侵犯为权利的边界。[②] 而个人生物识别信息权则是积极性权利，权利人可以积极主动行使其权利。隐私权的行使只能针对侵犯隐私权造成的危害后果进行事后救济；而个人生物识别信息不仅具有人格属性，还兼具识别功能和财产属性，即使在权益没有受到侵害时，权利人也可以积极主动行使权利，进行主动支配和控制。所以，针对个人生物识别信息的法律保护应当实行事前预防、事后救济相结合的保护机制。对于侵害个人生物识别信息造成危害后果的事后救济，不仅包括私法救济，还包括公法救济，如个保法、民法典等法律都对个人生物识别信息的处理进行了明确规定。个保法规定了个人信息保护的民事公益诉讼制度，刑法则规定了非法提供个人信息罪。对个人生物识别信息的保护是一种公私法相互配合、事前、事后相结合的保护机制。[③] 再次，二者保护的法益不同。个人生物识别信息发挥效用的权利空间并不是由信息主体单方面决定的，而是在个人生物识别信息流通利用的交互过程中，才能体现出信息主体的自主意志；而隐私权的保护则是一种私人空间的对外防御机能，体现的是对个体私密的保护。二者虽然在内涵与客体上具有一定的交叉重合，但是所保护的法益却存在着重大的差别。最后，二者的义务主体不同。个人隐私保护所指向的义务主体具有

---

① 参见程啸:《论我国个人信息保护法中的个人信息处理规则》，载《清华法学》2021年第3期。

② 参见周汉华:《个人信息保护的法律定位》，载《法商研究》2020年第3期。

③ 参见吴小帅:《大数据背景下个人生物识别信息安全的法律规制》，载《法学论坛》2021年第2期。

对世性、普遍性，针对所有的不应当侵犯他人隐私的主体；而个人生物识别信息保护所指向的义务主体则是对其生物信息进行收集、加工、使用的主体，即信息处理者。信息处理者与信息主体是相对应的双方当事人。自然人是个人生物识别信息的提供者，信息处理者是对自然人生物信息进行收集、加工、使用的主体。一般而言，自然人对个人隐私具有绝对的支配权，当个人隐私被侵害时，往往是依据侵权责任，由侵权人对受害者进行赔偿。而个人生物识别信息则不然。一方面，个人生物识别信息的权利人与实际控制人是分离的，从个人生物识别信息被信息处理者收集之时，信息就被信息处理者所控制，信息主体很难掌控自己的生物识别信息；另一方面，个人生物识别信息的收集和使用有时也会与公共管理密切相关。随着生物识别技术的迅猛发展，政府及公共管理部门对公共事务的治理也逐渐步入信息化数字化治理时代。由于个人生物识别信息在身份认证上具有高效便捷的巨大优势，便于政府部门用于公共管理。在这种情况下，信息主体并不享有对生物识别信息的绝对支配权。

由此可见，个人信息与个人隐私在保护的内容、义务主体、保护机制等方面存在明显不同。个人生物识别信息和隐私之所以容易被人们混淆，并非由于概念上的重叠，而是由于这两项权益被侵犯时，都会给受害人造成很大的危害，所以，法律对它们都进行特别保护。从当前我国法律规范来看，已经形成了对个人信息与隐私的区别保护，也就是一种二元化立法保护。[①] 个人生物识别信息保护制度的构建应处理好与隐私权保护的关系，二者平行适用各自的特殊保护制度是较为适宜的做法。

总而言之，充分理解什么是个人生物识别信息，需要厘清个人生物识别信息与其他相关概念的关系。目前在表述中，仍存在着相关概念术语使用混乱的情形，个人生物识别信息与个人隐私、个人生物识别数据等术语

① 参见许可、孙铭溪：《个人私密信息的再厘清——从隐私和个人信息的关系切入》，载《中国应用法学》2021年第1期。

使用的混乱，会影响人们对于生物识别信息内涵与外延的正确理解。三者的内涵确实存在关联和交叉，但不能等同或代替，这三者在利益范围、利益属性、利益主体等方面有着本质区别，强调的法益也有区别，各有侧重。由于三者的敏感度存在着差异性，因而法律对它们的保护力度也有所不同。[①] 对于生物识别信息的数据来说，它本质上是一种更为客观的纯粹生物信息的表现形式，不能反映信息主体的人格特征，无法识别具体的自然人，故而无法达到与个人生物识别信息同等保护的程度；而隐私排除了个人生物识别信息的流通性，更强调私密性，其客体也不限于个人生物识别信息的形态。区分几个术语对于明晰个人生物识别信息权益的定位有着重要意义，且有利于根据各自不同的特点与保护价值构建协调的法律体系。

第二节 个人生物识别信息的特征与分类

目前，我国对个人生物识别信息并无专门立法予以规范，而是散见于其他法律法规之中进行概括保护。民法典明确将个人生物识别信息划为个人信息的一种，受法律保护。个保法作为个人信息保护领域的专门法律，也将生物识别信息作为一种敏感的个人信息，体现了立法对个人生物识别信息的关注。

一、个人生物识别信息的特征

个人生物信息是自然人与生俱来的生理或行为特征，个人生物信息经生物识别技术处理后形成了个人生物识别信息。个人生物信息是个人生物识别信息的前提和基础。在个人身份识别领域，个人生物识别信息具有天

① 参见高志宏:《隐私、个人信息、数据三元分治的法理逻辑与优化路径》，载《法制与社会发展》2022 年第 2 期。

然的身份识别优势。

（一）个人生物识别信息具有唯一性

其实，自古代起，便有使用指印作为身份认证手段的先例，这或许可说是生物识别技术最早的运用。与一般个人信息相比，通过生物识别技术收集、使用的个人生物识别信息，像指纹、虹膜、声纹、DNA 等具有唯一性。这些独属于个人生理、行为特征且经过特定技术处理的生物识别信息能够快速鉴别出自然人的身份。[①] 对每一个自然人来说，其个人生理、行为特征特定、唯一，与之相对应的生物识别信息也同样具有特定且唯一性，生物识别信息只能指向唯一的自然人，特定的自然人也只能对应一份个人生物识别信息。与一般个人信息相比，个人生物识别信息难以伪造和假冒。正如世界上没有完全相同的两片树叶，即使是同卵双胞胎的生物信息，仍然具有差异性。正是唯一性特征使得个人生物识别信息成为信息主体身份确认和验证的一种重要方式。充分理解生物识别信息的唯一性，有助于建立起个人生物识别信息的特别保护机制。个人生物识别信息的唯一性保证了生物识别信息识别的精准度，但同时一旦个人生物识别信息被非法收集、使用、泄露，对于信息主体的人格尊严、个人隐私、人身安全和财产利益将会产生相较于其他个人信息更高的损害风险。

（二）个人生物识别信息具有难以更改性

每个自然人的生物信息都是与生俱来的，而且通常是固定的，与其他人相区别、且难以改变。在个人生物信息不发生变化的情况下，一旦信息主体的个人生物信息被收集、加工，利用生物识别技术所形成的个人生物识别信息便不会发生更改。想要对个人生物信息的基本特征进行变更是很不容易的事情，对于自然人而言，个人生物信息的基本特征如指纹、声纹、

① 参见褚婧一:《论生物识别信息界定中的识别标准及我国的建构》，载《华中科技大学学报（社会科学版）》2023 年第 4 期。

人脸、虹膜和DNA等，不会轻易随着时间或外界的变化而改变，在一段时间内相对稳定，无法像数字密码那样随心所欲进行变更，比如自然人的面部特征虽然随着时光的飞逝会逐渐衰老，会发生一些变化，但是在总体上会保持一致性，难以发生实质性更改。[①] 自然人想要改变这些生物信息会付出很大的代价，须通过难度系数大且危险极高的手术进行，像整容等手术。而传统的身份识别信息如身份证件、密码等都是借助身体之外的东西或者凭借记忆进行储存和使用的，这些信息虽然容易丢失，但是补救起来也相对容易。与传统的身份识别信息不同，个人生物识别信息是通过收集人体固有的生理或行为特征而生成，这些特征一般不会随着时间的变化而更改，也不会因为主观意愿的变化而发生改变，因此其具有持久性、稳定性。

（三）个人生物识别信息具有可识别性

身份认证一直是人类社会关注的一个基本问题，信息社会之前的身份识别主要是通过自然人的基本社会信息如姓名、年龄、性别、社会关系等进行。随着生物识别技术的广泛应用，尤其是近几年，在身份认证上追求更加安全和便捷，人脸识别、指纹识别、虹膜识别等新型的身份认证方式也应运而生。个人生物识别信息能够有效识别出具体的自然人，这种识别的性质具有直接可识别性，无须借助其他信息，个人生物识别信息可单独识别个人身份，非常高效便捷。如今在进行各种交易或服务中，各种App都喜欢应用用户的人脸或者指纹识别信息进行身份验证，通过刷脸或指纹识别登录，便可以把个人生物识别信息与个人账号关联起来。作为验证身份的新“标识”，个人生物识别信息的应用范围日渐扩大，已经逐渐从门禁、在线支付等应用场景扩大到企业管理、医疗服务、金融服务等应用领域。基于人类自身生物特征的特殊性，个人生物识别信息具有准确性与便

---

① 参见王鸿:《人脸识别技术应用的现行规制综述及立法趋势分析》，载《东北师大学报（哲学社会科学版）》2022年第2期。

捷性，作为敏感的个人信息，其识别特性比一般的个人信息更加明确和独特。今后以个人生物识别信息为标志的“数字身份”验证方式或将成为大势所趋。

（四）个人生物识别信息具有易受损害且损害结果不可逆性

作为高度敏感的个人信息，一旦发生个人生物识别信息侵权事件，给信息主体造成的损害会远远超过一般个人信息。在现实生活中，生物识别技术不只是应用于识别个人身份，还可以通过匹配的个人生物识别信息关联到其他信息。信息处理者往往把由个人生物识别信息关联到的信息，如个人的行程、信用、财产、消费、就业、人际关系等信息，汇聚成整体的信息集合，并通过算法对信息主体进行针对性分析，以确定不同主体的消费习惯和偏好，来实现信息的精准推送或打造用户的个性化服务；信息处理者如金融服务机构以及购物网站的各类 App 通常会把信息主体的生物识别信息如指纹、人脸识别信息与用户账户的其他信息绑定在一起。个人生物识别信息一旦泄露，个人账户也容易被窃取，这就会给权利人造成重大的财产损害。个人生物识别信息侵权所产生的损害后果还具有不可逆转的特性。现如今，在现实生活中，如果是手机号码信息或支付密码泄露，人们可以通过设置拒绝接受骚扰信息来避免骚扰，或者通过冻结账户、更换号码来解决问题。但是个人生物识别信息一旦发生泄露，信息主体没有办法通过更换密码、冻结账户等方式来解决问题。① 因此，在损害后果上，个人生物识别信息一旦被泄露或者滥用，所造成的损害后果将难以估量，不仅使个人生物识别信息的安全遭到威胁，还会造成权利人财产损失，甚至造成精神损害，而且对于所造成的损害很难进行事后弥补。此外，个人生物识别信息侵权通常不只是仅针对某个特定信息主体的侵权，即不只侵犯

---

① 参见刘悦：《论人脸识别技术的风险与保护》，载《产业创新研究》2022 年第 8 期。

单个信息主体的权利，造成个人利益受损，往往还会侵犯众多社会成员的权利，造成社会性侵权。如果个人生物识别信息储存在数据库，一旦数据库发生信息泄露，大范围信息主体的权利都会受到侵犯，因此，该类侵权涉及面之广大、危害性之严重可能还会危及整个信息领域的公共秩序，具有“社会性侵权”的特点，这种基于一个同质性侵权事实在大范围内引起众多人遭受不同程度损害的行为。使众多的信息主体的权利受到侵害的同时，会侵害社会公共利益。①

二、个人生物识别信息的分类

对于个人生物识别信息而言，随着生物识别技术应用较为成熟、进入商业化应用阶段的主要有人脸识别、指纹识别、虹膜识别、声纹识别信息等。② 对于个人生物识别信息应当进行类型化研究。个人生物识别信息的类型化不仅体现了生物识别技术的发展情况与使用普及率，更是针对生物识别信息的风险进行规制时不得不考虑的问题。

（一）依据自然属性划分

按照个人生物信息的自然属性，可以把个人生物识别信息划分为 DNA、指纹、声纹、掌纹、虹膜、人脸等信息。国际上的一些立法对个人生物识别信息主要是通过“定义 + 列举”的方式予以明确，如 GDPR、美国伊利诺伊州《生物识别信息隐私法》就是如此，既下了定义也作了列举。③ 我国立法如个保法并没有对个人生物识别信息进行定义，只是在《信息安全技

---

① 参见朱岩：《从大规模侵权看侵权责任法的体系变迁》，载《中国人民大学学报》2009 年第 3 期。

② 参见何飞、娄丽敏：《生物特征识别技术在客户身份识别中的应用探析》，载《金融纵横》2021 年第 6 期。

③ 参见赵淑钰：《生物识别信息法律规制的国际经验与启示》，载《中国信息安全》2019 年第 11 期。

术个人信息安全规范》中列举了个人生物识别信息的范围。[①]

DNA 信息，从生物学角度来说，如同自然人的四肢、皮肤、各种器官，是人体的组成部分，是以物质形态而存在的客观物质，通过科学技术可以发现其存在。基因携带着自然人的健康、疾病、寿命等信息，决定着人们的生老病死，伴随人们终身。个人基因识别信息则是通过生物技术对自然人的基因结构、成分等遗传物质属性进行收集、加工而形成的信息，因含有遗传信息具有高度敏感性。基因信息以基因为表现形式，能够为人们所感知，基因信息具有识别生命性状的功能。基因识别就是通过采集自然人的 DNA 片段与已有数据库进行比对进行身份识别，识别的准确率能够达到 99.9%。

指纹识别信息，是指通过一定的方式（捺印或是扫描等）而获得的关于自然人指纹特征的信息。指纹是出现在自然人手掌面的遗传学表征，每个自然人的皮肤及指纹纹理具有唯一性、无法更改性，且具有触物留痕、排列规整的特性。[②] 指纹的身份识别就是通过传感器获取自然人的指纹信息来进行解锁或进行个人身份认证。将自然人的指纹信息通过一定的方式进行保存，分类汇总，在需要的时候可以浏览、查阅、比对、分析，从而识别身份。根据个人的指纹特征与预存指纹进行比对，即可以找到其所对应的指纹信息，验证出个人的真实身份。指纹信息的收集相对容易而且成本较低，目前指纹识别技术是生物识别技术中最成熟的一种，所以指纹信息也是应用较为广泛的一种生物识别信息。其应用除了在刑侦、反恐安防领域外，还涉及商业、民用、医疗卫生等众多领域。如在智能手机领域，普遍用于手机解锁、支付信息、消息确认等。[③]

人脸识别信息，是指通过生物识别技术进行数据化处理的人脸图像信

---

① 《信息安全技术　个人信息安全规范》中列举的个人生物识别信息为：个人基因、指纹、声纹、掌纹、耳廓、虹膜、面部识别特征等。

② 参见何阿妹、蔡贤玲、陈珉惺：《指纹识别技术发展及应用现状》，载《产业创新研究》2023 年第 6 期。

③ 参见于晓明：《指纹识别应用研究》，载《山东工业技术》2019 年第 9 期。

息。人脸识别主要是通过摄像机或者摄像头收集人脸图像，然后通过计算机技术等对人脸特征进行数据化处理、数据分析，形成一个有效的人脸特征的数据库，再通过人脸识别技术识别图像中存在的脸部信息，将人脸图像与已知的自然人相匹配。[①] 通过人脸识别技术识别自然人的面部特征信息，可以进行身份辨别，精准锁定特定人。如今，人脸识别技术的应用范围越来越广，如小区的门禁、刷脸支付、交通安检等，随着技术的进步，应用范围会进一步扩大。

虹膜识别信息，是指通过生物识别技术进行数据化处理的自然人的虹膜信息。不同人种眼睛的颜色不同，实际上就是虹膜的颜色不同。每个自然人虹膜中的细丝、斑点、隐窝、条纹、冠状等细节特征都是独一无二的，因此，虹膜信息具有唯一性。依据虹膜信息的特点可以用来进行身份识别。一般来讲，虹膜识别具有稳定性、准确性、非接触采集、防伪性等优点，相较于指纹识别或者人脸识别，虹膜识别技术准确性更高，安全性也更好。虹膜识别技术不是侵入性的，其不需要个人与扫描仪进行物理接触[②]，但是对采集设备分辨率的要求比较高。因此，采集虹膜信息的成本相对也较高。

静脉识别信息，是指通过生物识别技术进行数据化处理的自然人的静脉信息。其识别原理是通过生物识别技术，利用血液中血红蛋白对近红外光线吸收的特质，经感红外相机拍摄近红外光下的静脉照片，由此识别主体的身份信息。该技术原理主要是对提取到的信息进行去噪、归一化等预处理，再通过滤波增强与静脉纹路分割、细化修复后提取特征，然后再与预先注册到数据库或储存在IC卡上的已有数据进行匹配，观察关联度，从而对具体个体的身份进行识别。每个自然人的静脉分布图与其指纹一样，

① 参见吴小帅：《大数据背景下个人生物识别信息安全的法律规制》，载《法学论坛》2021年第2期。

② Salil Prabhakar, Fingerprintclassification and matching with filterbank, Michigan: University of Michigan State, 2001.

是具有唯一性的，不会随着时间的流逝而发生更改，故利用静脉识别技术可以大大提高主体身份信息确定的准确率。而且相比于其他的生物特征识别技术，静脉识别技术的防伪度、精确度更高，具有广泛的应用前景。

声纹识别信息，是指通过生物识别技术进行数据化处理的关于自然人声音特征的信息。声纹是声音信息经过电声仪器处理而得到的声波频谱。声纹信息识别又称为说话识别，顾名思义，就是通过声音识别出“是谁在说话”。声纹信息识别技术是根据人们说话的声音特征来识别个人身份的生物识别技术。人们在说话时要用到如舌头、牙齿、喉头、肺、鼻腔等发声器官，对于不同的人而言，发声器官会呈现出不同的形状和尺寸及位置；不同的人发声方式不同，决定了人们声带张力的大小和音频范围的不同，因此人们在发声后得到的声纹图谱也各不相同。对于自然人而言，声纹与指纹是一样的，不同自然人的声纹具有相对稳定和独一无二的特性。声纹识别是通过提取说话人的声纹特性如频谱、共振峰、基音等进行模式匹配，通过一定的计算方法实现身份确认。[①] 因而，声纹可以进行身份识别。美国“米勒诉福特汽车公司案”中，声纹识别信息被判定予以保护。[②] 美国联邦调查局曾利用声纹识别信息对 2000 例左右的案件进行了追踪分析，最终案件的错误率仅为 0.31%，极大提高了审理案件的效率。如今声纹技术越来越得到广泛认可，各领域逐渐应用声纹识别信息来识别主体的身份特征。

（二）依据状态划分

根据个人生物识别信息的状态，可以划分为两类，即静态生理信息和动态行为信息。静态生理信息是自然人先天的生理信息，动态行为信息是自然人后天形成的行为信息。我国《信息技术安全技术生物特征识别信息

① 参见何飞、娄丽敏:《生物特征识别技术在客户身份识别中的应用探析》，载《金融纵横》2021 年第 6 期。

② See Midlerv, Ford Motor Co, 1988.849 F2d460.9th Cir.

的保护要求（征求意见稿）》就是如此分类的。

静态生理信息是指自然人先天所拥有的具有自然属性的生理信息，即指《信息安全技术个人信息安全规范》第5.4条列举的生理特征信息。[①] 生理特征信息具有与生俱来、独一无二、难以改变的生理特征。动态行为信息是指自然人动态的行为特征，如自然人的行走步态、表情、习惯用语、笔迹、签名、坐姿、睡姿等。行走步态识别是指人们步行时的方式，生物识别技术主要提取的是人体每个关节的运动特征，根据自然人行走的视频图像序列进行匹配比对。笔迹、签名识别是针对每个人特有的书写习惯来测量图像本身以及自然人对整个签名的动作，以此来进行身份识别。而声纹识别信息是兼具生理特征和行为特征的生物识别信息。击键识别是指个人在敲打键盘时的持续时间、频率，以及力度大小等行为特征，反映了击键人击键时的规律，由此可以用作身份识别。

生物识别技术可以通过对自然人动态特征进行监测分析，即监测个人行动的变化过程及特点，分析其行为变化的规律。除了静态生理特征可以进行识别外，自然人的行为特征也纳入生物识别信息的范围中。[②] 每个自然人的行为方式都是不同的，其所承载的内容和意义都具有自己鲜明的特色，通过这些信息完全可以识别出具体的个人身份。目前，关于个人生物识别信息的类型，世界上很多国家和地区的立法都对之进行了丰富，如美国加利福尼亚州《消费者隐私法案》（CCPA）[③] 、印度《2018个人数据保护法案

---

①《信息安全技术个人信息安全规范》第5.4条将人生物识别信息界定为个人基因、指纹、声纹、掌纹、耳廓、虹膜、视网膜、面部识别特征等。

② 参见邱建华、冯敬：《生物特征识别——身份认证的革命》，清华大学出版社2016年版，第13页。

③《2018消费者隐私法案》中增加了能够提取生物识别数据的模板（如面部打印、声音记录等），以及包含识别信息的点击模式或节奏、步态模式或节奏以及睡眠、健康或运动数据。

（草案）》[①]、美国伊利诺伊州的《生物识别信息隐私法》（BIPA）[②]，以及我国澳门特别行政区的《个人资料保护法》[③]。这些立法中除了规定传统的静态生物特征信息是属于个人生物识别信息的种类之外，都增加了动态的身体行为信息也是属于个人生物识别信息。我国澳门特别行政区规定的个人资料范围最为广泛，只要是与身份已确定或可确定的自然人相关的信息都属于个人资料，受法律保护。伴随着科技的迅猛发展，生物识别技术已经从识别人体静态特征的第一代识别技术，发展到对自然人行为的动态特征进行识别的第二代生物识别技术。个人生物识别信息的范围、类型，以及使用主体也不断更新，呈现出扩张之势。

第三节　个人生物识别信息的法律属性

随着科学技术的进步，个人生物识别信息的应用领域在不断地拓展。无论是海关对出入境人员的管理、公安机关对各类违法犯罪活动的侦查或人们出行乘坐火车、飞机时的人脸识别认证，还是在日常生活中，许多支付系统的刷脸支付、银行的用户身份认证，以及在手机开机中，指纹或人脸解锁日益广泛应用。因其具有人格利益和财产利益的双重属性，人们常常通过财产权、隐私权、肖像权等人格权以及个人信息权益来对个人生物识别信息进行保护。

---

① 《2018 个人数据保护法案（草案）》增加了对数据主体的行为特征进行测量产生的个人数据等，2022 年印度已经宣布撤回《2018 个人数据保护法案（草案）》。

② 美国伊利诺伊州《生物识别信息隐私法》规定，个人生物识别信息包括视网膜或虹膜扫描图、指纹、声纹、手或脸的几何扫描图形，以及任何基于生物标识可识别特定个体的信息。还明确生物识别信息不包括书写样本、书写签名、照片、用于有效科学测试或筛选的人类生物样本、人口统计数据、纹身描述或身体描述。

③ 我国澳门特别行政区《个人资料保护法》规定，个人资料是指身份已确认或可得确认并与当事人有关的任何个人资料，也包含声音和影像等。

目前世界各国的立法对个人信息的保护愈发重视，我国法律对个人信息也进行了特别保护，对个人信息进行了界定。虽然法律规定了个人生物识别信息归属于个人信息，但是对于个人生物识别信息的法律属性却没有给予明确的界定。只有对法律属性进行合理界定，才能对个人生物识别信息进行切实有效的保护。目前，学界有人格权说、财产权说以及人格权兼财产权等学说。

一、人格权说

以个人固有的以人格利益为客体，维护和实现人格平等和尊严、人身自由为目标的权利就是人格权。[①] 人格权具有控制、利用和处分三种权能，自然人享有能够凭借自己的意识保有、支配、利用或通过法律行为将部分人格利益转让给他人的权利。该说对个人生物识别信息的保护更倾向于保护生物识别信息的人格利益，认为将其纳入人格权保护范围更有利于维护自然人的人格尊严。支持生物识别信息属于隐私权的学者认为，民法典规定的隐私包括自然人私密空间、私密活动、私密信息和私人生活安宁，只要自然人在公共场合并未获得生物识别的相关通知或已采取相应措施保护自己的生物特征，那么该自然人就应当受到隐私权的保护。[②] 该种观点可能受到美国法律的影响，因为，美国立法采用的是大隐私的观念，个人信息被纳入隐私权保护的范畴。[③] 德国联邦宪法法院认为个人信息权源于宪法规定的“一般人格权”，是一项“基本权利”，因此个人信息具有人格权属性。我国的民法典把个人信息保护放在了“人格权编”，也是把个人信息作为人格权益来进行保护，并且明确把个人信息划分为私密与非私密信息，

① 参见胡卫萍:《新型人格权的立法确认》，载《法学论坛》2011 年第 6 期。

② 参见蒋洁:《人脸识别技术应用的侵权风险与控制策略》，载《图书与情报》2019 年第 5 期。

③ 参见王利明:《和而不同：隐私权与个人信息的规则界分和适用》，载《法学评论》2021 年第 2 期。

这两类信息分别适用不同的保护路径。[①] 由于个人生物识别信息具有较强的人格属性，在大数据时代，随着生物识别技术的日益普及，频繁的个人生物信息处理活动使得生物识别信息与隐私的关系越来越密切，虽然民法典明确规定个人信息中的私密信息适用隐私权相关规定，毋庸置疑，个人信息与隐私权客体具有交叉重叠部分，但它们并不必然相同，个人生物识别信息中不具备私密性或为公共利益所必需的信息是不能适用隐私权相关规定进行保护的，如自然人的人脸部位常常暴露在公共场所，人脸信息则具有更多公开的而非私密的社会属性。[②] 与一般个人信息相比，个人生物识别信息具有更加强烈的人格属性，其凸显着信息主体的人格利益和精神价值。侵犯个人生物识别信息更容易侵害到信息主体的人格利益。由于个人生物识别信息具有高度的敏感性，对之如何进行切实有效的法律保护也是人们密切关注的一个问题。在实践中人们常以财产权、隐私权、肖像权等人格权来对生物识别信息进行保护，这些人格权虽然与个人信息保护关系密切，但是现有法律体系框架下人格权中具体人格权的内容没有办法涵盖全部个人生物识别信息中的人格利益。因为个人生物识别信息包涵的人格利益差异性极大，其与具体人格权不太一致，无法完全对接，所以，只通过具体的人格权保护是不完善的，应该以一般人格利益为载体对个人生物识别信息进行权利保护。

二、财产权说

该学说认为个人生物识别信息作为识别个人身份的关键信息，跟其他个人信息相比，具有更大的潜在商业价值，应当把个人生物识别信息作为

---

① 《民法典》第1034条第3款规定，个人信息中的私密信息适用有关隐私权的规定，没有规定的，适用有关个人信息保护的规定。

② 参见胡凌:《刷脸：身份制度、个人信息与法律规制》，载《法学家》2021年第2期。

特殊财产予以保护。[①] 个人生物识别信息是一种无形财产，在当今信息技术快速发展的时代背景下，其经济价值愈发凸显，这也是诸多科技巨头、企业、网站竞相收集、加工个人生物识别信息的原因之所在。信息处理者通过对个人生物识别信息进行加工整理，可以形成独特化的生物信息数据，并通过对数据深入分析后实现其商业价值。因此有学者认为生物识别信息具有商业价值，第三方机构可以通过对生物识别信息进行进一步的加工整理，从而形成个人的独特化数据，进而有针对性地推送广告或将其作为市场交易的客体，并因此获取相应的财产收益，因此可以通过财产权对生物识别信息进行保护。[②] 信息主体理所应当对其个人信息享有权利，正如物权人对所有物享有所有权一样，应当赋予信息主体作为权利人对个人生物识别信息这种无形财产以类似的权利和法律地位。由于个人生物识别信息具有巨大的商业价值，以及个人生物识别信息与个人财产具有一定的关联性，信息主体如果将个人生物信息如人脸或者指纹信息设置为登录或支付的口令，那么个人生物识别信息就相当于对个人财产设置的密码。但是个人生物识别信息毕竟又与普通财产不同，权利人无法实现对个人生物识别信息继承、赠与或者遗赠，因此权利人若想享有这一财产权最有效的方式是实现对个人生物识别信息的控制[③]，使其对自己的个人生物识别信息能够有权进行支配。个人生物识别信息除了具有强烈的人格属性外，还蕴含财产属性。个人生物识别信息是一项具有特殊性质的财产权客体。因此，该学说认为应当把生物识别信息作为特殊财产予以保护。现如今，已经无人能够否认生物识别信息具有巨大的财产价值性质，其财产价值往往是在对生物识别信息的大量收集、数字化加工、分析和数据存储、利用中体现出

① 参见刘越：《论生物识别信息的财产权保护》，载《法商研究》2016 年第 6 期。

② 参见沈朝阳：《论人脸识别信息应用的法律规制进路》，载《西部金融》2022 年第 7 期。

③ 参见张勇：《个人生物信息安全的法律保护——以人脸识别为例》，载《江西社会科学》2021 年第 5 期。

来的。个人生物识别信息在进行商业化利用的同时，由于被不当利用、非法滥用，或者出现生物识别信息的泄露，也会给信息主体造成财产利益的损失。在现实生活中，个人生物识别信息被人们进行不法交易和买卖的情形屡禁不止，若不法分子窃取了个人生物识别信息，还有可能利用生物识别信息实施敲诈勒索、诈骗等犯罪活动，给信息主体的财产安全带来巨大威胁和损害，所以应当对财产权性质予以重视。

三、人格权兼财产权说

该说认为由于个人生物识别信息能够通过单一或者组合的生物数据或信息来识别特定个人，其识别性较比一般个人信息更加明确和唯一，因此属于个人信息中的敏感信息。[①] 个人生物识别信息具有人格利益和财产利益的双重属性，单独的人格权如隐私权是不能全面保障自然人生物识别信息的，只有将个人生物识别信息归属于兼具人格性和财产性双重属性的综合性权益[②]，才能保障信息主体的权利。原因在于通过数字化手段收集、提取并进行分析的个人生物识别信息，在具有人格属性的同时，也具有财产属性。由于个人生物识别信息侵权的确会给信息主体带来财产安全风险，对其进行财产权的保护也是自然而然的事情。财产权是一种积极性权利，财产的所有权人能够直接排除他人干涉、处分自己财产的行为。个人生物识别信息的财产权是基于人格权保护基础上得以存在的一种权利。个人生物识别信息的权利人所享有的财产权应当包括对个人生物识别信息的占有、使用、控制等权利，这些权利的覆盖范围应当远超单一财产权或人格权的保护方式。我国的个保法将个人信息权益作为一种综合性权益来对生物识别信息进行保护，对此进行专章规定，从立法层面上认可生物识别信息是

---

① 参见吴小帅:《大数据背景下个人生物识别信息安全的法律规制》，载《法学论坛》2021 年第 2 期。

② 参见蓝寿荣:《商业活动中个人生物识别信息的属性与保护》，载《陕西师范大学学报（哲学社会科学版）》2022 年第 2 期。

特殊的个人信息，属于敏感个人信息，应当受到法律的特别保护。

由于个人生物识别信息能够识别特定自然人的身份，直接关乎自然人的利益，毫无疑问是具有人格利益的属性，同时，其又具有巨大的经济价值，也就是说，个人生物识别信息既存在不可让与的人格利益，也存在可以流转的经济利益。[①] 这也是传统民法人格权无法完全吸纳个人信息的原因所在。总之，忽略了人格权属性的单纯财产权说，以及忽略了个人生物识别信息的财产权性质的单纯人格说的观点都是不可取的，因为将人格特点或财产属性简单粗暴地进行抛弃无视的观点都同样是偏颇的。因此，笔者支持个人生物识别信息兼具人格利益与财产利益双重属性的观点，即个人生物识别信息权是一种兼具人格性和财产性的综合性权利，而这种权利是一种新型的权利形式。将个人生物识别信息进行“权利化”界定，符合公众对于利益保护诉求的发展趋势。只有做到既重视生物识别信息的识别和关联的功能，也重视其人格权、财产权属性，才能有效保障信息主体的合法权利。

① 参见谢立斌、李艺：《个人信息的宪法财产权保护》，载《江西财经大学学报》2021 年第 5 期。

第二章　个人生物识别信息的处理

第一节　个人生物识别信息处理概述

个人生物识别信息的处理，是指信息处理者对自然人的个人生物识别信息进行收集，运用生物识别技术手段加工、分析、整理为数据集，并进行使用、保存，以及删除的过程。个人生物识别信息的处理活动直接关涉信息主体的切身权利，因此，信息处理者在对个人生物识别信息处理时，必须严格遵守法律关于个人信息保护的规定。

一、个人生物识别信息处理的内容

个人信息的“处理”一般被用来指代信息的“收集、加工、分析、使用、删除”等一系列行为。欧盟《一般数据保护条例》对数据处理的概念进行了界定。[①] 我国《个保法》第4条第2款对个人信息的处理作出了规定。[②] 最高人民法院《关于审理使用人脸识别技术处理个人信息相关民事案件适用法律若干问题的规定》中对人脸信息的处理也作出了相应的规定[③]，而且明确人脸信息属于生物识别信息。从这些立法和司法解释中可以看出，

---

① 欧盟《通用数据保护条例》规定，“处理”是针对数据的一个或一系列自动化或非自动化操作，包括收集、记录、组织、建构、存储、调整、修改、检索、咨询、使用、披露、传播或其他方式利用、排列或组合、限制、删除或销毁。

②《个保法》第4条第2款规定，个人信息的处理包括个人信息的收集、存储、使用、加工、传输、提供、公开、删除等。

③《关于审理使用人脸识别技术处理个人信息相关民事案件适用法律若干问题的规定》第1条第2款规定，人脸信息的处理包括人脸信息的收集、存储、使用、加工、传输、提供、公开等。

个人生物识别信息的处理要经历对个人生物信息的收集、存储、汇集、加工、删除等过程。其中，对个人生物识别信息的收集和删除分别对应个人生物识别信息生命的起点和终点，是个人生物识别信息处理问题的关键所在。生物识别信息的处理离不开生物识别技术，生物识别技术实质上是一套较为复杂的代码设计程序，其由数据与算法共同完成。

（一）个人生物识别信息的收集

个人生物识别信息的收集是指生物识别信息的处理者获取个人生物信息的过程，即生物信息为信息处理者合法占有的过程。个人生物识别信息收集的是自然人的生物信息，自然人的生物信息是每个人所固有的与生俱来的一种生物特征，其具有唯一性、不易更改性的特征。作为自然人客观生物特征的生物信息，经处理后可以用于个人身份的识别，因此可以作为一种通用的身份标识符。[①] 个人生物识别信息可以通过不同的方式和工具来进行收集，如指纹采集仪、人脸识别摄像头、虹膜扫描仪等。对个人生物信息的采集方式应合法、合规，并采用适当的技术和方法，确保采集过程的准确性和可靠性。收集是个人生物识别信息处理的起点，处理好个人生物识别信息的特别保护问题应当从信息收集开始就严加对待，从而避免个人生物识别信息被不当收集后产生的一系列衍生问题。[②]

目前，生物识别技术在应用过程中，主要通过以下几种途径收集个人生物识别信息：其一是在大规模场景中进行收集。比如在商场、火车站、机场等公共场合使用生物识别技术对自然人生物信息尤其是人脸信息进行收集。在大规模的场景中应用生物识别技术已经非常普遍。由于人脸识别技术具有非接触性的特征，在此种情形下收集人脸信息具有高效便捷性。

---

① 参见胡凌:《刷脸：身份制度、个人信息与法律规制》，载《法学家》2021 年第 2 期。

② 参见张建文、赵梓羽:《个人生物识别信息保护的立法模式与制度构建》，载《重庆邮电大学学报（社会科学版）》2022 年第 1 期。

其二是信息处理者通过移动客户端如通过各种 App 来收集个人生物信息。用户在使用平台相关产品和服务时，信息处理者会对用户的相关生物识别信息进行收集；在实践中往往存在经营者“强制用户授权”的情况，消费者经常被要求如果不把特定权限授权给应用程序，经营者将不给消费者提供相关服务。其三是信息处理者利用数据库进行生物识别信息的共享。数据库共享可以减少信息处理者收集、加工生物信息的成本，但未经权利人同意随意共享他人的个人生物识别信息，会引发信息主体对生物识别信息安全的担忧。

在收集个人生物信息时，若是为了公共利益的目的即为了履行职责，基于公共利益优先于个人利益的原则，一般无须获得信息主体的同意，这是“社会本位”要求的应有之义。但是对于其他的信息处理者（私权主体）而言，想要合法收集他人的生物识别信息，根据《个保法》第 14 条的规定，必须以“知情同意原则”为前提。[①] 在生物识别信息的处理过程中，信息处理者收集、加工、使用他人信息的能力比较大。他们不仅控制着自然人的生物识别信息，还控制着获取和处理个人生物识别信息的各类设备、算法、数据库权限，以及个人生物识别信息的管理方式等。[②] 信息主体则非常被动，往往无从知晓自己生物信息被收集、加工与储存的具体流程，这对信息主体权利的保护十分不利。在科技高速发展的今天，个人生物识别信息的应用日益广泛，对个人生物识别信息的处理遍布各个领域。由于个人生物识别信息处理的主动权掌握在信息处理者手中，为保障信息主体的合法权利，个人生物信息能否被收集，如何被收集，诸如此类的行为和决定，皆应充分尊重信息主体的个人意愿。信息处理者应当严格遵守知情同意规则，在信息主体充分知情的前提下

---

① 参见《个保法》第 14 条规定，基于个人同意处理个人信息的，该同意应当由个人在充分知情的前提下自愿、明确作出。

② 参见王旭:《人脸识别准入规则的失灵风险与制度重构》，载《大连海事大学学报（社会科学版）》2021 年第 6 期。

由其自主作出抉择。

（二）个人生物识别信息的加工

个人生物识别信息的加工是指对个人生物信息进行分析和提取特征的过程，即信息处理者对载有大量个人生物信息的原始数据，通过大数据处理技术进行分析并加工成数据集的过程。生物信息识别的工作原理是从个人生物信息中提取生物特征形成生物模板，然后通过比对实现识别功能。以人脸识别信息为例，通过人脸识别技术，即先通过摄像等设备收集含有人脸的静态图像或动态视频，从中提取到自然人的脸部特征，再通过含有人脸的图片或包含人脸的视频等载体来反映自然人的脸部特征。人脸图像并非真正意义上的“人脸”，实际上是一种生物信息样本。人脸特征是客观存在的自然人人脸的模样，其与指纹、声纹、虹膜等一样，具有独特性和稳定性，可以被用于识别信息主体的身份。而人脸模板是经过技术处理后的信息，也就是说，经过人脸识别技术分析提取最终得到的人脸模板就是人脸识别信息。可见，人脸识别信息经过数字化处理，具有数据外观，可以精确反映自然人的生物特征[①]，再经过比对，便可以实现识别功能。个人生物识别信息的加工步骤具体来说包括特征提取、算法分析、模式匹配、比对识别。生物识别信息的加工必须依靠可行的技术和方法来进行，以确保信息加工的准确性和可靠性。信息处理者选择适当的算法和模型对生物信息进行加工，并验证结果的准确性。

在个人生物识别信息加工阶段，信息处理者应当对通过生物识别技术所收集到的个人生物信息进行分类，并分别建立不同的保护系统。随着科技的快速发展，当个人生物信息进入大数据处理环境中，碎片化的信息一旦结合起来，形成信息组，便会很快识别出具体的个人。个人生物识别信

---

① 参见焦艳玲:《人脸识别的侵权责任认定》，载《中国高校社会科学》2022年第2期。

息一旦泄露，信息主体的权利会受到侵犯，如隐私暴露、财产受损失。在大数据时代，信息处理者巨大的信息获取能力使得社会中的每个人都像是在玻璃鱼缸里游泳的鱼儿一般透明。这种情况对每个人来说都是相当危险的，毕竟没有人愿意生活在没有秘密的空间里，所以对个人生物识别信息的处理应当谨慎。

（三）个人生物识别信息的保存

生物识别信息的保存是指对已收集和加工的生物识别信息进行存储的活动。生物识别信息的保存非常重要，直接关涉到信息主体的权利能否得到保护。已经收集并经加工的个人生物识别信息进入存储环节，应该满足保密性要求。在个人生物识别信息保存阶段，信息处理者应当对个人生物识别信息进行分类，并分别建立不同的保护系统。生物识别技术虽然处于快速发展阶段，但是相应的技术并不完善，尤其是在生物识别信息的安全保护方面，相关的技术还达不到公众对保密性的要求。个人生物识别信息被收集后，往往会在信息处理者内部的服务器或不同的信息处理者之间进行多次的流转使用。信息处理者能否妥善保存生物识别信息，对防范生物识别信息的安全风险显得十分重要。由于在很多情境下，作为消费者的信息主体为了获得相关服务，都被要求先提供自己的个人生物识别信息作为登录系统的先决条件，若不提供，则无法享受服务，这种对生物信息过度收集的行为，增加了信息主体信息泄露的风险。

为降低信息主体生物识别信息泄露的风险，信息处理者在对个人生物识别信息进行收集、加工后，要进行妥善保存。2019 年 7 月，欧洲数据保护委员会（EDPB）颁布的《关于通过视频设备处理个人数据的指引》规定，信息处理者对原始数据应进行分离存储和运输，对分离出的数据要进行加密保护，并在使用过后要及时清除数据。我国澳门特别行政区《个人资料保护法》也规定应妥善保管个人资料[①]，除法律特别规定外，当事人基于个人重大理由，有随时选择退出资料处理的权利；当理由为合理时，资料处理者不得再对当事人的资料进行使用、加工、储存、传递。[②]

个人生物识别信息的储存方式如今已经日益迈向电子化和智能化的道路，信息处理者可以采用多种多样的存储方式对信息进行保存，如数据库存储、云存储、本地存储等。对信息处理者来讲，存储方式应符合相关的安全要求，采取必要的相应技术措施，保护信息的安全性和完整性。由于生物识别信息属于敏感个人信息，在储存时要与个人身份信息分开存储。信息处理者可以为生物识别信息编写独特的保护代码[③]，按照《信息技术安全技术生物特征识别信息的保护要求（征求意见稿）》规定的对生物识别信息安全保护的要求，在存储和传输过程中应当设置访问限制，或使用SM2或SM4加密算法保密。此外，个人生物识别信息的保存还应当建立合理的数据备份和恢复机制。数据备份是为了防止数据丢失或损坏，信息处理者应确保在需要时能够及时恢复和还原信息。在个人生物识别信息保存的过程中，信息处理者应评估和防控信息保存中可能发生的各种风险，并建立安全的存储环境，防止信息的滥用、泄露或非法访问；还应在生物识别信息储存之前进行不可逆变换处理。任何情况下都不能根据生物识别模板进行逆转，转换出原始的生物识别信息，以防止将这些信息用于最初预期以外的目的。在个人生物识别信息的保存过程中，如果权利人提出合理请求，要求删除被收集保存的个人生物识别信息，信息处理者应当及时进行回应。

---

① 该法规定，资料收集者在资料使用期间应妥善保存；资料当事人在任何时候皆享有反对权，即可以与其情况有关的正当和重大理由反对处理与当事人有关的个人资料。该法同时规定了当资料被不法处理或遭受其他损失的情况下，当事人均有权向负责处理其资料的一方请求赔偿。

② 参见朱振明：《论个人生物识别信息的特性及法律保护》，载《黑龙江生态工程职业学院学报》2021年第1期。

③ 参见杨显滨、麻晋源：《个人信息的民事法律保护与限度》，载《江海学刊》2021年第4期。

换脸软件“ZAO”就是因为在收集人脸信息以后，用户无法进行删除，造成了人脸信息的严重泄露而被叫停整改。个人生物识别信息的保存还应当明确保存的期限和周期。当信息存储期限届满时，信息处理者应及时对个人生物识别信息进行注销或销毁，注销和销毁过程应符合相关的安全要求和程序，或对个人生物识别信息进行匿名化处理，防止生物识别信息的泄露或滥用。总而言之，个人信息处理者应当对生物识别信息进行妥善保存，积极采取相应安全措施和风险管理措施以防控风险。信息处理者如果由于保存不力而致使信息主体权利受到损害的，受害人有权请求赔偿，信息处理者应对此承担法律责任。

应当树立个人生物识别信息的审慎处理理念。在个人生物识别信息收集阶段，信息处理者应当按照比例原则、最小必要性原则考虑相关生物识别信息的性质、内容以及收集、使用的目的、手段、范围、限度等，评估这一行为可能给信息主体的人身、财产权益带来的风险，进行相应防范以降低潜在的信息安全风险，并如实告知信息主体；在个人生物识别信息加工阶段，信息处理者应当对通过生物识别技术所收集到的个人生物识别信息进行分类，并分别设置不同的保护系统。个人生物识别信息能够识别的个人具体信息以及可推知的信息是多重的，若一味将所有个人信息混同保护，则会在不同程度上造成个人隐私泄露的风险，甚至侵犯个人人格尊严。对于普通个人信息可做一般保护，而对敏感个人信息应当进行范围限缩，尤其是个人生物识别信息，对之可以采用分类的方式予以保护。① 信息处理者可以为个人生物识别信息编写独特的保护代码，在存储和传输的过程中进行访问控制或使用SM2或SM4加密算法保密。在个人生物识别信息使用阶段，应当根据不同种类的个人生物识别信息进行相应程度的加密操作，

① 《个保法》第28条规定，敏感个人信息是一旦泄露或者非法使用，容易导致自然人的人格尊严受到侵害或者人身、财产安全受到危害的个人信息，包括生物识别、宗教信仰、特定身份、医疗健康、金融账户、行踪轨迹等信息，以及不满14周岁未成年人的个人信息。

加强对信息系统登录权限的管控并对访问操作的过程进行记录；生物识别信息的储存也应当进行分类储存，应当设置高于一般个人信息保护的要求和标准；信息处理者应当明确个人生物识别信息的界限，对生物识别信息的使用应当合理合法，不得超出信息主体的授权范围，信息主体在与信息处理者达成许可使用个人生物识别信息的合意时，合意约定仅在双方之间发生法律效力，不得向其他第三方提供收集的信息[①]，未经信息主体的授权不得向第三方提供与交易。如今在现实生活中，很多信息处理者设置的刷脸支付等，并没有主动、明确告知消费者人脸信息的使用界限，有些经营者甚至在信息主体不知情的情况下把个人生物识别信息向第三方提供使用，个人生物识别信息最后究竟被用于何处，消费者不得而知，这侵犯了信息主体的权利。对此，在法律上应当明确信息处理者对个人信息保护的合规义务，信息处理者在对信息处理的各个环节中，应加强个人信息安全保障意识，对内部员工进行安全保密培训，制定补救方案，即如果发生个人信息泄露情况，要采取相应的补救措施。

二、个人生物识别信息处理的原则

个人生物识别信息处理的原则是指在收集、加工、使用和保存个人生物识别信息过程中应遵循的基本准则和规范。这些原则旨在确保对个人生物识别信息的合法、公正、安全和透明处理，保护个人的隐私权和信息安全。民法典规定了个人信息的处理原则[②]，消费者权益保护法规定了经营者

① 参见王鑫媛:《人脸识别技术应用的风险与法律规制》，载《科技与法律（中英文）》2021 年第 5 期。

②《民法典》第 1035 条规定，处理个人信息的，应当遵循合法、正当、必要原则，不得过度处理，并符合下列条件:（1）征得该自然人或监护人同意，但是法律、行政法规另有规定的除外;（2）公开处理信息的规则;（3）明示处理信息的目的、方式和范围;（4）不违反法律、行政法规的规定和双方的约定。

对消费者个人信息的收集、使用原则[①]，网络安全法规定了网络运营者收集、使用个人信息的原则[②]，电子商务法规定了电子商务经营者收集、使用个人信息的原则[③]，未成年人保护法对未成年人信息的处理原则进行了规定[④]。信息处理者在处理个人生物识别信息时，应当根据法律的规定，符合法律规定的条件，遵守个人信息处理的原则[⑤]，对信息主体的个人生物识别信息合理利用。

（一）合法原则

个人生物识别信息的处理必须有合法依据。信息处理者应了解并遵守相关法律法规的规定，确保信息处理有合法性基础。首先，在个人生物识别信息的收集阶段，信息处理者处理个人生物识别信息要满足合法性原则，必须要有收集生物识别信息的合法目的，信息处理者（私权主体）要么遵守相关法律法规的规定获得信息主体的明确同意，要么依据法定职权进行收集（这里的信息处理者指的是政府公权力主体）。只有个人生物识别信息的收集合乎法律目的、才能维护信息主体的利益。其次，信息处理者在对个人生物识别信息的加工、使用、保存过程中也必须遵循合法性原则，不

① 《消费者权益保护法》第29条规定，经营者收集、使用消费者个人信息，应当遵循合法、正当、必要的原则，明示收集、使用信息的目的、方式和范围，并经消费者同意。经营者收集、使用消费者个人信息，应当公开其收集、使用规则，不得违反法律、法规的规定和双方的约定收集、使用信息。

②《网络安全法》第41条规定，网络运营者收集、使用个人信息，应当遵循合法、正当、必要的原则，公开收集、使用规则，明示收集、使用信息的目的、方式和范围，并经被收集者同意。

③ 《电子商务法》第23条规定，电子商务经营者收集、使用其用户的个人信息，应当遵守法律、行政法规有关个人信息保护的规定。

④ 《未成年人保护法》第4条规定，保护未成年人，应当坚持最有利于未成年人的原则。处理涉及未成年人事项，应当符合下列要求：（1）给予未成年人特殊、优先保护；（2）尊重未成年人人格尊严；（3）保护未成年人隐私权和个人信息；（4）适应未成年人身心健康发展的规律和特点；（5）听取未成年人的意见；（6）保护与教育相结合。

⑤ 参见刘权：《论个人信息处理的合法、正当、必要原则》，载《法学家》2021年第5期。

得超出合同约定或法定权限范围。最后，信息处理者应采取合法的方式，遵循合法程序进行处理。总之，对个人生物识别信息的处理应具有明确的目的和合法合理的用途。信息处理者应明示处理个人生物识别信息的具体目的，并在达到目的后及时停止处理。信息处理者不得将个人生物识别信息用于与目的无关的其他活动，要确保信息处理的透明性和合理性，应当遵循信息安全保护原则和个人信息权利的保护要求，不得侵犯信息主体的权益。

（二）必要原则

必要原则是指信息处理者根据处理目的和合法需要，只收集、加工、保存、使用与目的相关且必要的个人生物识别信息，避免处理与目的无关或超出必要范围的信息。个人生物识别信息的处理应当遵守最小必要性原则，在正当目的下实现以最小成本来处理生物识别信息。2020 年 2 月欧盟委员会出台《人工智能白皮书》，明确了信息处理者需要在"最小必要"限度内处理他人个人信息，对造成信息主体权利损害需承担的赔偿责任进行了规定，并创建了"信任生态系统"的监管框架，对公民基本权利予以保护。关于处理个人信息，我国很多行业也制定了行业自律的规范性文件，如《App 收集使用个人信息最小必要评估规范总则》[①]《人脸识别线下支付行业自律公约（试行）》[②]，都同样采用了"最小必要"原则，规定不能收集与

① 电信终端产业协会于 2020 年公布的《App 收集使用个人信息最小必要评估规范总则》第 3 条规定，App 进行个人信息处理时应遵循以下最小必要原则，即处理个人信息应当具有明确、合理的目的，并应当限于实现处理目的的最小范围，不得进行与处理目的无关的个人信息处理。

② 2020 年我国支付清算协会组织制定的《人脸识别线下支付行业自律公约（试行）》第 2 章第 6 条规定，会员单位应建立人脸信息全生命周期安全管理机制。在采集环节，要坚持"用户授权、最小够用"，明确告知用户信息使用目的、方式和范围，并获得用户授权，避免与需求无关的特征采集。在存储环节，将原始人脸信息加密存储，并与银行账号或支付账号、身份证号等用户个人隐私进行安全隔离。在使用环节，收单机构、商户等中间环节不得归集或截留原始人脸信息，实现端到端的个人隐私保护。

需求无关的个人信息。

但是，目前我国关于个人生物识别信息处理的必要原则在实践中落实得并不好。很多场所如商场、小区、游乐园、售楼处、校园等都可能安装生物识别设备尤其是人脸识别设备，但是这些场所是否有必要安装这些设备值得商榷。目前我国已经有多起关于生物识别信息侵权纠纷案件。2019年郭某诉杭州野生动物世界有限公司一案，被称为我国人脸识别信息侵权第一案。原告郭某在诉讼请求中明确要求认定杭州野生动物园以人脸识别入园的方式为无效，在动物园场景中，以人脸识别入园来提高票检效率的行为并非必要。法院以杭州市野生动物园为了提升识别效率引入人脸识别技术具有正当目的，仅从合同履行的角度认定这属于园区单方变更合同，从而认可了郭某的部分主张。[①] 2021年9月，在顾某诉兰州城关物业服务集团有限公司及城关天津公司纠纷案中，原告称多次要求被告兰州城关物业服务集团有限公司天津分公司删除其人脸信息，并向其提供无障碍出入小区的方式，却遭到物业公司的拒绝。一审法院认为相关证据不能证明被告侵犯了其隐私权。二审法院进行了改判，判决物业公司删除原告人脸信息，并为其提供其他出入小区的通行验证方式。[②] 劳东燕教授对其所在小区提出的“刷脸进入”的强制要求提出质疑，认为在小区安装人脸识别技术的风险明显大于收益。在她的努力下，其所在小区业主争取到了“不刷脸”的权利。小区业主出入小区可以自愿选择门禁卡、手机或人脸识别的方式。[③] 对个人生物识别信息的收集、使用应当考虑个人生物识别信息的巨大风险与应用场景的利用效益，个人生物识别信息若仅仅用于出入小区、

---

① 法院认为：在郭某与野生动物世界有限公司已经达成采取指纹识别方式入园合意的情况下，野生动物世界有限公司在履行合同期间向郭某发送案涉两条短信，拟将原已达成的指纹识别入园方式变更为人脸识别入园方式，该行为属于单方变更合同的行为。参见杭州市富阳区人民法院（2019）浙0111民初6971号民事判决书。

② 参见天津市第一中级人民法院（2022）津01民终349号民事判决书。

③ 参见姚龙华:《“刷脸”时代，如何“护脸”？》，载《广东深圳特区报》2022年9月7日。

游乐园等验证属实没有必要，必须尊重信息主体可以选择多种出入方式的权利。

在现实生活中，有些信息处理者会选择采取一站式收集方式，一次性收集个人生物识别信息，并进行深度处理，并以此来作为大型个人生物识别信息的建设基础。一般来说，用户对个人生物识别信息收集的授权大多是针对信息处理者提供的服务，信息处理者与用户签订的知情同意协议也只能基于该目的，信息处理者若要进一步使用用户的生物识别信息应当再一次进行授权，对信息处理者来说，这势必会增加其成本。所以很多信息处理者与用户的知情同意协议往往是一次授权，终身有效的，信息处理者也因此能一直掌握用户的个人生物识别信息。但当信息处理者不再提供相关服务或用户不想再使用相关服务时，信息处理者却还保留有用户的个人生物识别信息，这种情况必然会违反原有协议的目的，模糊个人生物识别信息的授权使用界限，突破目的必要性原则。一旦出现这种情况，应当采取合理规制措施与监管手段对信息处理者进行监管。

对个人生物识别信息进行收集的信息处理者，既包括以经营者为代表的私权主体，也包括以政府机关为代表的公权力主体。一般来讲，政府公权力主体收集、使用个人生物识别信息是为了公共利益的目的；若为公共利益目的在公共场所收集、使用个人生物识别信息时，信息处理者应设置显著标识。在公共利益目的之外，收集、使用个人生物识别信息在大多数情况下是为了商业利益的需要，在这种情况下信息处理者就是经营者（私权主体），其在收集、使用个人生物识别信息过程中，应当严格遵循个保法及其他法律规范的规定，满足必要原则，即只有在不使用生物识别技术获取个人生物识别信息就无法实现相关服务的情况下，才可以收集、使用他人的生物识别信息。必要性原则要求信息处理者考虑相关生物识别信息的性质、内容以及收集、使用的目的、手段、范围、限度等，评估信息处理行为可能给信息主体的人身、财产权益带来何种风险，信息处理者尽量使用侵害性更小的方式来处理个人生物识别信息，积极采取相应防范措施以降低信息安全存在的潜在风险，有效保障信息主体的权利不被侵犯。如果生物识别技术的应用可能导致公民权利被非法侵害，则应当被严格禁止使用。

（三）正当原则

正当原则主要强调个人生物识别信息处理的目的要“正当”。该原则要求信息处理者在处理个人生物识别信息时的目的应当符合特定、明确、合理之意。也就是说，个人生物识别信息处理的目的不能过于宽泛和抽象，如果太过宽泛和抽象，则难以有效指引具体的个人生物识别信息处理活动，同时也无法有效限制个人生物识别信息的处理范围，进而容易导致对个人生物识别信息的滥用，损害信息主体的合法权利。首先，在个人生物识别信息收集阶段，信息处理者应当按照正当原则考虑相关个人生物识别信息的性质、内容以及收集、使用的目的、手段、范围、限度等，评估信息处理行为可能给信息主体的人身、财产权益带来的风险，并进行相应防范以降低潜在的信息安全风险，以实现个人生物识别信息的社会价值。其次，个人生物识别信息的使用也应当遵循正当原则。在现实生活中，有一些信息处理者常常在处理生物识别信息的过程中，对个人生物识别信息进行加工、分析，从中提炼出用户的性格特征、爱好、生活习惯、消费行为，通过用户画像进行有针对性的精准营销，以获取更大的经济利益，这种使用生物识别信息进行用户画像的行为已经偏离了正当使用的轨道，实际上对消费者而言是一种歧视性对待，明显侵犯了消费者的合法权利。为避免过度、不当使用生物识别信息给信息主体造成的人身和财产损害，个人生物识别信息的使用应当满足正当性要求，不得超过信息主体事先同意的使用范围、方式和用途。

（四）安全原则

在收集、储存和使用个人生物识别信息过程中，信息处理者须确保个人生物识别信息的安全，积极地采取一系列措施对生物识别信息予以充分保护[①]。在大数据时代，生物识别技术在各个领域的广泛应用致使个人生物识别信息的数据存储主体众多。除了国家为了维护公共利益、公共安全建立的生物识别信息数据库之外，各种经营者如各大银行、商场，乃至小区物业、学校等也都建立了相应的生物识别信息数据库。信息技术的发展使得生物识别信息安全保障对于技术的依赖不断加深，虽然作为依赖于深度学习算法的计算机技术，生物识别技术已经日趋成熟，但是不同的信息处理者所掌握的技术资源和所创造的技术水平参差不齐，要达到“无懈可击”的程度并非易事。任何的技术都不可能完美无缺，尤其是对信息安全保护的技术目前还难以满足对个人生物识别信息安全保障的现实需求。个人生物识别信息经过信息处理者收集后，就会以代码的形式储存在数据库中，由于数据库建设的能力参差不齐，在保管个人生物识别信息的过程中，如果没有足够的技术管控措施来保存个人生物识别信息，就会存在被黑客和病毒侵入的风险，一旦被人恶意攻破获取、非法侵入，会造成严重的信息泄露问题。个人生物识别信息本身作为敏感个人信息，具有不可修改性，一旦泄露，那么权利人的隐私权与财产权将面临严重侵犯，甚至造成无法挽回的损害，信息泄露可能会使社会大众“透明化”。[②]

因此，在个人生物识别信息的处理过程中，首先，信息处理者应当具有一定的资质，并具备安全防范能力。作为经营者的信息处理者在处理个人生物识别信息时势必更注重商业盈利。如若信息处理者没有资质，不具备相应的安全防范能力，法律也没有规定其应当承担的安全保障义务，那么个人生物识别信息泄露的风险将大大增加。其次，信息处理者应当注意核对信息主体的身份，保证个人生物识别信息的准确、全面，防止原始信息失真。信息处理者应当不断完善生物识别技术配套的保护措施，包括保

---

① 参见倪楠、王敏：《人脸识别技术中个人信息保护的法律规制》，载《人文杂志》2022年第2期。

② 参见劳东燕：《潜在风险与法律保护框架的构建》，载《检察日报》2020年10月12日。

密措施、监测措施、补救措施等。为了防范风险，确保信息主体的权利不受侵害，信息处理者要在管理、技术水平上下功夫，即信息处理者应当不断地对技术进行升级。比如，根据个人生物识别信息的不同种类进行加密操作，加强对信息系统登录权限的管控并对访问操作的过程进行记录，对个人生物识别信息的储存应当设置高标准，存储时间要达到满足生物识别信息使用目的的最少时间，到期的信息要进行删除，或进行匿名化处理。此外，信息处理者还要加强个人信息保护的合规建设，对工作人员进行信息安全培训，杜绝工作人员擅自售卖、泄露个人信息行为的发生。

总之，在当前大数据时代背景下，自然人的生物识别信息很难避免被收集，个人生物识别信息的运用更是极大地提高了社会运行效率。信息处理者在收集、使用的过程中，一定要慎重考虑个人生物识别信息收集的合法、必要、正当、安全原则，以及所带来的社会风险。若信息的收集、使用给信息主体带来风险，则要采取一系列措施减轻风险对信息主体的影响，最大限度地降低对信息主体信息权的侵害。关于个人生物识别信息的安全保障，不应只体现在信息处理的某个环节中，在个人生物识别信息处理的各个环节之中都应予以重视，做到全过程覆盖。要对信息处理者设定一定的准入门槛，让其具有相应的生物识别信息处理资质的条件。在个人生物识别信息收集前，应当如实告知信息主体收集的目的、范围、用途。政府基于公共利益目的的收集、使用无须获得信息主体的同意，但是对于其他的信息处理者（私权主体）而言必须要取得信息主体的单独同意授权。在使用生物识别信息时一定要满足“正当性”要求。在个人生物识别信息收集、加工后的保存上，应当按照生物识别信息的不同种类进行分类存储，加强信息安全保障管理。同时，要注重加强对工作人员的安全保密意识的培养，把信息安全工作体现在日常工作中。

三、个人生物识别信息处理中存在的风险

现代社会是一个“风险社会”，现代社会的生存风险是由工业社会所导致的，特别是科技风险。[①] 大数据、人工智能等新一轮信息技术的覆盖，给信息交流模式的改变提供了技术基础。科技的进步带来了信息高效化、便捷化的处理与广泛的应用，同时也将个人信息尤其是生物识别信息的安全置于前所未有的风险之中。科技的发展与应用往往是收益与风险并存，风险的存在往往与相关利益挂钩。在现代风险社会中，有风险就有受益者和受害者。受益者有利可图，便有采取行动的动力；反之，若无利可图，也不会行动，自然也不会产生风险。对于个人生物识别信息也是如此，很多人愿意使用它是因为可以获得巨大收益。风险在现代社会突出的是对个体处境的强烈感知。[②] 正是因为个人生物识别信息是一把“双刃剑”，一方面能够给人们带来便利，另一方面在信息处理中也会引发各种各样的风险，如信息处理中会导致对信息主体产生隐私安全、财产安全、信息安全，以及算法公平等等诸多问题，因此要对个人生物识别信息处理中存在的风险进行防范。

（一）个人生物识别信息收集中的风险

现如今，人们的很多日常生活已经离不开个人生物识别信息的应用，如各类 App 需要指纹、人脸信息登录，各类支付系统，以及乘坐火车、飞机等交通工具都需要进行人脸识别等。在指纹识别和人脸识别技术的广泛应用下，许多 App 都会广泛收集自然人的生物识别信息，这种现象已经无声无息地在社会上蔓延开来。在现实生活中，个人生物识别信息的应用虽然会给人们带来不少的便利，同时，生物识别信息的不正当收集会对信息

---

① 参见［德］乌尔里希·贝克：《风险社会》，何博闻译，译林出版社 2004 年版，第 55 页。

② 参见江必新、王红霞：《国家治理现代化与社会治理》，中国法制出版社 2016 年版，第 144 页。

主体造成侵权，侵害个人生物识别信息的安全。在当前人工智能、大数据时代背景下，个人生物识别信息因为具有高度的关联性，其商业价值非常巨大，经营者常常会出于商业性目的过度收集用户的个人生物识别信息。尤其是一些生物识别信息（如人脸、虹膜、声纹等）由于具有公开性的特征，很容易被他人获取，其中人脸识别信息最容易被收集。相较于其他识别技术，人脸识别技术具有无接触性、强交互性、不易被盗取性和高效性等优势[①]，尤其是在安装了人脸识别装置的场所，人们只要进入识别机器的工作范围之内，常常在不知情的情况下其人脸信息就被拍照抓取。在日常生活中，人脸信息的收集大多是通过摄像头来进行的，这种采集方式往往不需要信息主体主动接触采集设备，信息的收集十分隐蔽，只要有一个小小的摄像头就能够完成。于是，一些经营者就通过安装摄像头等设施设备对进入店铺的消费者私自进行人脸信息的收集。不少店铺在门口及店内都安装了摄像头对进出店铺的人员进行人脸图像的抓拍，人们很难判断这种摄像头的安装究竟是商家出于安全目的考虑，还是出于收集人脸识别信息等其他目的。2021 年“3 · 15”晚会上就曝光了一些商家擅自使用人脸识别技术收集个人信息事件。还有一些我们常见的商超也有过采购人脸识别设备的记录。这些商超安装了带有人脸识别功能的摄像头，消费者只要进入门店范围，其人脸信息就会被拍摄、记录下来，并按顺序编排上相应的编号。由于采集设备所具有隐蔽性，无接触信息采集的特点会让信息主体失去防范风险的判断机会，更没有明确表达同意或拒绝的机会。

除此之外，指纹信息的收集情况也不容乐观。由于指纹具有触物留痕的特征，可以通过指纹识别技术获取他人指纹信息，经过加工后形成纹膜，用于指纹打卡、支付。2020 年 4 月，江苏宿迁一健身中心被发现收集了 2

① 参见郭春镇:《数字人权时代人脸识别技术应用的治理》，载《现代法学》2020 年第 4 期。

万多名会员的人脸和指纹等信息。[①] 对有些经营者而言，为了追逐利益，他们会罔顾法律的规定，对他人的生物识别信息进行收集、使用。非法收集个人生物识别信息会给信息主体带来隐患。由于在生物信息收集过程中，信息主体对于自己的生物信息被收集与否并不清楚，有时根本不知道自己的生物信息已经被收集，这会让人不寒而栗：既不知道自己的信息已经被别人收集，更不知信息的流向，因此，对这种非法收集个人生物识别信息的行为必须要严加规制。2015 年，Facebook 在未经用户的同意下，私自将用户上传的照片进行人脸识别信息的采集，近 160 万用户对 Facebook 提起集体诉讼，诉称被告没有获得用户同意就使用人脸标记功能，在用户照片上进行人脸标记，侵犯了用户的隐私权。在 2020 年 2 月底，Facebook 侵犯用户隐私诉讼的和解协议获得法院批准，最终 Facebook 与用户签署和解协议书，赔偿约 6.5 亿美元（约合人民币 42.1 亿元）。

（二）个人生物识别信息存储中的风险

随着互联网走进千家万户，个人信息被人称为“新时代的石油”，人们逐渐意识到个人生物识别信息的重大经济价值。有些经营者为了自身利益最大化大肆地收集和存储个人生物识别信息。人们在使用生物识别系统过程中，或多或少都会留下一定的痕迹信息，尤其是生物识别技术的应用需要将信息主体的生物信息提前存储到数据库中。电子化存储方式虽然容量大、方便快捷，但也容易引发风险。[②] 个人生物识别信息的数据库犹如一座巨大的宝藏，势必会引发各种别有用心之徒对其有觊觎之心。它不仅可能会成为病毒入侵、不法之徒作案的目标，甚至还可能成为国家安全领域黑客攻击的目标。

---

① 参见王牧青：《江苏商家违法收集 2 万多人脸信息被罚或为全国首例》，载 https://www.163.com/news/article/FCLJIE0N0 0018AOP.html。

② 参见陈星、梁丁：《大数据时代个人信息利用的法律规制》，载《重庆理工大学学报（社会科学）》2022 年第 6 期。

个人生物识别信息的处理是一个极为复杂的活动，有着较高的技术要求，信息处理者在收集、加工个人生物识别信息过程中，若无安全可靠的技术，会引发安全风险。目前生物识别技术的普及化应用致使个人生物识别信息的存储主体众多，由于我国法律目前并未设置相关准入门槛，各类相关主体可能有各自的生物识别信息数据库。个人生物识别信息安全保障的现实需求有赖于技术支持，一旦没有采取合理的措施来保存生物识别信息，生物识别信息极有可能被泄露。由于信息处理者数据库建设的能力参差不齐，如何保管、存储个人生物识别信息也是非常重要的一个问题。若保管不当，会造成信息泄露，给信息主体带来损害，尤其是人脸识别信息，该信息大多是由普通经营者如商店、饭店、旅店等收集的，这些经营者往往没有相应的技术能力来妥善保管所收集的个人生物识别信息。经营者天生就是经济人，会趋利避害，其在市场经济中的活动目的就是实现自身利益最大化，在使用生物识别技术时，可能会选择性避开应当承担的安全保障义务。如果经营者不具备相应安全保障能力，那么个人生物识别信息泄露的风险将大大增加。个人生物识别信息作为生物特征信息，本身具有不可修改性，如果数据库被人恶意攻破、非法侵入，将会造成严重的信息泄露，信息主体的相关权利将面临严重侵犯。[①] 个人生物识别信息属于个人信息中的敏感信息，为确保个人生物识别信息的安全，其收集与使用应当经过双重限制：一是信息处理者的资质审查，收集、加工与存储生物识别信息者必须具备相应的资质；二是收集、加工与存储需经过用户明确的授权。

另外，类似信息科技公司等经营主体在实体终结时，其掌握的大量信息的安全性如何保障，也应当引起重视。

---

① 参见劳东燕：《“人脸识别第一案”判决的法理分析》，载《环球法律评论》2022年第1期。

（三）个人生物识别信息使用中的风险

生物识别信息的安全保障需要依托技术的支持。任何技术都不可能是完美无缺的，目前还没有完美的技术能够完全保障生物识别信息的安全[①]；在实践中，生物识别技术作为一个信息应用系统，容易遭受黑客攻击，再加上信息处理者在处理生物识别信息时常常通过算法造成不公平现象，使得个人生物识别信息在使用过程中存在不少的风险。个人生物识别信息在使用中的风险来源主要有两个：一是在技术上存在漏洞，二是在管理上存在漏洞。具体来讲，有以下几种情形。

1. 个人生物识别信息的不当使用

由于个人生物识别信息蕴含着巨大的价值，越来越多的信息处理者不断地对之进行挖掘，不合理的生物识别信息的使用也越来越多。

首先，个人生物识别信息的不当使用带来价格歧视。在不合理的生物识别信息使用中，对消费者的价格歧视问题引发了广泛的社会关注。在日常生活中，人们常常会碰到这样的情况：当你在浏览了某个平台的某个产品之后，等到下次再使用该平台时，就会看到平台会源源不断地推送许多相关产品。这是因为生物识别信息本身就是以自然人的生物或行为特征而形成的，与个人具有高度的关联性，通过对其进行分析，能够轻而易举地得到信息主体的许多关联信息，如行动轨迹、消费习惯、个人喜好、健康状况、财务状况等信息，从而能够精准推测出消费者的全部信息。通过大数据分析，在个人生物识别信息与其他个人信息之间架起了桥梁，使二者高度关联。一方面，经营者通过个人生物识别信息，可以统计出消费者进出店铺的次数、停留时间长短等客观因素；另一方面，通过统筹分析个人生物识别信息中所包含的年龄、心情、身体状况以及消费者在某个产品界面停留的时长、动作、姿态等，经营者可以分析得出消费者的消费能力、消费偏

① 参见张勇：《个人生物信息安全的法律保护——以人脸识别为例》，载《江西社会科学》2021 年第 5 期。

好、消费倾向，针对不同消费者进行精准推送，不同消费能力的消费者会被经营者区别对待。这种区别对待实际上就是算法价格歧视。归根结底就是经营者对消费者进行用户画像的过程，经营者通过收集、汇总和分析消费者信息，预测每个特定消费者的特点，从而运用不同的定价策略。该结果是不同的消费者购买同样的商品或服务所支付的价款是不一样的，这明显限缩了部分消费者购买商品或服务的范围。经营者为了追逐企业自身利润的最大化，通过在技术和信息上的优势地位，创造出对消费者来说不公平和不公正的产品或服务价格，这种对消费者个人生物识别信息进行深度挖掘的行为，目的就是对消费者进行区别对待，体现在价格上便是价格歧视。这已经成为很多经营者的惯常做法。经营者的这种“价格歧视行为”行为，严重违背了定价的透明度，明显侵犯了消费者的合法权利。

“价格歧视行为”行为通常有两种表现形式，一是大数据“杀熟”行为，二是忠诚折扣定价行为。大数据“杀熟”行为是指经营者根据收集到的用户个人生物识别信息，利用网络环境下用户与用户之间相关交易信息流动性较低的特点，以及交易双方信息的不对称性，通过算法机制，分析用户交易量、消费水平、价格敏感度、潜在需求，以及对特定交易对象的“用户黏性”，从而对“熟客”实施提高门槛、制定高价、降低优惠、抬高收费的行为。在“戴着头盔去看房”的事件中，反映的就是售楼人员利用客户的人脸识别信息，对不同类型客户给予不同程度的买房优惠以实现大数据“杀熟”目的，致使看房人无奈之下，只得在看房时想方设法地遮掩面容。[①] 而忠诚折扣定价行为则是指经营者开发了用于获得消费者忠实度的算法，即根据消费者在一定期间内购买商品或服务的数量，或者需求比例达到一定的要求，根据消费者相应的忠诚度表现，给予其相应的折扣行为，即给那些忠实度较高的消费者提供优惠。经营者提供优惠措施，目的

① 参见吴帅帅：《被售楼处人脸识别拍到，买房多花30万？有人被迫戴头盔看房》，载新华网，2020年11月25日。

是锁定消费者，让其死心塌地在自己这里消费。实际上，忠诚折扣定价行为是经营者根据消费者购买数量的不同而推算出各自的消费能力不同，对于忠实度较高的消费者可以享受价格优惠，对需求量较低，或者其他原因达不到折扣门槛的消费者则制定较高价格，甚至可能进行惩罚性定价[①]。不管是大数据“杀熟”行为，还是经营者实施的忠诚折扣定价行为，都是给予消费者不同的价格，实质上就是价格歧视。这种经营者对消费者的不合理的差别对待，通常情况下消费者难以知情，经营者不但侵犯了消费者固有利益，还侵犯了信赖利益。因此，价格歧视行为本身违反了公平原则、自主原则等基本交易原则，违反了我国个保法、消费者权益保护法的规定，是违法行为。[②] 如果任由价格歧视行为在行业间肆意滥用，会严重扰乱社会主义市场经济秩序。

其次，个人生物识别信息的不当使用会造成对信息主体的社会偏见和身份歧视问题。在人工智能领域中，歧视现象较为普遍，个中原因既包括技术差距造成的歧视，也包括人为算法造成的歧视。个人生物识别信息作为敏感个人信息，需要通过生物识别技术进行收集、加工、分析，而生物识别技术存在算法“黑箱”问题又加剧了歧视风险的产生。比如，人脸识别信息对识别技术的要求较高，除了要有拍摄设备、芯片等硬件设施外，对算法、驱动程序等软件的要求也较高。[③] 生物识别信息技术在不同人种和性别之间的准确性也会存在差异，由于信息处理者的水平参差不齐，常常会发生因技术本身缺陷而导致对一些人群的歧视。这类案例屡见不鲜。2020 年 3 月，英国网约车公司 Uber 推出人脸识别技术来识别开车司机的

---

① Patrick Greenlee & David Reitman, *Distinguishing Competitive and Exclusionary Uses of Loyalty Discounts*, seat：The Antitrust Bulletin, 2005, 50（3）.

② 《个保法》第 24 条规定，个人信息处理者利用个人信息进行自动化决策，应当保证决策的透明度和结果公平、公正，不得对个人在交易价格等交易条件上实行不合理的差别待遇。

③ 参见郭春镇:《数字人权时代人脸识别技术应用的治理》，载《现代法学》2020 年第 4 期。

身份，若识别到不是司机本人在开车，司机则可能被解雇。后经过相关部门调查，发现该人脸识别系统识别有色人种时误差率很高。于是英国的网约车司机工会对 Uber 使用人脸识别系统提起诉讼，理由是该识别系统存在“种族歧视”，致使一些黑人司机因为误识而被解雇。[①] 美国国家标准与技术研究院做了专门研究，研究结果是世界上许多顶尖的人脸识别算法都存在年龄、种族和民族歧视的情况。在某些情况下，亚裔和非裔人群被错误识别的概率是白人的 100 倍。关于性别歧视，美国斯坦福大学的研究小组对微软、旷视、IBM 人脸识别技术的研究发现，它们都有性别、种族歧视现象：在识别浅肤色男性时，误差不超过 0.8%，但识别深肤色女性，误差率则超过 34%。[②] 这些在生物识别技术应用中出现的对信息主体的社会偏见和身份歧视问题，显然损害了信息主体的合法权益，这种不公正的偏见，会直接影响信息主体的相关工作以及交易机会。

2. 生物识别信息的滥用

作为高度敏感的个人信息，个人生物识别信息所依赖的是每个自然人的所固有的生物或行为特征。个人生物识别信息深度体现了自然人的生理和行为特征。生物识别技术是信息时代重要的科学技术成果，其应用领域极为广泛，随之而来的是对生物识别信息的滥用风险。生物识别信息的滥用是指未经权利人合法授权而使用他人生物识别信息的行为。就我国而言，自 2020 年 9 月 1 日至 12 月 21 日，仅涉及人脸识别信息被滥用的现象、问题以及存在的隐患、风险等相关内容，共计 53.2 万条，覆盖全国 244 个城市。[③]

首先，大量的个人生物识别信息被不法分子窃取并滥用。这会导致生

---

① 参见李娅宁：《Uber 被英国工会诉讼：对司机的人脸识存在“种族歧视”》，载《南方都市报》2021 年 10 月 9 日。

② Steve Lohr, *Facial Recognition IAccurate, if You'real White Guy*. The New York Times, 2018-02-09.

③ 参见郑伟彬：《53 万条数据揭示人脸识别滥用四大焦点》，载《新京报》2021 年 1 月 26 日。

物识别信息的泄露，甚至有犯罪分子还利用生物识别信息实施犯罪活动，如利用公民个人生物识别信息来进行敲诈勒索、诈骗等活动，此类犯罪活动给公民人身和财产安全会造成巨大损害。2020年在美国备受争议的人脸识别公司Clearview AI自曝其客户名单被盗。我国深圳市龙岗公安机关发现犯罪分子利用AI变脸技术，绕开多家网络服务平台及系统的人脸识别系统，实施犯罪活动[①]。某支付平台的“人脸识别”系统存在“重大低级”漏洞，被黑产人员发现并利用。黑产人员通过在黑市上购买公民的人脸识别信息，利用平台漏洞修改账户密码和换绑手机号，盗刷了二十多个账户内的28万余元资金。[②]

其次，非法出售个人生物识别信息的问题非常严重。出于对自身经济利益最大化的追求，一些信息处理者在对个人生物识别信息潜在价值进行挖掘时，并不会很好地保护客户的个人生物识别信息，很多时候还会进行个人生物识别信息的交易以此谋利，有的是把收集、加工的生物识别信息出售或者共享给关联企业，有的把用户的个人生物识别信息进行二次利用，导致不法分子利用个人生物识别信息实行犯罪等活动。如今在网上公开叫卖个人生物识别信息已经不是什么新鲜事，价格也是异常便宜，几十元、几元，甚至几角，比如在闲鱼、淘宝上，手持身份证的人脸照片的售价为0.5元一张[③]。我国消费者权益保护法[④]，以及个保法均明确要保护用户的信

---

① 参见《细思恐极！你的“脸”5毛就被卖了》，载新华网，2020年7月13日。

② 参见《盗刷28万，某支付平台“人脸识别”现重大漏洞》，载搜狐封面新闻，2018年1月17日。

③ 参见颜之宏、闫红心、陈宇轩:《人脸信息0.5元一份出售谁在出卖我们的人脸信息？》，载新华网，2020-07-1409：31http：//www.mnw.cn/。

④ 《消费者权益保护法》第29条第2款规定，经营者及其工作人员对收集的消费者个人信息必须严格保密，不得泄露、出售或者非法向他人提供。经营者应当采取技术措施和其他必要措施，确保信息安全，防止消费者个人信息泄露、丢失。在发生或者可能发生信息泄露、丢失的情况时，应当立即采取补救措施。

息安全。[①] 由于信息处理者对个人生物识别信息具有实际控制力，其掌控生物识别信息时应采取积极措施履行相关义务。对于信息处理者自身来说，应当遵循个保法对其义务的相关规定，严格管理消费者的个人生物识别信息，禁止对个人生物识别信息进行非法交易。另外，在日常管理时，信息处理者应当定期进行技术维护，加强生物识别系统的安全防范，提供充足的技术保障，确保其能够抵御非法入侵和攻击。若发生或将发生个人生物识别信息泄露，应当及时采取补救措施，维护个人生物识别信息的安全。正因如此，信息处理者应当承担防范个人生物识别信息泄露的责任，对消费者个人信息进行规范化的保管和利用，避免非法提供或者泄露消费者个人生物识别信息。

最后，生物技术应用可能引发技术伦理风险。随着生物识别技术的广泛运用，技术的发展和衍生引发了很多的技术伦理风险。最为人们熟知的"AI 换脸"的出现可以说是人脸识别技术的衍生品。"AI 换脸"通过深度学习技术，依托深度伪造技术，将视频进行智能化技术处理，从而实现对视频中的人物进行换脸。不少社会公众人物尤其是明星的形象被广泛用于换脸视频的制作，甚至有些被用于制作色情视频，这样的视频被广泛传播，真假难辨，在伦理和道德领域引起人们的关注。人脸识别信息作为个人生物识别信息是极其敏感的。这类对人脸识别信息的非法使用，给信息主体带来了新的威胁，不仅对被换脸者的肖像权产生了侵害，也对其心理产生了巨大的伤害，带来精神方面的困扰，同时也给社会造成了极其恶劣的影响。因此，应该让个人生物识别信息回归它识别的本质，对于"换脸"必须进行遏制，以防范出现伦理风险。[②]

---

① 《个保法》第 57 条规定，发生或者可能发生个人信息泄露、篡改、丢失的，个人信息处理者应当立即采取补救措施，并通知履行个人信息保护职责的部门和个人。

② 参见王鑫媛:《人脸识别技术应用的风险与法律规制》，载《科技与法律（中英文）》2021 年第 5 期。

3. 个人生物识别信息的泄露

个人生物识别信息的泄露一般是指个人生物识别信息未经授权被公开[①]，可能是因个人生物识别信息被窃取、售卖或非法披露等。个人生物识别信息技术本身不会产生危害，技术是中立的。但是技术却可以被他人不正当的利用，造成一定的损害后果。[②] 如今，高科技技术发展迅速，技术被破解入侵的风险加大，如黑客可以通过技术手段，破解个人生物识别信息，并盗取资料库中的生物识别信息。此外，由于管理不善导致信息泄露的事件也屡见不鲜。2019 年 2 月，在深圳，由于主营人脸识别业务的深网视界公司的管理不慎，发生数据泄露事件，致使 256 万用户的个人生物识别信息泄露，其中就包括人脸信息。[③] 实际上，自从生物识别技术诞生以来，针对生物识别技术的攻击就未曾停止过，比如使用3D 人皮面具、指模，或者利用生物识别机制中的“学习功能”恶意攻入生物信息系统等。美国 Kneron 公司就使用 3D 面具通过支付宝和微信等人脸识别支付系统，完成了支付程序。[④] 个人生物识别信息的泄露意味着会将个人的身份信息、金融信息、健康信息、性取向隐私问题等置于公众视野之下，继而侵害信息权利人的人格利益及财产利益。

个人生物识别信息的泄露会给信息主体造成以下损害：首先，犯罪分子有可能利用盗取的生物识别信息进行诈骗或者冒用身份行为进行敲诈、勒索等犯罪活动。如犯罪分子利用 AI 换脸技术冒充受害人的亲朋好友，通

---

① See Article 4（12）of EU General Data Protection R egulation（GDPR）; Clara Kim, Granting Standingin Data Breach Cases: The Seventh Circuit Pavesthe Waytowardsa Solutiontothe Increasingly Pervasive Data Breach Problem, 2016 Columbia Business Law R eview544, 546（2016）.

② 参见刘素华:《论手机自动记录用户行动轨迹与个人信息保护》，载《法学评论》2020 年第 5 期。

③ 参见李伟:《推动生物识别技术在金融领域安全规范应用》，载《中国信息安全》2019 年第 2 期。

④ 参见孙道锐:《人脸识别技术的社会风险及其法律规制》，载《科学学研究》2021 年第 1 期。

过微信“借钱”。其次，犯罪分子还可能将盗取的生物识别信息用于侮辱或恐吓信息主体[1]，给信息主体的人身安全带来威胁。最后，个人生物识别信息泄露后，可能暂时并未发生任何财产或人格利益上的实际损害，但由于信息被曝光，因此发生权利人被欺诈和歧视的风险陡然增大，使信息权利人处于焦虑和恐慌的状态之中。个人生物识别信息泄露所导致的“风险与焦虑”是一种无形损害，也是一种新型的损害。[2] 个人生物识别信息一旦被泄露，生物识别信息的占有者基本上可以在相当长的一段时间内控制他人的生物识别信息。并且该信息的复制传播成本较低，会造成对生物识别信息的二次、三次甚至是多次利用。作为高度敏感的个人信息，生物识别信息由于具有无形性，一旦遭到泄露，是没有办法像其他识别手段如密码、证件一般通过变更或者补办来保障信息安全的。因此，个人生物识别信息的泄露，对信息主体造成的侵害后果是不可逆的。

第二节　个人生物识别信息的应用范围

有学者基于生物识别信息的应用目的，将生物识别信息的应用分为公共应用与商业应用两类。公共应用主要是指政府机关作为信息处理者为了维护社会秩序、国家安全和治安防控，在行政管理、刑事侦查等领域应用生物识别信息；商业应用主要是指经营者作为信息处理者对个生物识别信息的应用，如应用于移动支付、开户销户等。[3] 另有学者在公共应用与商

① See Jay P. Kesan & Carol M. *Hayes*, *Liability for Data Injuries*, 2019 University of Illinois Law Review 295, 302 (2019).

② 参见解正山:《数据泄露损害问题研究》，载《清华法学》2020 年第 4 期。

③ 参见张溪瑨、王晓丽:《人脸识别技术与应用的风险及治理研究》，载《科学学研究》2023 年第 3 期。

业应用之外，还增加了私人应用，如刷脸开门。[①] 还有学者基于生物识别信息所应用的领域，从金融、智慧园区、安防执法、交通出行、游戏娱乐等方面进行划分。[②]

笔者基于生物识别技术的应用目的，也赞成将个人生物识别信息的应用分为公共应用、商业应用与私人应用三类。公共应用的目的主要是维护社会公共利益、国家安全和社会治安秩序，以及促进治理能力现代化建设。如今，在维护公众公共利益方面，个人生物识别信息发挥着重要作用。公权力机关作为信息处理者通过生物识别技术收集和使用个人生物识别信息，主要是出于行政管理的需要或者保障社会利益、维护社会秩序、公共安全目的的需要。以学校、医院为代表的社会性组织收集使用个人生物识别信息，主要目的是促进公共福利，便捷、高效地实现社会性事务；个人生物识别信息商业应用的目的是经营者在其产品、服务中使用生物别信息能够更好地实现产品创新，提高服务水平，获得更好发展；而个人生物识别信息私人应用的目的是在日常生活中，民众应用生物识别信息能够使放松身心、增加生活趣味，使得生活丰富多彩。

一、公共应用

公共应用是指政府以及公共机构运用生物识别信息对社会进行治理，

---

① App违法违规收集使用个人信息专项治理工作组、南方都市报个人信息保护研究中心·人工智能伦理课题组发布的《人脸识别应用公众调研报告（2020）》，总结了10种较为常见的人脸识别场景，分别是：（1）支付转账（如刷脸支付、转账提现等）；（2）开户销户（如银行开户、开店、开播、注销等环节）；（3）实名登记（如酒店入住、购票抢票等）；（4）解锁解密（如解锁手机、开启未成年人模式、解密私人相册等）；（5）换脸娱乐（如换脸、算命等软件）；（6）政府办事（如工商注册、个人报税、福利发放等）；（7）交通安检（如飞机场、火车站进站人脸识别等）；（8）门禁考勤（如小区、公园门禁、公司人脸识别考勤等）；（9）校园、在线教育（如查看抬头率、刷脸签到等）；（10）公共安全监管（如闯红灯识别、大型活动安检等）。

② 参见刁胜先、姜音：《论人脸识别信息的法律保护——兼评我国“人脸识别第一案”》，载《重庆科技学院学报（社会科学版）》2022年第6期。

即生物识别信息在公共管理领域的应用。个人生物识别信息在公共管理领域的应用主要体现在治安防控以及政府管理等方面。

一是应用于安防领域。通过个人生物识别信息与传统的执法手段进行融合，便于维护国家安全和治安防控，符合国家公权力机关治安防控目标的实现，以及公众对社会长治久安的美好期待。如在新冠疫情期间，政府出于防疫需要，通过健康码、行程码收集大量的个人生物识别信息，公众通过人脸识别信息可以查询核酸检测以及通行轨迹，给疫情防控工作提供了便利。又如，在治安防控中，基于社会治安需要和对公共利益负责的目的，公安机关对社会的治安管理，通过不同场景的生物识别设备、视频监控系统与公安系统联网实现，生物识别技术在安保、治安管理、刑事侦查等方面发挥了重大的作用。如公安部门建立了犯罪嫌疑人、通缉犯、越狱者等人员的人脸、指纹识别信息数据库，通过生物识别技术比对数据库的信息，可以快速锁定目标人物，为侦破案件提供了极大的便利。在机场、火车站等社会公共场所，公安机关通过人脸识别技术与数据库中的目标人物进行比对，可以识别犯罪嫌疑人并对其进行抓捕，有效降低社会危险性。2018年在某歌手巡回演唱会上，警方通过人脸识别抓捕了60多名在逃犯人；2019年，潜逃20多年的罪犯劳荣枝被抓捕归案。虽然在经历二十年的岁月变迁，乃至整容之后，劳荣枝相貌发生了变化，但人脸识别技术依然将其识别出来。[①]

基于大数据分析的生物识别技术应用在反恐、缉私、禁毒等打击犯罪领域也发挥着巨大作用。如执法机关的电子监管、报警系统的更新可以方便犯罪侦查；利用人工智能算法，有公司研发出“AI人脸识别技术+情绪情感分析”技术，可在实现身份识别的同时读取被识别人的面部特征，

① 参见《从“神捕”张学友到劳荣枝落网 人脸识别为何能认出早已容貌大改的“你”？》，载央视网，http：//news.cctv.com/2019/12/10/ARTIB65dMd58BbsqQIVQVmkz191210.shtml。

分析被识别人的心理和情绪，从而筛选出可疑人员，并发出预警。该技术主要用于追踪犯罪分子，被广泛设置于海关、机场、火车站等重要公共场所。[①] 结合生物识别技术，如今我国城市中存在的天网系统，为加强公共安全预警、维护社会治安稳定提供了有力的保障。

如今，个人生物识别信息在监狱系统中也得以广泛应用，通过对犯人的人脸识别信息进行分析，实时跟踪，可以知悉罪犯的行动规律，掌握罪犯的生活习惯，有利于狱警对罪犯的管理和监督。[②] 生物识别信息技术还可以应用于护照控制和边境通关。许多国家已经采用生物识别信息技术来加强边境安全和护照控制。虹膜和指纹识别技术可以用于快速验证旅客的身份，加快边境通关流程。另外，在寻人寻亲等场景通过人脸识别技术开展跨年龄人像对比，大大提高了匹配效率。

二是应用于便民服务领域。除了国家安全和社会治安秩序，生物识别信息也可以促进政府管理职能高效化，在国家治理体系和治理能力现代化建设方面发挥重要作用。

在“人工智能＋政务服务”模式下，生物识别信息尤其是人脸识别、指纹识别信息在证件申办、公共交通、教育、医疗等领域得到广泛推广。比如通过人脸识别技术，启用“人脸识别”认证系统是社保部门在退休人员养老金领取资格认证工作上推出的一项新举措。如今，全国大部分的社保机构大多采用人脸识别方式对养老金领取资格进行审核，该审核是为了保障退休职工养老金的安全，避免养老金冒领情况的发生。自从2018年取消集中认证社会保险领取资格起，为切实保障退休人员的合法权益，防止和杜绝骗领、冒领社保金等情形的发生，以及方便离退休人员进行养老金领取资格认证，各地社保部门纷纷启用人脸识别系统对养老金领取资格进

---

① 参见包康赟：《人脸情绪识别算法的风险与规制》，载《北方法学》2022年第1期。

② 参见汪辉、马韵洁、孙威蔚：《人脸识别技术在司法行政领域的应用》，载《数字通信世界》2018年第12期。

行认证。通过采用“人脸识别”认证系统，能够精准确认办理业务的人是否为本人，大大方便核实查验领取养老金人员的近况，能有效遏制冒领养老金的现象，避免瞒报、迟报情况的发生。

此外，政府部门还可以通过生物识别信息技术管理社会救助项目，确保资金和资源的正确分配。如人脸识别信息在精准扶贫领域的应用，可以对帮扶对象进行身份认证，有助于扶贫工作精准定位、动态跟踪、方便快捷，避免虚假申报，以及他人冒领补助金现象的发生，大大地方便了基层工作。

三是应用于公共交通领域。我国城市尤其是特大城市、大城市的人口众多、交通压力突出、行政资源有限，基于这些实际情况，交管部门在打造“智慧交通”的理念下，将生物识别技术引入公共交通领域，有利于交通监管。如通过人脸识别技术可以识别闯红灯的行人，有效阻止行人闯红灯，进行安全提示，以达到教育警示的目的，使交通违法违规现象得到遏制。此外，在公交车内，人脸识别技术还可以对实时驾驶状态下的司机的情绪和精神状态进行统计和分析，根据驾驶员的情绪分析数值判定司机的情绪是否处于负面状态，对可能发生的危险进行预警，避免发生交通事故。在公共交通服务方面，人脸、指纹等生物识别信息普遍被用于识别个人身份。自 2020 年 6 月 20 日，铁路部门对乘客出行实施新规以来，乘客搭乘火车取消了纸质车票，采取“人证合一”的自助检票方式，通过人脸识别系统进行刷脸，乘客可以完成进站，降低了安检成本，提高了通行效率，增强了服务水平。

四是应用于教育领域。个人生物识别信息可用于教学管理，高效便捷地实现教学目的。如在教学中推行智慧课堂管理系统，通过人脸识别技术对学生的人脸识别信息进行比对，可以考察学生的出勤情况，辅助课堂教学；还可以对学生听课的表情进行跟踪，判断学生上课是否专注，并及时地将结果反馈给老师，方便老师及时发现教学中存在的问题，并及时提醒学生纠正和调整学习状态，可以为提升教学质量提供数据支持。

五是应用于医疗领域。个人生物识别信息可用于对患者身份进行验证，方便患者就医。对于患者而言，通过人脸或指纹识别信息进行挂号和付款，可为患者节约排队挂号和付款的时间，还可为医院节省医疗资源。

总之，个人生物识别信息的公共应用是政府及公共组织进行公共管理与服务的重要手段之一，根据相关法律法规的规定，一般情况下基于公共利益的需要收集个人生物识别信息，不以信息主体的同意为条件，只需要以适当的告示、标识等方式提示信息主体即可。虽然个人生物识别信息的公共应用，不以信息主体同意为前提，但政府机关（公权力主体）也必须履行生物信息安全保障义务。相比其他的信息处理者（私权主体），政府机关（公权力主体）具有更为强大的收集个人生物识别信息的能力，其收集的范围更广更全面，对信息处理的程度也更深，所以理应采取更高的信息安全保障措施，对收集到的个人生物识别信息的使用目的只能限定于公共管理与服务，不能为其他目的而使用。政府机关等公权力机关在使用个人生物识别信息时，应当严格遵守相关法律程序，厘清其享有的公权力与公民权利保护之间的界限，维护公民的人格尊严，不能随便披露个人生物识别信息。如某地政府部门曾把穿睡衣出行的公民的人脸图像进行披露，该做法就引发了社会争议，因为这涉嫌对公民人格尊严的侵犯。[①]

二、商业应用

个人生物识别信息在商业领域的应用是指经营者作为信息处理者在提供产品或服务的过程中对生物识别信息的利用。在市场经济中，经营者天生就是经济人，其从事经济活动是为了追求自身利益最大化，其运用生物识别信息是为达到增加收益、提高效率的目的。经营者既包括商场、超市、专卖店等线下实体店营业场所的经营者，也包括各种消费平台、资讯平台、

---

① 参见曾雄、梁正、张辉：《人脸识别治理的国际经验与中国策略》，载《电子政务》2021 年第 9 期。

信息分享平台等线上平台的网络经营者。个人生物识别信息在商业领域的应用，通常不具有公共目的，只具有商业目的。生物识别信息在商业领域的应用范围较为广泛。经营者常常对个人生物信息进行收集，经处理后，分析出消费者的消费习惯、偏好、兴趣等，以此为消费者提供个性化服务，实现精准营销和推送，改善消费、使用体验。经营者在重点区域应用生物识别信息，可以实现进行精细化管理的目的。

首先，应用于金融领域。目前我国个人生物识别信息在金融领域的应用已经非常广泛。指纹、人脸和声纹等识别信息可以用于身份验证、电子支付、ATM 提款和电话银行、生物识别建档、自助业务办理、信贷审批、远程开户、保险办理等金融服务等。传统的金融安全认证技术需要借助相关证件，如银行卡、身份证、密码等进行身份验证，这类身份识别载体具有可复制性、非唯一性、可弥补性，在丢失时可以再补办，但是也存在银行卡被复制、盗刷等风险。而个人生物识别信息则具有唯一性、稳定性的特征，其防伪性能较强，在对特定人进行身份验证时更为安全可靠和便捷，这可以大大增强客户资金的安全性。如客户通过刷脸可以进行取款、转账、自助业务办理、信贷审批、远程开户、保险办理等金融服务活动，还可以进行远程开户、支付结算和核保核赔等金融服务，这大大方便了顾客办理业务，不仅有助于保障客户的账户安全，还能够有效地提升顾客体验。生物识别信息的应用不仅可以提升金融服务的质效、在一定程度上推动金融机构产品和服务的创新，也拓展了金融产业的智能化空间，提高了金融服务和交易的安全性。作为一种新型技术，生物识别技术能够很好地与互联网、大数据等技术融合发展，为传统金融服务打开智能化空间；生物识别技术与传统产业融合，为金融机构在获取信息、业务管理、客户服务、风险防控与预警方面提供了有力的数据支持，推动金融更好地服务实体经济。同时，通过生物识别技术的应用，金融机构还可以更好地打击反洗钱等违法犯罪活动。

其次，应用于支付领域。个人生物识别信息现在已经普遍应用于支付领域。比如在消费领域，“刷脸”支付已经非常普及。全球最早推出“刷脸”支付系统的是芬兰的 Uniqul 公司，该公司在 2013 年就推出了首个“刷脸”支付系统，这一举措使得整个支付交易过程缩短到 5 秒钟，在提高交易效率的同时，让消费者的体验变得更好。美国的 PulseWallet 支付公司于 2014 年推出让用户通过掌纹识别即可完成支付的服务。[①] 我们现在使用的支付宝、微信以及一些证券投资 App，无论是支付转账、用户注册、实名认证或是账号登录都可以通过人脸识别的方式进行。

最后，应用于考勤门禁领域。现在很多单位把个人生物识别信息应用于考勤，方便对单位人员进行管理。如单位在门口可以通过人脸识别系统，对进出单位的人员进行身份识别；学校通过人脸识别系统能够了解学生的出勤情况和上课表现，更好地对学生进行管理。在宿舍楼门口安装人脸识别门禁，可以对进出宿舍的人员进行身份识别，防止陌生人进入，加强宿舍安全管理。在员工管理领域，用人单位更倾向于使用人脸、指纹等个人生物识别信息来进行考勤和解锁门禁，由于该识别的准确率较高，可以减少使用传统刷卡和密码解锁产生的冒名顶替的情形，避免了密码和卡丢失的风险。同时还可以节约每次输入密码的时间，保证人员的快速通行，大大提高通行效率。

此外，个人生物识别信息还可以应用于招聘领域，通过生物识别系统对应聘人员的情绪进行分析，帮助企业提高招聘效率。

个人生物识别信息在上述场景中的应用带来了管理上的极大便捷。同时，也应当看到，个人生物识别信息毕竟属于敏感个人信息，对个人生物识别信息的使用是否可以无限扩展，应否加以必要的限制，是值得人们思考的一个问题。若是作为监控被管理人的手段很容易侵犯信息主体的个人隐私，对生物识别信息的使用范围应严加限制。2019 年 8 月，瑞典

① 参见吴彩霞：《金融领域生物识别技术应用探析》，载《金融理论与实践》2018 年第 12 期。

Anderstrops 高中学校使用人脸识别信息考察学生的出勤率，被瑞典数据保护局（DPA）认定违法，罚款 20 万瑞典克朗（约人民币 14.8 万元）。DPA 处罚的主要理由是使用人脸识别信息考勤，不是家长和学生“自愿”达成的协议，人脸识别侵犯了学生的隐私权。[①] 个人生物识别信息属于敏感个人信息，用于监控被管理人极易侵犯其个人隐私。在用作监控被管理人的手段时，应当事先取得被管理者或其监护人的同意，管理者对于个人生物识别信息技术的应用应当加以合理限制，防止扩大个人生物识别信息在应用中的风险。尤其是在涉及对未成年人管理的情形下，对其个人生物识别信息的使用应当更加谨慎，相关规则应更加严格。为了保护信息主体的合法权利，应当严格限制个人生物识别信息的使用范围，尤其是像学校、医院等单位应当更加谨慎，合理使用，以防个人生物识别信息在应用中的风险。

三、私人应用

私人应用生物识别信息通常不具有公共目的或者商业目的，而是为了生活的便捷、实现个人效用。[②] 个人生物识别信息的私人的应用范围也较为广泛。常常用于电脑和手机的解锁，如指纹识别、人脸识别和虹膜识别等方式，提高使用设备的安全性。个人生物识别信息的私人应用也可以用于娱乐活动。如在抖音、快手等短视频平台或者拍照软件中，借助于人脸识别技术，可以识别用户上传的人脸图像中的情绪，通过人工智能算法在视频、照片中添加与用户情绪对应的各种文字或者插图，帮助用户按照其喜好快速编辑成视频或图片，增加趣味性，方便用户在平台上进行传播和分享；智能设备利用人脸识别功能，自动将用户在设备中存储的人像照片进行归类，方便用户快速查看与特定人物有关的所有照片；人们还可以通

① 参见涂萌、谭诗悦:《论人脸识别技术应用的隐私安全风险与法律规制》，载《重庆理工大学学报（社会科学）》2022 年第 7 期。

② 参见胡昕怡:《人脸识别技术应用法律规制研究》，载《河南司法警官职业学院学报》2022 年第 2 期。

过个人生物识别信息进行其他的游戏活动，比如换脸软件就是一种基于人脸识别的换脸游戏，这些游戏通过深度伪造可以将其提供的视频或图片中的形象进行替换，给人们的生活带来娱乐趣味。

对个人生物识别信息的应用范围较为明晰与全面分析的原因，是由于个人生物识别信息的应用范围不仅体现了生物识别技术的发展情况与使用普及率，更是针对生物识别信息出现的法律风险进行规制时不得不考虑的问题。如果在提出针对生物识别技术规制的法律建议时，遗漏个人生物识别信息广泛应用的某些情形，而这些情形刚好与法律建议的适用原理相违背，那就会对该法律建议的效果产生一定的不利影响。此外，有学者更是基于生物识别的应用场景提出了法律建议，如应当直接对生物识别的场景化进行治理。[①] 因此，对个人生物识别信息的应用范围加以重视是十分必要的。

第三节　个人生物识别信息应用的发展趋势与边界

伴随着生物识别技术的出现，个人生物识别信息作为个人的数字身份登上历史的舞台。科技的进步便利了人们的生活，但是机遇与风险并存，我们要抓住时代赋予的机会，大力推进生物识别技术的发展，也要防范其存在的风险，扎牢个人生物识别信息保护的"篱笆"。

一、个人生物识别信息应用的发展趋势

个人生物识别信息已经运用到众多领域，既在安防、维护公共秩序，以及打造服务型政府建设中发挥重大作用，也可以让经营者提供更加优化

① 参见王鸿：《人脸识别技术应用的现行规制综述及立法趋势分析》，载《东北师大学报（哲学社会科学版）》2022 年第 2 期。

创新的产品和服务[①]，还可以让广大民众感受高科技带来的魅力，享受便捷生活，愉悦身心。个人生物识别信息具有极大的应用价值，其应用的发展趋势体现在以下几个方面。

（一）个人生物识别信息的应用范围越来越广泛

随着生物识别技术的不断发展和更新，科学技术掀起新的产业浪潮，新的经济增长点也随之出现。在全球信息化、网络化，以及大数据技术的推动下，生物识别信息技术产业的发展前景也日渐远大，个人生物识别信息应用的领域会越来越广、越来越深入，生物识别信息的应用场景也会越来越复杂，各行业都会涉及生物识别信息的应用。其应用主要分为两种模式：一是线上应用模式。现今大多数人已经离不开智能手机，借助于手机App，生物识别技术在日常消费生活得到了极大的应用。而且今后手机移动互联终端的功能与作用会不断加强，个人生物识别信息的应用也会得到更进一步的拓宽。二是线下应用模式。如通过指纹或刷脸进出单位或小区，完成签到，以及支付等活动，既节约时间，又便于管理。

从生物识别技术应用场景上来看，从最开始 1∶1 的识别，即只用于识别出现的人，如考勤机、门禁，到现在的 1∶N 的识别，即需要从众多人群中筛选出目标人物进行识别，甚至要做到在多人行进时完成识别，应用的场景也越来越复杂。不同场景下的识别条件也各有不同，可以针对不同场景使用不同的识别技术。若对安全有较高要求，可以同时采用多种生物识别技术，同时对多个生物特征进行识别，比如可以把声纹识别信息与人脸识别信息相结合，指纹识别信息与虹膜识别信息相结合，这样多种生物识别信息的融合应用可以有效降低识别的错误率。在那些对安全性有较高要求的行业中，为确保身份认证的准确性、有效性，多种生物识别信息融合

① 参见叶涛：《公共场所人脸识别技术应用的利益衡量与类型构造》，载《浙江社会科学》2022 年第 7 期。

应用不失为一个好方法，这是未来生物识别信息发展的趋势。而在不需要较高安全性要求的场合，比如门禁，既可以使用指纹、掌纹识别信息进行验证，也可使用人脸识别信息进行验证。

（二）个人生物识别信息的应用门槛在不断降低

随着数据产业不断发展壮大、从业人员数量迅速扩大、技术进步突飞猛进、应用范围的不断扩张，有关生物识别技术应用的成本也在相应降低，从而使得个人生物识别信的应用门槛也会逐渐降低。信息处理者收集个人生物识别信息的成本较低也是其中的一个原因。一般来讲，信息处理者若想将生物识别信息应用于服务功能中，应当提前征得信息主体的知情同意。但在现实生活中，信息处理者往往强制信息主体同意，这种现象较为泛滥。信息处理者会提供一些“隐私政策”的文件，且往往会使用一次概括授权、默认授权与其他授权捆绑等变相强迫的方式取得用户的同意，这些行为导致了信息主体的被迫同意。因为若要想获得某项服务，信息主体没有拒绝的权利，对其而言所面临的选择只有两种：要么“同意”，要么“不同意”。若想要使用该项服务，进入相应的界面，信息主体只能点击“同意”。同意则意味着对与该隐私政策文件有关的内容进行了授权，信息处理者就可以理所当然地收集其个人生物识别信息，因此信息处理者收集个人生物识别信息的途径也越来越便捷。另外，人们在日常休闲活动中也常常使用个人生物识别信息，如 AI 换脸，通过隐私交换便利甚至娱乐的现象也较为普遍，这也使得个人生物识别信息收集的门槛变得更低。

（三）个人生物识别信息的应用带来更高的价值

在互联网时代，网络安全备受关注，生物识别技术凭借着安全、可靠、便捷的优势，晋升为网络安全的“守护神”。指纹识别、人脸识别等生物识别技术逐渐进入人们的日常生活，并在各个领域广泛地应用，生物识别技术能够创造更多价值，生物识别信息行业的市场规模也日益扩大。根据相关数据显示，全世界生物识别信息市场规模在2020年已经高达233亿美元，复合年均数达到15.7%。在我国，2020年生物识别技术行业市场规模突破300亿元。[①] 生物识别信息市场现在正处于快速增长时期，其市场前景十分广阔。

（四）人工智能和生物识别技术的结合日趋紧密

随着生物识别技术的广泛应用，利用个人生物识别信息进行身份识别和认证已是大势所趋。未来生物识别技术的应用将会和算法、人工智能、大数据技术有更紧密的结合，进而推动生物识别技术的不断发展。[②] 如人工智能可以自行接收、分析和发送生物信息数据，使得生物技术领域的各项数据管理、信息传递得以大大加强。在1∶N场景应用下，人工智能与生物识别技术的结合更能得到施展。未来在智慧城市建设中，还会收集大量的个人生物识别信息，只有高质量的人工智能才能处理复杂繁多的数据，并在短时间里完成数据对比。

二、个人生物识别信息应用的边界

在数字经济时代，个人生物识别信息的应用涉及各个行业、领域和各类主体，为人们提供了诸多便利，大大方便了人们的生活。无论是政府机关等公权力主体、经营者，还是个人，都越来越重视生物识别信息在现实生活中的应用。政府机关和公共服务机构积极推动个人生物识别信息的应用以打造数字型、智慧型服务，在生物识别技术的加持下，能够更好地完成行政事务，为社会服务。经营者尤其是科技公司通过生物识别技术的创新和发展，可借此改善经营模式和结构，精准把握用户需求，提升竞争优势，以获取更大的商业利润。作为消费者的个人也乐于使用个人生物识别信息方便生活、

① 参见《2020—2025年中国生物识别行业全景调研与投资趋势与预测报告》。
② 参见王新华、方晓月、乔良：《生物识别及其在金融领域的应用》，载《银行家》2017年第11期。

进行娱乐活动。而个人生物识别信息的应用主体之间也存在密切的联系。比如，科技公司在政策的支持下研发新技术，并与政府合作，用科技为政府赋能，由此个人生物识别信息的应用在一定程度上嵌入公权力的运行。

（一）平衡个人生物识别信息的应用与保护关系

科技的发展与应用往往是收益与风险并存的。越来越多的领域在推进生物识别信息的应用，生物识别信息的应用给人们的日常生活带来了许多的便利。正如一枚硬币有正反两面一样，个人生物识别信息若不当应用也会带来不利影响。如信息处理者通过生物识别技术掌握海量的个人生物识别信息，信息处理者天然地拥有生物识别技术优势，使其与信息主体之间形成严重的信息不对称状态，这不仅可能影响信息主体真实意思的表示从而导致交易不公平，还有可能驱动信息处理者为追求更大利益，通过各种手段引导用户收集并掌握其各种个人信息。个人生物识别信息的过度收集、使用会给信息主体带来巨大的风险。由于信息的严重不对称性，对于信息处理者和信息主体而言，二者之间的利益冲突较为突出。在当下个人生物识别信息使用环节中，生物识别技术的应用边界并不清晰，生物识别技术的功能也会异化，并产生一定的社会风险、侵害信息主体的权益。[①] 我们应当对生物识别技术应用领域的扩张持理性态度。我们当然不能因为某一项新兴技术具有风险而不推广其使用，但是在推广使用的过程中，也应考虑到技术应用所存在的风险，不能为了技术的发展、效率的便捷而置风险于不顾。既然个人生物识别信息的应用不是一件有百利而无一害的事情，那就不能任由个人生物识别信息“野蛮生长”，因此，应注意平衡个人生物识别信息的应用与保护关系。有必要对信息处理者使用生物识别信息的界限进行限定，降低产生各种风险，以保障个人生物识别信息的安全。

---

① 参见倪楠、王敏：《人脸识别技术中个人信息保护的法律规制》，载《人文杂志》2022 年第 2 期。

信息处理者应尽可能以侵害性最小的方式来处理个人生物识别信息，如果个人生物识别信息的应用会导致信息主体的权利受到侵害，则应当严格禁止使用。[①] 尤其是在个人生物识别信息应用于学校等单位的管理活动时，一定要注意把握合理的分寸。在学校对学生管理时，校方管理者可以单方面决定被管理者个人生物识别信息的使用，由于个人生物识别信息属于敏感个人信息，若是用于监控被管理人极易侵犯其个人隐私。被管理的学生实际上是无法拒绝管理者使用其个人生物识别信息的，这实际上是剥夺了信息主体的选择权。在用作监控被管理人的手段时，应当事先取得被管理者或其监护人的同意。管理者对于个人生物识别信息的应用应当加以合理的限制，防止扩大个人生物识别信息在应用中的风险。尤其是在涉及对未成年人管理的情形下，对未成年人个人生物识别信息的使用应当更加谨慎，相关规则也应更加严格。

（二）推动法律对个人生物识别信息应用边界进行合理限定

每当一项新的科学技术出现时，必然要推动与其相配套的制度更加细化。“法律规制生物识别技术的目的，不是一味地叫停该项技术的使用，而是在确保安全的前提下，倡导一种负责任的使用。”[②] 目前，由于相关法律规定尚未明确生物识别技术的应用范围，导致个人生物识别信息应用边界尚处于模糊地带。

一项科学技术的应用范围与应用该技术的主体是不可分割的。目前生物识别技术的使用主体极为广泛，从海关出入境管理到机场、地铁、车站等公共交通领域，从学校教育到医疗卫生，从便民服务到行政管理事务，各领域各行业都涉及生物识别信息的应用。随着生物识别技术的不断发展进步，使用该技术所获得的便捷性，会使得人们在原本没必要使用个人生

① 参见涂萌、谭诗悦:《论人脸识别技术应用的隐私安全风险与法律规制》，载《重庆理工大学学报（社会科学）》2022 年第 7 期。

② 参见邢会强:《人脸识别的法律规制》，载《比较法研究》2020 年第 5 期。

物识别信息的领域内也应用该技术，这会导致生物识别信息的应用不断扩张。社会的发展、时代的进步与科技水平的飞速发展息息相关，但是在追求科技进步的同时，一定要兼顾对公民权利的保护。就生物识别技术自身来讲，当然需要不断提升，但该技术在应用时带来的一系列风险，也在提示人们要抓紧时间对个人生物识别信息的使用边界加以必要的限定。只有边界限定合理才能使个人生物识别信息更好地为社会服务。因此，应当通过法律对个人生物识别信息的边界进行合理的限定[①]，以防应用范围盲目扩张而引发信息安全问题。在公共应用场景下，政府机关等公权力主体应当严格遵照法律的规定，满足收集、使用个人生物识别信息的目的性，即使用个人生物识别信息是为了维护社会公共利益、国家安全和社会治安秩序，不得逾越法律规定的适用范围。在商业应用场景下，信息处理者（私权主体）要遵守个人信息保护的知情同意原则，事前一定要在信息主体充分知情的前提下，取得信息主体的同意后收集、使用他人生物识别信息。

此外，应当加强公民对个人信息自我保护的意识。目前，我国公众的隐私保护意识、个人信息的法律保护意识还比较低，对于生物识别技术侵权的关注不足，较多地关注体验生物识别技术带来的便捷，但没有充分意识到技术存在的风险。不少人不仅对生物识别技术的应用步骤不了解，甚至不明白个人生物识别信息保护的重要性。因此，有必要加强公民的个人生物识别信息保护的普法宣传，增强社会大众对生物识别技术的认识，对摄像探头等生物识别信息采集设备提高警惕，不要盲目录入人脸或其他生物信息，以避免个人生物识别信息盗用、泄露所造成的巨大损失。

还应当加强对生物识别技术的监管。一方面，要将生物识别技术应用的“必要、正当”标准提高，过低的合法认定标准会使监管部门无从下手监管。另一方面，监管部门要完善生物识别技术的监管手段，加强技术监

---

① 参见任容：《人脸识别技术应用的法律规制研究》，载《网络安全技术与应用》2022年第12期。

管路线的建设，从而使监管的手段及时跟进技术的发展，确保监管的高效。要建立多元、全方位的监管机制，形成以政府监管、行业自律、社会监督为一体的监管体系。[①] 其中，政府监管是核心，要加强三者的信息沟通与交流，有关企业与公民如果发现有违法使用生物识别技术的情况，可以通过相应的渠道向监管部门进行举报。监管部门可以设置举报奖励机制，鼓励民众参与到对生物识别技术的监管中，发挥好社会大众的监督力量。

在加强政府监管的同时，也应当加强行业自律监管。要鼓励、引导生物识别技术应用部门建立相应的行为规范。相关部门也可以定期将有关内容进行公示，列举对个人生物识别信息采集与分析中所采用的安全手段，增加公众的信任度。[②] 生物识别行业自律的建设是一项长期而复杂的工作，建议由行政监管部门牵头推进，以推动生物识别技术形成行业自律监管模式。

此外，应充分发挥社会监督的作用。社会监督的途径主要是通过大众传播媒介对个人生物识别信息的法律保护进行监督。如大众传播媒介有责任做好维护信息主体合法权益的宣传工作，特别是要发挥广播、电视、报刊等大众传播媒介的作用，积极宣传对个人生物识别信息的保护，介绍个人生物识别信息等相关术语。通过宣传活动，让社会大众学习和了解法律法规以及相关政策，增强社会大众对生物识别技术的认识，提高对个人生物识别信息的保护意识，避免个人生物识别信息被盗用所带来的损失。同时，对损害信息主体合法权益的行为予以批评、曝光，营造舆论监督氛围。

---

① 参见沈朝阳:《论人脸识别信息应用的法律规制进路》，载《西部金融》2022 年第 7 期。

② 参见胡昕怡:《人脸识别技术应用法律规制研究》，载《河南司法警官职业学院学报》2022 年第 2 期。

第三章　个人生物识别信息法律关系的权利主体

第一节　个人生物识别信息法律关系的权利主体界定

信息主体与信息处理者是个人生物识别信息法律关系中的双方当事人。只有对个人生物识别信息法律关系中的主体予以明确，才能使个人生物识别信息免受或者少受侵害，才能全面保障个人生物识别信息的安全。

一、个人生物识别信息法律关系的主体

个人信息法律关系的主体是指在个人信息法律关系中，享有权利、履行义务的人。从权利与义务的对应性上进行分类，可以把个人生物识别信息法律关系的主体分为权利主体与义务主体。权利主体是指享有权利的当事人，即由于个人生物识别信息受到侵害而行使个人信息保护权利的一方当事人。权利主体在个人生物识别信息保护法律中，被称为信息主体。信息主体具体指的是其个人生物识别信息被信息处理者收集、加工、使用的自然人。义务主体是指对他人个人生物识别信息进行收集、加工、使用的主体，即信息处理者。在这里，义务主体应作广义理解，其范围应当包括能够对公民个人生物识别信息进行收集、加工、分析，以及使用的人，既包括以政府机关为代表的公权力主体，也包括以经营者为代表的私权主体，此外，还包括自然人信息的发布者、复制者等主体。权利和义务是不能完全分开的，作为权利主体的自然人当然负有义务，作为义务主体的信息处理者也享有权利。由于权利主体的权利容易被义务人所侵害，尤其是在涉及公共利益的领域，信息权利主体是弱势主体，所以笔者重点关注的是权利

主体的权利和义务主体的义务。

二、个人生物识别信息法律关系的权利主体——信息主体

信息主体是个人生物识别信息所标识的，与信息处理者相对应的一方当事人，是个人生物识别信息法律关系中的权利主体。在通常情况下，信息主体指的是自然人，具有个体性。个体性揭示了个人生物识别信息的源起特征，它是以公民个体为基础产生的。自然人是个人生物识别信息的提供者，没有自然人为前提则没有个人生物识别信息的价值。① 民法典和个保法均明确地宣示了个人信息受法律保护的主体是自然人②。因此，在个人生物识别信息法律关系中，权利主体仅限于自然人，不包括法人和非法人组织。根据个保法的规定，③ 我国个人生物识别信息中的权利主体具体包括以下几种：一是我国公民；二是居住在我国的外国人和无国籍人；三是以向境内自然人提供产品或者服务为目的境外自然人；四是分析、评估境内自然人行为的境外自然人。④ 目前世界上大多数国家都明确规定自然人是个人信息法律关系中的权利主体，但少数国家如丹麦、奥地利等将个人信息的权利主体范围扩展到法人，认为个人信息的保护方式在某种意义上也适用于法人。奥地利政府认为，法人资料系由自然人资料构成的，对法人资料进行保护，即是对自然人的保护。对于是否可以将法人纳入个人信息权利主体的范畴，笔者认为，个人信息强调“个人”二字，个人信息具有明显的人格权属性，也只有自然人才能够享有人格权，根据目前法律制度的设

---

① 参见丁晓东:《个人信息的双重属性与行为主义规制》，载《法学家》2020年第1期。

② 参见《民法典》第1034条第1款规定:“自然人的个人信息受法律保护。”

③ 参见《个保法》第3条规定，在中华人民共和国境内处理自然人个人信息的活动，适用本法。在中华人民共和国境外处理中华人民共和国境内自然人个人信息的活动，有下列情形之一的，也适用本法:(1)以向境内自然人提供产品或者服务为目的;(2)分析、评估境内自然人的行为;(3)法律、行政法规规定的其他情形。

④ 参见郭小伟、高珺:《个人信息保护公益诉讼条款的理解与适用》，载《中国检察官》2022年第15期。

计，法人及其他组织均不享有该权利，因此，不宜将法人及其他组织作为个人信息法律关系中的权利主体。在个人生物识别信息法律关系中亦是如此，信息权利主体只能是自然人，法人及其他组织不能成为个人生物识别信息法律关系中的权利主体。对个人信息的保护也是侧重保护自然人作为信息权利主体在信息的收集、加工及使用过程中不受非法的侵害。

由于自然人是个人信息收集、使用的对象，其权利极易受到侵害，所以其成为个人生物识别信息法律关系的权利主体是应有之义。对自然人而言，当个人信息进入到某个特定的空间区域时，对该区域的信息安全存在合理的期待信赖，保障权利人的权利就是对该主体合理信赖的保护，这也是法律追求的基本价值目标。在个人生物识别信息被收集、加工和使用过程中，自然人应当享有信息权，理应了解被收集的个人生物识别信息的状况和去向。尤其是在互联网交易中，自然人在整个交易过程中与信息处理者无正面接触，对其知之甚少，无法判断信息处理者所言是否属实，而自然人能够选择与信息处理者进行交易的主要原因是基于对其的信赖，该信赖是合理且正当的，应当得到法律的尊重和保护。比如，我们在使用某项服务功能注册用户时，就是出于对信息处理者应有的信赖，在此基础上，义务主体应当为用户创造一个有序的生物识别信息安全保障环境，回馈用户的合理信赖。但是在现实生活中，与个人生物识别信息的义务主体相比，自然人是明显处于弱势地位的一方当事人，自然人与义务主体之间的信息往往是不对称的。信息处理者通常因掌握他人的生物识别信息而占据主导地位，自然人理应享有对自己的个人信息自决权，但因信息不对称而处于被动地位。在大数据时代，社会大众普遍已经适应了个人生物识别信息在日常生活中的应用，大多数人将生物识别技术这种先进科技当成方便自己的手段，并未意识到自己的信息自决权受到侵犯。在收集、使用个人生物识别信息的过程中，自然人的权利经常受到侵害，个人生物识别信息被泄露或者遭到滥用的概率大大增加。生物识别信息的侵权行为不仅会造成信息主体财产的损失，还可能会发生精神损害或导致信息主体的人格权受到损害。

第二节　信息主体享有的权利

权利的保障方式可以从权利的权能和义务的履行两个互相照应的维度上进行观察。[①] 作为权利人，信息主体理应享有个人信息不被非法收集、泄露的权利。[②] 德国学者克里普认为信息主体应享有知悉个人信息被处理、个人信息正确和完整、个人信息处理须符合特定目的的利益以及隐私利益等权利。[③] 在大数据时代，频发的生物识别信息侵权引发了人们对个人生物识别信息安全的担忧。随着权利保护理念的日益深入人心，在个人信息保护中，信息主体作为弱势主体享有法律赋予的权利一般被称作个人信息权。

一、个人信息权

（一）个人信息权的性质

关于个人信息权的性质，目前学界有两种观点。一种观点认为个人信息权是民事权益。该说认为在立法上，我国民法典把隐私权和个人信息保护作为人格权篇的重要内容以单独章节的形式进行规定，把隐私权和个人信息保护并列，把个人信息作为人格权益进行保护，表明了个人享有的信息权益属于民事权益。[④] 另一种观点是权利集合说。该说认为个人信息权与人身安全和财产安全密切相关，不是一项单一的权利，而是一个包含范

---

① 参见蔡培如：《欧盟法上的个人数据受保护权研究——兼议对我国个人信息权利构建的启示》，载《法学家》2021 年第 5 期。

② 参见程啸：《民法典编纂视野下的个人信息保护》，载《中国法学》2019 年第 4 期。

③ 参见杨芳：《个人信息保护法保护客体之辨——兼论个人信息保护法和民法适用上之关系》，载《比较法研究》2017 年第 5 期。

④ 参见程啸：《论我国民法典中个人信息权益的性质》，载《政治与法律》2020 年第 8 期。

围非常广泛的概念，包括名誉权、肖像权、隐私权等人格权利，以及个人信息处理中不被歧视的权利[①]。

笔者认为信息主体作为权利人享有的个人信息权是一种新型权利，如同环境权、受教育权、社会保障权、消费者权利等都是典型的新型权利。与这些新型权利一样，个人信息权同样具有跨法律部门、多元特征混合、公法私法融合等特点[②]，因此其应当被称作社会性权利，是一项集合性权利[③]。

（二）个人信息权的特征

第一，个人信息权既是信息主体所享有的权利，又关涉社会成员的共同利益。社会生活中的每个自然人都可能成为信息主体。由于人与人之间存在着复杂的社会关系，在不同的社会关系中，只是当事人的称谓有所不同而已。比如在消费领域，信息主体就是消费者。在信息领域，消费者又被称为信息主体。所以，在某种意义上，信息主体就是消费者，就是社会大多数成员，社会大多数成员所享有的权利具有明显的社会性。

第二，信息主体所享有的信息权应当是无差别的。所有的信息主体都是平等的，应当一视同仁地享有信息权，在量上表现为无差别性。这一点与民事主体、行政主体不一样，不同的民事主体、行政主体因以对应的义务不同，而享有不同的权利。而个人信息权是社会大多数成员所享有的权利，每个自然人都应享有无差别、平等的信息权。

第三，个人信息权既具有消极权利的特征，又具有积极权利的特征。一方面，信息主体在防止国家公权力的滥用，免受国家公权力的侵害之时个人信息权表现为一种消极权利；另一方面，由于私力救济的不足，个人生物识别信息的保护又要求国家承担一定的保护义务和责任，个人信息权

---

① 参见杨合庆：《中华人民共和国个人信息保护法释义》，法律出版社2022年版，第112—113页。

② 参见周汉华：《个人信息保护的法律定位》，载《法商研究》2020年第3期。

③ 参见韩志红、宁立志等：《经济法权研究》，武汉大学出版社2012年版，第53页。

又表现出积极权利的特性。我国《个保法》第 11 条、第 12 条、第 26 条、第 60 条、第 61 条规定了履行个人信息保护职责的部门对个人信息的保护职责，体现出个人信息基本权利的客观法功能所指向的国家积极义务，即国家对个人信息要进行积极保护，以维护信息主体的人格尊严、保护信息主体的财产权利。

二、个人信息权的具体内容

（一）知情同意权

美国记者肯特·库柏于 1945 年最早提出了知情权的概念。知情同意权是个人信息自决权的前提，信息主体享有对自己个人信息处理的决定权是知情同意权的出发点和落脚点。个人信息自决权起源于美国，主张自然人对其个人信息享有控制权。个人信息自决权充分地体现了自然人的人格独立和人格自由。德国宪法法院于 20 世纪 80 年代创设了个人信息自决权。① 个人信息控制是个人自由的体现，个人自由意味着个人自治。知情同意权赋予信息主体对个人信息的控制权，且排除了其他主体的控制，从而保证信息主体的合法权益能够得到保护。知情同意权体现了对信息主体信息保护的“个性”。由于信息自决权实质上是信息主体自主决定和自由决定的表现，一般情况下，信息主体理所应当地享有知晓自己个人信息尤其是个人生物识别信息去向的权利，该权利的行使有赖于信息处理者如实履行告知义务。权利人只有在完全知情的情况下，充分衡量自己的得与失，才可以作出最符合心意的决定，从而实现真正的意思自治。这种行为实质上在法律上是由“同意”来保证实现的，而同意是否生效的一个重要先决条件就是充分知情。可见，知情同意权利的核心内容是知情和同意。该权利的行使目的是实现信息自由。在个人信息处理过程中，信息自决权是以权利主

---

① 1983 年，德国制定了《人口普查法》，对人口数据进行全面普查。法院认为，人格的自由发展有赖于个人抵制无限制采集个人资料的权利。

体的知情同意权为表现形式，也就是说知情同意权的理论基础就是个人信息自决权，对个人信息进行保护的核心就是保障权利人的信息自决权，即信息主体对其个人信息享有控制和支配的权利，可以自行掌握自己个人信息的加工与使用的权利。在个人信息法律关系中，信息主体作为权利人，其信息自决权的表现形式就是能够行使知情同意权，信息处理者在收集、使用个人信息时应得到当事人的同意。知情同意原则是世界各国法律规定的关于信息自决的通用规则。法律保护个人信息权，就要充分尊重个人对其信息的控制权。[①] 在过去的传统社会交往中，个人信息的流动以征得个人的许可使用为主要规则，基本尊重了个人信息的自决权，个人是个人信息的主要处理者。[②] 但在科技飞速发展的今天，个人信息自决权的行使却受到了极大的挑战。通常情况下，信息主体作出的同意仅仅是形式上的，而非遵从内心本意真实作出的。

关于知情同意权，我国在2012年《关于加强网络信息保护的决定》首次提出，使用个人信息应当告知信息收集、使用的目的、范围并获得权利人同意。2013年《信息安全技术、公共及商用服务信息系统个人信息保护指南》明确规定了公开告知原则、个人同意原则等，将知情同意原则分阶段适用。[③]《最高人民法院审理利用信息网络侵害人身权益民事纠纷案件适用法律若干问题的规定》规定，不得利用网络公开个人信息，但经当事人书面同意的除外。2013年修改后的消费者权益保护法、2017年6月施行的网络安全法、民法典均明确规定，个人信息处理应征得权利人同意。个保法同样对处理个人信息需取得当事人同意作出明确规定，并要求当事人在充分知情的情况下自愿、明确同意。除此之外，《人脸识别线下支付行业自

① 参见王利明:《论个人信息权的法律保护——以个人信息权与隐私权的界分为中心》，载《现代法学》2013年第4期。

② 参见张衡:《大数据时代个人信息安全规制研究》，上海社会科学院出版社2020年版，第32页。

③ 参见林洹民:《个人信息保护中知情同意原则的困境与出路》，载《北京航空航天大学学报(社会科学版)》2018年第3期。

律公约（试行）》、《个人金融信息保护技术规范》、《信息安全技术个人信息安全规范》（以下简称《安全规范》）、《最高人民法院关于审理使用人脸识别技术处理个人信息相关民事案件适用法律若干问题的规定》、《电信和互联网用户个人信息保护规定》、《信息安全技术人脸识别数据安全要求（征求意见稿）》等都相继对个人信息的知情同意原则作出规定，也进一步奠定了知情同意原则在个人信息保护领域的地位。这些立法规范都着重强调了对用户知情同意权的保护，即在收集、使用用户个人信息之前必须使用户知悉并获得同意。立法规范针对个人信息的保护基于用户的知情同意权。

信息处理者与信息主体之间由于信息不对称、力量不均衡，信息主体无法对自己的生物识别信息进行有效控制，处于弱势地位，知情同意原则受到挑战。[①] 一些信息处理者在收集他人生物识别信息时不能确定信息收集后的使用情况，或者在后续使用过程中超出了最初同意的范围。除此之外，在个人生物识别信息处理法律关系中会涉及众多主体，尤其经过多重处理更会涉及第三方主体（其范围也极其广泛），在这个过程中，信息处理者若要再次获得当事人的同意会变得较为困难。于是，在实践中普遍存在未经当事人同意而获取其个人生物识别信息，或未经同意将信息转让给第三方的情况。此外，出于后续使用的便利性考量，一些信息处理者在告知时故意避开收集、使用个人生物识别信息的具体内容，仅作概括性描述，或者是直接对该内容进行模糊性表述，进而混淆应当知情的内容，或将使用目的、范围等隐藏在服务条款中，致使用户疲于阅读大量合同条款而降低其对个人生物识别信息知情权的行使。凡此种种，都使得个人生物识别信息权利人的知情同意权受到侵害，使知情同意原则陷入适用困境。

个人生物识别信息是个人信息中的敏感信息，在对其收集、使用的过程中，必须经过当事人的同意，充分保障信息主体的知情同意权。首先，

① 参见朱沛智:《论生物识别信息保护中的知情同意原则》，载《西北师大学报（社会科学版）》2023 年第 5 期。

个人生物识别信息的收集和使用必须单独告知信息主体；其次，在信息权利主体知情且明确、真实同意的前提下才能收集、加工和使用信息。信息主体对其生物识别信息享有自主权，有权决定其个人生物识别信息是否被收集、由谁收集、如何使用等，这些皆须遵从权利人的个人意志。基于知情同意原则的基本内涵和核心内容，可以把信息知情同意原则分为知情权和同意权。知情权是指信息权利主体有知晓自己的个人生物识别信息去向的权利，该权利的行使有赖于信息处理者如实履行告知义务；而同意权是指权利人在完全知情的情况下，充分衡量自己的得与失，作出最符合心意的决定。同意的法律属性应理解为授权，即自然人将个人信息的控制授权给信息处理者，信息处理者才能对个人信息进行处理。信息主体甚至可以根据自己的需求和喜好，选择个人生物识别信息被应用的领域、形式等，避免他人过分地控制自己的个人信息，双方间形成制衡。[①] 同意权的行使还体现在个人生物识别信息的信息主体在充分知情的情况下，享有基于个人利益予以拒绝的权利。拒绝权是权利人可以随时行使的权利，只要权利人不满意就可以表示拒绝。因此，信息处理者理应为权利人提供拒绝的方式，拒绝方式必须和同意的选项同时出现，且明示告知，不能以单独选项的方式隐藏在某项设置中，更不能设置比选择同意授权更为复杂难懂的程序，迫使用户接受自己的条款。同时，信息处理者也不能以此为由影响其后续服务。

（二）隐私权

隐私权是指公民享有的私人生活安宁与私人信息不被他人非法侵扰、知悉、收集、利用和公开等的权利。[②] 该权利是自然人所特有的一种人格权。个人隐私关系到个人生活的私密性和安宁性，具有一定的主体识

① 参见刘康乐:《人格权体系中的个人信息保护研究》，载《铜陵学院学报》2018年第4期。

② 参见张新宝:《隐私权的法律保护》，群众出版社1997年版，第17页。

别性。[①]

在现代社会，由于隐私权的重要性，已经成为各国普遍重视的权利类型。美国有信息隐私概念，将个人信息保护纳入隐私权的保护范畴。[②] 1974年，美国制定了《隐私法案》，该法对个人信息提供了一般性的保护。[③] 1970年，法国修改《法国民法典》增加第9条，规定“每个人都享有其隐私获得尊重的权利”；1981年欧洲议会通过《个人数据自动化处理中的个人保护公约》，以及1995年欧洲议会和欧盟理事会通过的《关于涉及个人数据处理的个人保护以及此类数据自由流动的指令》(《95指令》),[④] 都对数据处理过程中个人隐私权利的保护作出了规定。

在我国，宪法并没有直接规定公民的隐私权，但把公民的通信自由和通信秘密作为基本权利进行保护。[⑤] 由于通信秘密是属于个人隐私信息的内容，《宪法》第40条的规定为法律确认和保障公民的隐私信息提供了根本法依据。[⑥] 1991年颁布的未成年人保护法规定了未成年人的个人隐私权，是我国最早规定隐私权的法律。1992年4月通过的妇女权益保障法规定妇女的名誉权、荣誉权、隐私权、肖像权等人格权受法律保护。2010年实施的侵权责任法规定的公民基本民事权益就包括隐私权。[⑦] 2014年《最高人

---

① 参见匡虹、胡春辉、王新红:《大数据时代背景下被遗忘权制度的构建》，载《成都大学学报》2020年第4期。

② See Eugene Volokh, *Freedom of Speechand Information Privacy*, 52Stan.L.Rev. 1049 (2000).

③ See D. J. Solve & W. Hartzog, *The FT Cand the New Comm on Law of Privacy*, 114 Colum. L. Rev. 583 (2014).

④ 《95指令》第1条规定:“保护自然人的基本权利和自由，尤其是涉及个人数据处理时的隐私权利。”

⑤ 《宪法》第40条规定，中华人民共和国公民的通信自由和通信秘密受法律的保护。

⑥ 参见朱福惠:《被害人个人隐私信息保护的理论证成与体系化建构》，载《国家检察官学院学报》2019年第3期。

⑦ 《侵权责任法》第2条规定，本法所称民事权益，包括生命权、健康权、姓名权、名誉权、荣誉权、肖像权、隐私权、婚姻自主权、监护权、所有权、用益物权、担保物权、著作权、专利权、商标专用权、发现权、股权、继承权等人身、财产权益。

民法院关于审理利用信息网络侵害人身权益民事纠纷案件适用法律若干问题的规定》规定，个人隐私和个人信息受法律保护。[①] 2021年实施的民法典在第四编人格权编中把“隐私权和个人信息保护”列为专章，规定了自然人享有隐私权[②]，并明确了隐私权的范围，包括自然人私密空间、私密活动、私密信息和私人生活安宁[③]。

个人隐私着重强调的是私密性，重点在“隐”与“私”，即不公开性。关于“隐私”的界定，理论上有“独处说”“私密关系自治说”“人性尊严说”“资料保留权说”等学说。关于隐私权的内涵阐释，王泽鉴认为隐私权内涵的核心在于保护人格尊严。[④] 杨立新认为隐私权的核心在于依照自己的意志对于隐私行使支配权。隐私权所保护的客体包括私人信息、私人活动和私人空间，其范畴是具体确定的，不可以随意做出扩充或者限制。[⑤]对于权利人来说，隐私权不仅具有防御性，能够排斥他人的随意干涉，还具有独立自主性，权利人有权控制、支配自己的隐私。

个人生物识别信息是以自然人的生物或行为特征为依据识别个人身份的信息。它承载了许多自然人最为直接的隐私内容，对个人生物识别信息的数据进行分析可以得到自然人的性别、年龄和身体健康状况、爱好、政治倾向、性偏好等属于个人的重要隐私信息。现实生活中，不经过信息主

---

① 《关于审理利用信息网络侵害人身权益民事纠纷案件适用法律若干问题的规定》第12条规定：“网络用户或者网络服务提供者利用网络公开自然人基因信息、病历资料、健康检查资料、犯罪记录、家庭住址、私人活动等个人隐私和其他个人信息，造成他人损害，被侵权人请求其承担侵权责任的，人民法院应予支持。”

② 《民法典》第1032条规定，自然人享有隐私权。任何组织或者个人不得以刺探、侵扰、泄露、公开等方式侵害他人的隐私权。隐私是自然人的私人生活安宁和不愿为他人知晓的私密空间、私密活动、私密信息。

③ 参见周友军：《民法典规定的隐私权和个人信息保护》，载《经济参考报》2020年8月4日。

④ 参见王泽鉴：《人格权的具体化及其保护范围·隐私权篇（上）》，载《比较法研究》2008年第6期。

⑤ 参见杨立新：《关于隐私权及其法律保护的几个问题》，载《人民检察》2000年第1期。

体授权，或者超出用户明确许可的收集范围，甚至是通过隔空捕捉和网络爬取数据等手段获取信息主体的人脸、声纹、指纹和虹膜等生物识别信息的情况时有发生。在大数据时代，自然人既然是信息的生产者，理应也是信息传播的把关人。但是与专业的信息处理者相比，自然人作为信息主体既缺乏捕捉信息的敏感度，也缺乏职业人士的专业性等专业素养，在面对可能使自己隐私权受到侵犯的生物识别信息被收集和使用时，往往表现得无能为力，无法及时采取措施予以防控。这些都使得大数据时代下的隐私权保护面临严峻的挑战。为遏制个人生物识别信息侵权行为的发生，确保信息主体隐私权得以保护，使信息主体的人格尊严不受侵害，个人生物识别信息处理者应承担起更多对信息主体隐私权保护的义务。应坚决打击在信息主体不知情或明示反对的情况下对其生物识别信息进行收集、使用的恶劣行为。[①] 当信息处理者造成信息主体隐私泄露时，信息主体有权要求信息处理者删除有关信息，并让其依据法律规定承担相应的法律责任。

（三）查询权

信息查询权是指信息主体对信息处理者收集、使用个人生物识别信息进行查询访问的权利。欧盟《通用数据保护条例》（GDPR）对此作出了相应的规定，设置了信息主体查询其被收集、使用的个人信息的权利。[②] 查询权的设立有助于信息主体全面知悉信息处理者对其个人生物识别信息收集、加工、使用的情况，查询权的落实能够确保信息主体知情权的落实，从而可以对个人生物识别信息进行充分有力的保护。

信息主体经查询，可以从信息处理者那里获知关于生物识别信息处理的以下内容：收集生物识别信息的目的、种类，信息处理者对生物识别信

---

① 参见吴小帅：《大数据背景下个人生物识别信息安全的法律规制》，载《法学论坛》2021 年第 2 期。

② 其第 15 条第 1 款规定，信息主体应享有在任何时候经由请求，可以从信息处理者那里获得关于个人生物识别信息是否正在被处理、在何处进行处理的情况。

息处理的结果，信息的存储期限，如何进行权利救济，如请求生物识别信息纠正、删除，或反对收集的权利如何行使等。信息主体经查询，若发现个人生物识别信息有失真不实或不完整之处，可以有权要求信息处理者进行更正或补充完整，并予以说明。

（四）删除权

删除权是指信息主体享有的能够删除与自己相关的个人信息的权利。在互联网出现之前，信息传播的方式比较简单，人们往往靠口口相传以及书信往来等方式传播信息。这种信息交流的方式及保存手段极易受地域差异、民族风俗习惯等不同客观条件的限制，保存的时间较短且传播范围较小，具有明显的时效性，不会在较大范围内形成持续很长时间的影响。[①] 只有那些少数具有价值的信息才被会保留下来，大多数涉及隐私的信息由于短期即时价值和远期价值的褪去而被遗忘在时代的尘烟之中。随着信息时代的到来、互联网产业的快速发展，个人信息被全面而完整地记录在网络之中，永久保留，有着难以磨灭的影响力，网络超强的记忆突破了传统社会人类的记忆能力，并且打破了遗忘规律。[②] 信息一旦被公开，就很难再重新回到之前不公开的状态。[③] 如何使信息主体的信息被遗忘掉，便成为信息时代大家关注的一个问题。在此情形下，赋予信息主体信息删除权是时代发展的必然结果，通过设置删除权，可以在最大范围上保护信息主体的权利，帮助信息主体更好地控制风险，也是当事人在信息受到侵害后防止损失进一步扩大的有效救济途径。

信息删除权在比较法上一般被称为被遗忘权。2012 年欧盟委员会颁布

① 参见郑远民、李志春:《被遗忘权的概念分析》，载《长春师范大学学报》2015 年第 1 期。

② 参见姜素红、林炼鸿:《论被遗忘权的理论因应及制度构建》，载《湘潭大学学报（哲学社会科学版）》2023 年第 3 期。

③ 参见程啸:《论公开的个人信息处理的法律规制》，载《中国法学》2022 年第 3 期。

的《欧洲议会和理事会保护个人资料处理权益以及促进个人资料自由流通条例草案》规定了被遗忘权，即信息主体有权要求个人信息被遗忘[①]。该法通过列举的方式规定了被遗忘权适用的几种情形[②]，一旦个人信息被消除，信息处理者不能再使用该个人信息。在我国，学界对删除权与被遗忘权的关系问题争论较大。有学者主张二者是有区别的，认为我国《个保法》第47条所规定的删除权不同于比较法上的被遗忘权[③]，因为信息删除权的前提在于个人生物识别信息遭到实质侵害，或信息处理者有违法违约处理信息的行为，即删除应当有正当理由；而被遗忘权则没有此前提。有学者认为被遗忘权面对的是没有法律规定或约定依据的个人信息，信息主体基于权利主体的绝对身份对其个人生物识别信息拥有自主权，个人生物识别信息的收集以及使用不存在相应的法律基础，如信息处理者对危害结果未尽到安全保障义务时，信息主体便可要求进行生物识别信息的删除。[④] 笔者认为，被遗忘权与删除权并不存在太大的实际差别，只是称呼不同而已，删除是手段，而被遗忘是目的。

我国相关的法律并未采用被遗忘权的表述，民法典、个保法，以及网络安全法都是以删除权的形式对其作了规定。信息主体行使删除权的条件

---

① 参见《欧洲议会和理事会保护个人资料处理权益以及促进个人资料自由流通条例草案》第17条规定，“被遗忘权”，即个人数据应该有使用期限，当数据主体认为不再需要相关信息、个人数据不再满足信息被收集时的用途或其他情况下，数据主体有权利要求数据控制者删除与之相关的任何信息，数据控制者应立即删除或采取措施阻止这些信息进一步传播。

② 参见《欧洲议会和理事会保护个人资料处理权益以及促进个人资料自由流通条例草案》第17条第1款规定，对于资料收集使用的目的而言个人信息不再是必需的；信息主体撤销同意，或信息存储期限失效；信息主体拒绝信息的采集。不符合本法的其他原因。该条第2款规定，在资料控制者已然将个人资料公诸于众时，其应采取合理措施将资料当事人请求消除访问或复制个人资料的链接的情形告知使用资料的第三方。第3款规定资料控制者应及时消除该个人资料，除非有必要延期消除。

③ 参见王利明:《〈个人信息保护法〉的亮点与创新》，载《重庆邮电大学学报（社会科学版）》2021年第6期。

④ 参见张才琴、齐爱民、李仪:《大数据时代个人信息开发利用法律制度研究》，法律出版社2015年版，第61页。

是：其一，不再同意信息处理者继续处理其个人生物识别信息，这里主要指个人生物识别信息的商业应用，生物识别信息若为公共目的的使用不在此列；其二，信息处理者对个人生物识别信息失去继续保存的法律基础，信息主体可以请求删除其生物识别信息，以排除信息处理者对信息的不法处理及利用造成的危害后果。

信息主体行使删除权的目的就是让相应的生物识别信息被遗忘。信息主体主张被删除权并不要求个人生物识别信息一定要遭受到实际侵害，只要信息处理者对个人生物识别信息的收集、使用目的已完成，且没有继续保存的必要，信息主体就可以要求信息处理者遗忘该信息。删除权在很大程度上扩张了信息主体的利益范围[①]，使义务主体即信息处理者更加谨慎、全面地履行义务，可见，信息处理者对于信息主体的相关生物识别信息使用或保存不适当、不充分，或相关生物识别信息已过失效的，信息处理者有义务按照信息主体的请求对其生物识别信息进行删除。

在郭某诉杭州野生动物世界有限公司一案中，郭某向法院提起诉讼，请求确认被告收集其指纹识别信息和人脸识别信息无效，并要求被告删除其在购买年卡时所提供的个人生物识别信息。一审法院判决被告赔偿郭某合同利益损失及交通费，并删除郭某的人脸信息；双方当事人均提起上诉，二审法院除认可这两项内容外，还要求被告删除郭某的指纹信息。[②] 这是适用删除权保护个人生物识别信息的典型案例。

删除权在司法实践仍有待进一步完善。首先，可以将删除权适用的判决收纳进指导案例中，以提高删除权在判决中的出现率。涉及的案例多了，删除权才能真正走入大众视野，广大普通民众才会关注、了解删除权，在个人信息被侵害时，信息主体才会以此为诉讼请求进而保障个人信息安全。

---

① 参见段卫利：《被遗忘权的概念分析——以分析法学的权利理论为工具》，载《河南大学学报》2018 年第 5 期。

② 参见浙江省杭州市中级人民法院民事判决书，(2020) 浙 01 民终 10940 号。

其次，法院在判决信息处理者删除信息主体个人信息时应当限定期限，信息处理者若未能在规定时间内完成删除，可要求其承担相应的赔偿责任，原告可以请求强制执行。最后，可以设立第三方机构来监督信息处理者的相关删除行为。第三方机构的存在是有必要的，有监督执行才会有保证，当事人所提诉讼请求才能得以实现，信息处理者也不会利用已获取的信息从事其他目的的行为。[①] 信息处理者应及时删除其收集、使用的个人生物识别信息，若无法及时删除，应采取一定的保护措施避免信息泄露造成损失或损失的进一步扩大。[②]

第三节　信息主体权利的现状分析

随着个人生物识别信息被广泛应用在各个领域，个人生物识别信息的价值被逐渐发掘，逐渐成为一种社会资源。作为信息处理者，想方设法地挖掘生物识别信息所具备的潜在价值，非法过度收集、加工与使用个人生物识别信息的现象比比皆是。随之而来的是的个人生物识别信息侵权事件日益频发，生物识别信息侵权导致信息主体权利受到侵犯，会产生隐私安全、财产安全，以及算法公平等诸多问题。

一、隐私权易受侵犯

作为具体人格权之一的公民隐私权，是公民的一项重要权利，受宪法、民法典等多部法律的保护。个人生物识别信息的应用最早是出现在银行客户身份核实和出入境的人脸识别验证，以及刑事案件人员的身份特征比较

① 参见刁胜先、姜音:《论人脸识别信息的法律保护——兼评我国人脸识别第一案》，载《重庆科技学院学报（社会科学版）》2022 年第 6 期。

② 参见魏静静:《人脸识别技术在民事领域应用的法律问题研究》，载《湖北第二师范学院学报》2022 年第 1 期。

与核验中，如今个人生物识别信息已经广泛地应用于各个领域。个人生物识别信息的使用的确能够方便公民的日常生活，也给经营者带来了巨大的商机，使其获得不可估量的商业利益。同时，个人生物识别信息承载着自然人最为直接的隐私内容，通过对人脸、声纹、虹膜和指纹等多种生物信息进行分析，可以得出一个人的性别、年龄和身体健康状况，甚至是政治倾向、性倾向等属于个人隐私的重要内容。这些个人隐私信息能够以数据化、数字化的方式在网络上永久保存。

对于经营者来说，收集、应用他人生物识别信息的目的并不在于窥探隐私，而在于营利、获取经济利益。信息处理者对个人生物识别信息的收集和使用，普遍存在未充分履行告知义务，或未告知用户收集和使用的目的、用途或未经同意就将信息转让给第三方的情况。这种过度收集、使用个人生物识别信息的行为造成个人隐私泄露的风险也在逐步扩大，隐私被收集个人信息的应用程序所侵犯是极有可能的事，而信息主体甚至不知道这种侵犯正在发生。随着科技的不断发展，在生物识别信息处理过程中，侵害信息主体隐私权的方式也逐步呈现出隐秘性的特点。信息主体在自己的生物识别信息隐私权可能被侵犯时，往往不能及时采取有效措施进行维权。海量数据的即时共享固然为社会大众带来了各种便利，但大量携带了个人标识或含有敏感信息的用户数据也掺杂其中，信息主体可能仅通过点点鼠标，个人隐私就变成了为公众所知的公开信息，而信息主体却毫无察觉。信息主体的隐私权一旦受到侵害，会出现许多负面事件，如可能遭到“人肉搜索”的攻击。公民在面临隐私权受到侵害时享有的防御权，被称为隐私权所具备的消极权能。大数据时代信息传播的速度之快、范围之广，使得在某种程度上，防御权已经不能很好地发挥作用。为防止个人生物识别信息被滥用，使信息主体的隐私权不受侵害，个人生物识别信息的处理者应承担起更多保护信息主体隐私的义务。法律应坚决打击在信息主体不知情或明示反对的情况下进行个人信息收集的恶劣行为。我国台湾地区的相关规定，强调了对个人隐私权利的特殊保护，体现了法律对隐私信息进行严格保护的价值取向。[①]

二、财产权易受侵犯

在信息技术快速发展的时代背景下，个人生物识别信息的商业价值日益凸显，个人生物识别信息的交易已初具规模，在多元化的商业活动中，个人生物识别信息不断地被收集利用，使其具有了财产属性，这也是诸多科技巨头、企业、网站竞相收集个人生物识别信息的原因。在实际生活中如果个人生物识别信息被滥用以及被用来进行不法交易的话，将会导致信息主体的财产权受到不法侵害。

如今生物识别技术被广泛应用于身份验证等涉及个人隐私和财产安全的场景。相比于传统的证件和密码验证与登录方式，用个人生物识别信息登录和验证给人们带来了极大的便利，但同时也存在着不可避免的缺陷。如日常生活中较为常用的两种个人生物识别信息是人脸和指纹信息，人脸直接暴露于外界具有公开性，指纹具有留痕性，很容易被不法之徒获取并伪造。有时由于生物识别信息技术尚未成熟，甚至发生信息主体在闭眼的情况下也会被人脸识别系统识别的情况。近年来，通过人脸识别盗刷信用卡事件层出不穷。2017 年就读于陕西某一学院的男生小张，由于身份证丢失，冒用者通过银行人脸识别系统，办了一张银行卡进行借贷，小张被催债公司的人找上门催债，方才知道自己竟“被刷脸”开了借记卡并借了钱。[②] 真可谓“人在家中坐，债从天上来”。在“广西南宁业主刷脸过户房子”的案例中，十几名业主被忽悠着刷了一下脸，房产就被不法中介卖掉，

① 我国台湾地区“个人资料保护法”第 6 条规定，有关病历、医疗、基因、性生活、健康检查及犯罪前科之个人资料，不得收集、处理或利用。

② 参见苗巧颖:《男生身份遭冒用被催债冒用者通过银行人脸识别》，载中国网，http: //finance.china.com.cn/money/bank/yhyw/20170616/4251136.shtml。

造成超千万元的损失。[①] 此外，犯罪分子还会利用生物识别信息实施犯罪活动，如利用公民个人生物识别信息进行敲诈、勒索等。

可见，将个人生物识别信息与个人隐私和账户信息直接关联具有较大的安全隐患。个人生物识别技术作为获取公民其他信息和财产信息的一把“钥匙”，在科技水平尚未发展到足以保障个人信息安全的情况下，不宜将其作为识别个人身份的唯一手段。在涉及他人隐私和财产安全方面，信息处理者应当为用户提供多种验证方式，允许用户选择是否录入个人生物识别信息而进行验证，为未选择的用户提供替代性验证方式，且不能复杂化其他登录手段以变相引导用户选择使用生物识别信息验证。

三、公平交易权易受侵犯

经营者与消费者的关系在信息处理中发生了转变，变成了信息处理者与信息主体之间的关系。信息主体通过指纹识别、人脸识别等一键式的注册登录方式获取相应的服务，信息处理者则通过各种渠道便利地获取消费者的个人生物识别信息，再对个人生物识别信息进行加工、分析，并通过算法技术统筹分析，进一步推断出消费者的消费偏好、消费倾向以及消费能力。一方面，经营者通过个人生物识别信息分析出消费者的消费能力，以大数据为基准对用户进行特定化定位，形成针对性的定价方式，预测消费者的消费意愿和消费能力，分别给消费者贴上“非潜在客户”与“潜在客户”、“普通客户”与“VIP 客户”的标签，并运用与消费者之间的信息差来制定不同的价格，经营者认为不同消费能力的消费者应当被区别对待，通常会将优惠套餐或者质量较高的产品或服务优先提供给那些新进入的消费者（常常被称作“生客”），以此挽留用户，而那些忠实度较高或稳定的消费者（常常被称作“熟客”）却往往得不到这种优待，因为这些人已经被定性为老顾客，不需要

① 参见颜强：《关于数十名业主卖房过程中被中介人员欺骗，刷了一下脸房子被过户》，载《南国早报》2020 年 12 月 13 日。

挽留。经营者的这种对消费者区别对待的行为就是人们通常所说的大数据“杀熟”行为[①]，该行为明显侵犯了消费者的公平交易权。

另一方面，有些经营者开发了用于获知消费者忠实度的算法，消费者在一定期间内购买商品或服务的数量或需求达到一定要求的比例，经营者会根据消费者的忠诚度表现而给予折扣，其目的是让消费者能够与其保持持续交易。通过提供优惠套餐或者将质量较高的产品优先提供给那些忠实度较高的消费者，一些品牌在商品上新时，会第一时间向忠实度较高的客户进行推荐与销售，而普通客户有时甚至连选购的机会也没有。忠诚折扣行为是经营者根据消费者购买量的不同，对消费者给予不同的价格而导致的价格歧视行为。经营者甚至可能会采取惩罚性定价，对那些由于需求量较低或者其他原因达不到折扣门槛的消费者提高基础价格。[②]

不管经营者如何定义消费者，不论后者是普通用户还是VIP用户，消费者均应当享有同等、公平的交易条件。不管是大数据“杀熟”行为，还是所谓忠诚折扣行为，本质上都是价格歧视行为，是经营者利用大数据算法对获取的消费者个人生物识别信息进行精准画像，从而进行的差别定价。这种行为看似在为消费者提供个性化服务，但是差别定价的做法和结果已经侵犯了消费者合法权益。经营者这种神不知鬼不觉的做法让消费者深陷消费陷阱之中，明显侵犯了消费者的公平交易权。[③] 对此，《个保法》第24条明确规定，在自动化决策时，个人信息处理者要公平决策，不能实行差别待遇，保障其决策的透明度。作为个人信息处理者，按照法律规定理应保证其与消费者的交易具有公平性与公正性，禁止因不同对象、不同设备、不同系统等影响因

---

① 参见廖建凯:《“大数据杀熟”法律规制的困境与出路——从消费者的权利保护到经营者算法权力治理》，载《西南政法大学学报》2020年第1期。

② Patrick Greenlee & David Reitman, *Distinguishing Competitive and Exclusionary Uses of Loyalty Discounts*, seat: The Antitrust Bulletin, 2005, 50 (3).

③ 《消费者权益保护法》第10条规定:“消费者享有公平交易的权利。消费者在购买商品或者接受服务时，有权获得质量保障、价格合理、计量正确等公平交易条件，有权拒绝经营者的强制交易行为。”

素所形成的差别对待。信息处理者应当规范运用定价算法，提升定价算法的透明度，不得针对个人生物识别信息的某一特性而进行特定化分类，禁止运用双方的信息不对称产生个性化定价的算法决策[①]，保障交易公平。

四、肖像权易受侵犯

在生物识别技术高速发展的同时，个人生物识别信息也面临着许多未知的风险和挑战。个人生物识别技术不仅应用广泛，现在还面临着深度伪造技术的冲击，这会对国家、社会和个人造成风险。AI换脸就是这种深度伪造技术，它的出现让侵权变得更加容易，让法律规制效果变得愈加难以实现。[②] 社会大众对于AI智能换脸技术褒贬不一。一些不法分子通过收集到的人脸信息进行AI换脸，从事各种违法犯罪活动。2021年8月，某艺人工作室发布一条声明称，有人通过AI换脸技术，恶意捏造、制作出带有侮辱性的不雅音影图像，同时还有含有存在诽谤言论的聊天记录，肆意在网络中扩散传播。[③] 此外，许多演员被换脸成为色情影片的主角，在网络上广为传播，造成恶劣影响。“ZAO”是一款AI换脸软件，通过该软件，用户可以上传自己的照片，将影视剧中的角色替换成自己。该软件的用户协议中写道：使用这款软件的换脸功能，需要同意授予这款软件及其关联公司全球范围内完全免费、不可撤销、永久、可转授权和可再许可的权利，包括但不限于：人脸照片、图片、视频资料等肖像资料中所含的肖像权利人的肖像权，以及利用技术对肖像权利人的肖像进行形式改动。该协议明显属于“霸王条款”。显而易见，这种换脸行为没有得到当事人的授权，属于侵犯肖像权的行为。在人脸识别技术的应用场景中，使用的基础信息是用

---

① 参见张丽英、段佳葆：《自动化决策下的个人信息保护——以〈个人信息保护法〉第24条为中心》，载《东岳论丛》2023年第10期。

② 参见侯学宾：《AI换脸：法律风险不容小觑》，载《浙江人大》2019年第11期。

③ 参见宋霞：《“AI换脸技术”被滥用伪造不雅视频牟利涉嫌犯罪》，载《北京头条》2021年9月6日。

户的人脸识别信息。换脸软件肆意利用用户的人脸信息，未经允许使用被换脸的照片属于肖像权保护的范畴。[①] 肖像权具有专属性，权利人对肖像权享有自由支配的权利。在认定侵犯肖像权时，无须附加条件，只要未经本人同意使用他人的肖像，就构成肖像权侵权。

第四节　加强个人生物识别信息法律保护的必要性

如今，社会大众已经普遍适应了个人生物识别信息在日常生活中的应用。自然人是个人生物识别信息收集、使用的对象，其权利极易受到侵害。在个人生物识别信息侵权事件中，信息主体的隐私权、财产权会受到损害，人格权等诸多权利也会受到侵犯。频发的个人生物识别信息侵权事件表明，信息处理者对个人生物识别信息的安全保障意识还有待提高，在信息化快速发展过程中，如何保障个人生物识别信息的安全，维护信息主体的合法权益，已成为不可回避的问题。为此，法律需要对个人生物识别信息特别保护。

一、基于弱势主体保护的必要性

弱势主体保护理论认为，在交易关系中，由于一方当事人在信息的获得以及了解产品的复杂性方面存在劣势，使得这一方当事人在面对强势的对方当事人时无法作出理性抉择。为了保护弱势主体的合法权益，需要法律介入对强势主体进行规制，即通过对强势主体科以法定义务，来确保二者交易在结果上能够实现公平和正义。弱势主体的存在是一种客观必然现象，是由社会发展的不均衡性导致的，是市场竞争的副产品。如果放任弱势主体与强势主体自由博弈，结果是弱势主体的地位更加弱势。法律若只有利于强势主

① 《民法典》第1019条规定，任何组织或者个人不得以丑化、污损，或者利用信息技术手段伪造等方式侵害他人的肖像权。

体，将不利于社会的发展和稳定。只有平衡弱势主体与强势主体的关系，实现强弱势主体双赢，才能实现社会的稳定。

随着大数据时代的到来，科技的进步使信息的收集与利用日益高效和便捷。在互联网出现之前的传统社会交往中，信息传播方式比较简易，往往靠人们的口口相传，以及书信往来等方式，这种信息交流方式及保存手段容易受到地域差异等客观条件的限制而使信息保存的时间短且传播范围小，具有时效性，不会在大范围内造成长时间的影响。但随着信息技术的发展，在以互联网为支撑形成的现代社会中，交往关系极大地改变了原有社会模式中的社会交往形态，形成了独特的信息价值与信息规模效应。大数据、人工智能等新一轮的信息技术覆盖为信息交流模式的改变提供了技术基础，这是信息交流机制发生变动的社会背景。在以互联网为依托的信息传播模式下，信息交流方式发生了翻天覆地的改变，以个人信息为依托的数据产业如火如荼地发展起来，个人信息赋予了数据价值，单纯数据的利用价值远低于携带个人信息的数据价值。信息处理者通过信息主体的授权使用个人信息，个人信息流通变得方便快捷，个人信息传播范围广泛、影响深远，可以在网络上实时传递个人信息。因此，可以说在以互联网为依托的信息传播模式下，个人信息传播具有高效便捷性。随之而来的是个人信息被广泛应用导致信息极易遭到泄露，这给个人信息安全带来了前所未有的风险。伴随着大数据时代的数据流通，信息主体的主体地位日渐衰弱。

在个人生物识别信息法律关系中，无论信息处理者的身份是公权力主体还是私权主体，相对于信息处理者而言，信息主体都处于弱势主体地位，其原因主要基于以下几种情形：其一，信息主体是自然人，自然人是分散的社会个体成员，而信息处理者则是有着明确经营目标的组织机构，实力相对强一些。其二，信息主体囿于信息渠道等因素，获取信息的途径较少，与信息处理者之间存在着信息不对称的情况。信息处理者可以从多种渠道收集他人的生物信息，信息处理者掌握着生物识别信息的相关技术，能够对生物信息进行加工、分析、使用，在与信息主体的较量中，信息处理者处于绝对的优势地位，是强势主体。[①] 个人生物识别信息完全掌握在信息处理者手中，信息主体很难了解和掌握，即使信息处理者提供了所谓的“隐私协议”，信息主体也难以真正了解文本背后的真实内容。由于信息主体无法获得完全的信息，容易引发信息处理者的道德风险。如在消费者戴着面具去售楼部看房事件中，信息处理者通过摄像头收集到看房人的人脸信息，通过算法制定高价卖房的策略。消费者为了避免价格歧视，所想出来的方法也只能是戴面具进行遮掩。这是消费者心酸的无奈之举。其三，信息处理者与信息主体在力量对比上分处于强弱势地位，二者之间的差距非常明显，信息处理者不仅控制着个人生物识别信息，还控制着获取和处理个人生物识别信息的各类设备、算法、数据库权限，以及个人生物识别信息管理等方式。[②] 如果信息主体的权利受到损害，也很难与信息处理者相抗衡。

因此可以看出，不论信息处理者与信息主体是哪种关系，在信息处理过程中，二者之间的博弈是失衡的，二者的力量悬殊。结构架构、经济力量的不平衡，信息的不对称等，使得信息处理者与信息主体之间的关系呈现出强弱对比鲜明的特点。由于信息主体与信息处理者之间力量对比失衡而形成了“非对称权力结构”[③]：二者之间的关系是一种形式上平等，但实质上并不平等的关系，信息处理者作为强势主体往往对信息的收集、加工、使用起着决定作用，可以将自己的意志强加于信息主体。如果一味地让信息处理者与信息主体强调意思自治，自主决定二者之间的权利与义务分配，只会造成不公平的局面，其结果是“弱者恒弱、强者恒强”的马太效应。这种新兴的社会关系已非传统的市场关系，而是一种支配关系。[④] 因此，在个人生物识别信息

---

① 参见曾昌:《分离困境与整合路径：大数据时代下个人生物识别信息保护制度之完善》，载《云南社会科学》2021 年第 5 期。

② 参见王旭:《人脸识别准入规则的失灵风险与制度重构》，载《大连海事大学学报（社会科学版）》2021 年第 6 期。

③ 参见王锡锌:《个人信息国家保护义务及展开》，载《中国法学》2021 年第 1 期。

④ See Jack M. Balkin, *The Three Laws of Robotics in the Age of Big Data*, 78 Ohio State Law Journal 1217, 1226 (2017).

的法律关系中，信息处理者是强势主体，信息主体是弱势主体，其合法权益容易受到信息处理者的侵害，需要得到法律保护。伯纳德·施瓦茨认为，法律随着调整的社会运动的主流向前发展。每个社会都有自己的通过法律秩序力图实现的价值观念。[①] 社会在前进，法治在进步，对弱势主体进行倾斜保护是现代法治进步的重要表现形式之一。只有对个人生物识别信息给予充分的法律保护，让信息主体和信息处理者的地位在实质上平等起来，才能建立信息产业稳定发展与个人生物识别信息保护和谐共处的秩序。

二、基于社会本位论的必要性

社会本位论与“个人本位论”“国家本位论”相对而称。不同的法律所追求的价值目标不同。一般来讲，私法追求的是“个人本位”，即保护私人权利，公法追求的是“国家本位”，即保护国家权力，社会法追求的是“社会本位”，即保护社会（社会不特定的多数人）权利。在个人生物识别信息法律关系中，信息主体作为权利人是自然人，每个自然人的生物识别信息都有可能被信息处理者收集、加工和使用。个人是社会大众的一员，虽然从理论上来讲，信息主体对自己的生物识别信息享有控制权，自然人可以决定个人生物识别信息的使用，对自己的个人生物识别信息进行控制。退一步说，权利人至少享有可以了解并掌握被收集的自身生物识别信息去向的权利。但是在现实生活中，一旦个人生物识别信息被收集，即与信息主体发生分离，个人生物识别信息在收集、储存、分析、加工、使用、保存等环节将很难由信息主体掌握和控制。信息主体是没有机会占有个人生物识别信息并对其享有控制权的，真正享有控制权利的人恰恰是信息处理者，其能够掌控个人生物识别信息流转的各项活动，对个人生物识别信息的控制处于主导地位。

随着科技的迅猛发展，个人生物识别信息的应用越来越广泛，虹膜、声

---

① 参见［美］伯纳德·施瓦茨:《美国法律史》，王军等译，中国政法大学出版社1997年版，第23页。

纹、指纹、人脸识别信息的应用已经变得越来越常见。在个人生物识别信息法律关系中，信息处理者与信息主体之间的关系实际上是一种带有社会性的经济法律关系。对信息主体的法律保护体现了对社会利益的保护，即对个人生物识别信息倾斜保护符合社会本位思想。庞德把利益划分为社会利益、公共利益和个人利益三种[①]，这种利益的划分，突破了传统上只注重保护个人利益而忽视公共和社会利益的缺陷。耶林认为，法律应当重视社会利益，个人利益与社会利益应力求得平衡；罗斯科·庞德也认为，20 世纪的法应当是“社会性的法”。[②] 维护社会利益旨在谋求个体利益与集体利益的和谐，以此来提高法律调整的合理性、准确性和有效性。法律是调整人与人之间社会关系的规范，人与人之间的社会关系纷繁复杂，涉及各种利益冲突，法律的本质就是对这些冲突的利益进行平衡，使社会秩序井然有序。

生物识别技术的发展使得个人生物信息的收集非常便捷，同时个人生物识别信息也容易受到侵犯，尤其是在网络平台、医疗、金融、房地产等领域，个人生物识别信息成为被侵权的重灾区。在面临生物识别信息侵权时，信息主体在大多数情况下对自己的生物信息何时被收集、如何被收集是茫然不知的，或即使明知个人生物信息被收集但对被收集的信息根本无法控制。在许多公共场合，用户并未被告知，在不知情的情况下，信息处理者就完成了对其个人生物信息的收集和加工。有些个人生物识别信息的收集无须信息主体与采集设备发生实体接触就能完成，于是有不少信息处理者会偷偷收集此类个人生物识别信息。个人生物识别信息是高度敏感的个人信息，具有特殊性质，生物识别信息如人脸、虹膜、指纹、声纹等伴随自然人的出生而存在，具有唯一性，且很难改变。基于生物识别信息的上述特点，在某种程度上可以说生物识别信息是自然人的身份标志，通过个人生物识别信息可以确定个人的“社会身份”，对个体身份关系进行识

① 参见田占义:《社会保障法的理论思考》，载《行政与法》2003 年第 3 期。
② 参见漆多俊:《经济法基础理论》，武汉大学出版社 2000 年版，第 31 页。

别。个人生物识别信息侵权常常会给信息主体带来不可逆的重大损害。在个人生物识别信息法律关系中，尤其是当信息处理者为经营者时，信息主体一般情况下就是消费者，而个人生物识别信息本身就是根据自然人的生物或行为特征而生成的，与个人具有高度的关联性，通过个人生物识别信息可以得到与该信息相关联的其他个人信息，如行动轨迹、消费习惯、个人喜好、财务状况等信息，从而能够精准推测出消费者的全部信息。经营者对消费者进行用户画像，预测特定消费者的特点，从而进行不同的定价策略，实施价格歧视。这种情况下，那些没有消费能力以及对技术没有使用能力的“数字新穷人”逐渐被边缘化，最终导致群体性的权利受到侵害。[①]

不同于传统的公民权利，个人信息权不仅关系到信息主体的私人利益，还会涉及社会公共利益与国家利益，所以不能简单地把它界定为私权。尤其是在个人生物识别信息侵权案件中，信息处理者对个人生物识别信息的侵权不只侵犯某个特定的信息主体，通常会给为数众多的信息主体造成人身、财产损害，即侵犯众多社会成员的权利。其涉及面之广、危害性之大，已经破坏了信息领域的公共秩序，给整个市场和经济社会带来负面的影响，甚至影响国家经济秩序的正常运行。生物识别信息侵权所造成的损害不论是受害人的范围，还是损害程度，都大于传统民事侵权行为，所造成的损失是一种“社会性损失”。不管是单个的自然人，还是作为整体的消费者，在强大的信息处理者面前都是弱小的。个保法也不只单纯保护某个信息主体的个体利益，更多关注的是如何维护社会公共利益。信息主体作为自然人是分散的社会公众，个人是社会的一分子，对信息主体的保护也体现了维护社会公共利益的价值倾向。对信息主体进行倾斜保护体现了社会本位思想，能够积极预防侵权行为和合理分配社会正义，这也是现代法制的重大进步。

---

① 参见蓝寿荣:《商业活动中个人生物识别信息的属性与保护》，载《陕西师范大学学报（哲学社会科学版）》2022 年第 2 期。

第四章　个人生物识别信息法律关系的义务主体

第一节　个人生物识别信息法律关系义务主体界定

个人生物识别信息法律关系的义务主体（信息处理者）是在个人生物识别信息法律关系中与信息主体相对的一方当事人。由于权利人（信息主体）的个人生物识别信息是由个人信息处理者进行收集、使用的，生物识别信息被掌控在信息处理者手中，在收集、使用个人生物识别信息时，信息处理者应当遵守法律的规定，履行相应的个人生物识别信息安保义务，以保护信息主体的权利不受侵犯。

一、个人生物识别信息的义务主体——信息处理者

在个人生物识别信息法律关系中，对个人生物识别信息负有安全保障义务的主体，就是个人生物识别信息的义务主体。一般来讲，个人生物识别信息的义务主体能够对个人生物识别信息进行收集、加工和使用，其范围通常包括自然人、法人和其他组织。权利与义务具有对应性。权利的行使与落实必须依靠义务主体切实履行义务。在个人生物识别信息法律关系中，信息主体既然作为权利主体，自然也有与权利主体（自然人）相对应的义务主体，由其为权利主体行使权利提供便利。在个人生物识别信息法律关系中，信息主体权利的行使，需要信息处理者履行应当的法律义务，违反法律义务就等于对信息主体权利的侵犯。[①] 在欧盟的个人信息保护立

① 参见周汉华：《个人信息保护的法律定位》，载《法商研究》2020 年第 3 期。

法中，对个人信息进行收集、加工、分析的义务主体一般采用的是“数据控制者”与“数据处理者”二元主体的定义模式。GDPR 把义务主体分为“个人数据控制者”和“个人数据处理者”[①]，个人数据处理者并不收集、使用信息，只是受个人数据控制者委托，对个人数据进行处理；而对个人数据进行控制的义务人主要指的是信息控制者。德国《联邦数据保护法》中信息控制者是指“任何为自身利益或委托他人（机构）收集、处理或使用个人数据的人或机构”；英国《1998 年数据保护法》将数据控制者界定为：“能够单独或者与他人联合决定对个人数据的使用方式与目的的人”。[②] 此外，2021 年 11 月 28 日实施的阿联酋《联邦个人数据保护法》也是把义务主体划分为“个人数据控制者”和“个人数据处理者”，并且分别对数据控制者和数据处理者的义务进行了规定。[③] 印度《数字个人数据保护法案》使用的是数据受托人（DataFiduciary）概念，即单独或与其他主体共同决定处理个人数据的目的和方式的主体。此处“主体”包括个人、公司、企业、国家等。根据《俄罗斯联邦个人数据法》第 6 条第 3 款的规定，个人数据处理者可以根据合同委托第三方处理个人数据。这些立法都一致认可个人信息控制者能够对个人信息进行收集、加工或使用。可以看出，这些立法中对信息义务主体普遍采用的是个人信息控制者的称谓，对其身份并没有进行限制，任何主体都有可能成为信息控制者，只是重点强调该主体对他人信息的收集、使用有决定权。

随着数据经济的快速发展和社会分工的日益精细化，市场主体之间的

---

① 《通用数据保护条例》第 4 条规定，数据控制者指“能单独或联合决定个人数据处理的目的和方式的自然人、法人、公共机构、行政机关或其他非法人组织”；“数据处理者”指代表控制者处理个人数据的自然人或法人、公共机构、政府机构或其他团体。

② 参见黄震、蒋松成:《数据控制者的权利与限制》，载《陕西师范大学学报（哲学社会科学版）》2019 年第 6 期。

③ 阿联酋《联邦个人数据保护法》第 7 条规定了数据控制者的义务，第 8 条规定了数据处理者的特殊义务。

合作互动也变得越来越紧密，个人生物识别信息的收集、加工和应用最终被分化在一个又一个的服务提供者之间，对于自然人而言，想要区分谁是信息的控制者谁是信息的处理者是非常困难的一件事。收集个人生物识别信息的主体对自然人的生物识别信息进行收集，生物识别信息的软件提供者将采集到的生物识别信息存入数据库，再通过其他软件对信息进行加工，在对信息进行处理的过程中，软件会对生物识别信息进行储存和利用。在这些环节中，会有很多主体参与到个人生物识别信息的处理活动中，都会对生物识别信息进行控制，最终使得信息处理者的身份变得模糊不清，而被收集信息的信息主体由于无法决定自身信息的收集和流向，信息自决权也变得越来越弱化。

我国法律对个人信息法律关系义务主体的称谓一直缺乏统一界定，虽然个人信息保护在立法之初想借鉴“控制者—处理者”模式，但最后使用的称呼却不尽相同。2018 年实施的《信息安全技术　个人信息安全规范》中界定的义务主体称谓就是个人信息控制者。[①] 该文件是从对他人信息的处理有决定权角度进行规范。该文件也对敏感个人信息进行了规定，明确了敏感个人信息的范围，按其规定，生物识别信息属于敏感个人信息的范畴。2020 年修订后的《信息安全技术　个人信息安全规范》把个人信息控制者修改为“有能力决定个人信息处理目的、方式等的组织或个人”，把“有权决定”改成“有能力决定”，反映出个人信息法律关系的义务主体实现了从权利论到能力论的转换，可是对“有能力”规定得并不明确，导致实践中能力主体的认定较难。

2021 年通过的数据安全法使用的是“数据处理者”的称谓。民法典则

① 2018 年《信息安全技术　个人信息安全规范》3.4 规定，个人信息控制者是有权决定个人信息处理目的、方式等的组织或个人。

使用了“信息处理者”一词[①]，但是并没有对其进行定义。2021年通过并实施的个保法中也使用了“个人信息处理者”称谓，并作出了界定[②]，个人信息处理者包括组织或个人。

笔者认为，在个人生物识别信息法律关系中，信息义务主体是指能够对个人生物识别信息占有、管理或者对信息使用进行控制和管理的人。无论是信息控制者、信息管理人，还是信息处理者，只不过是称谓不同而已，只要有能力处理个人信息的主体，都可以成为个人信息处理者，而且信息义务主体并没有身份的限制，其范围包括法人、非法人组织以及自然人。本书采用“信息处理者”这一主流词语指代信息义务主体。个人生物识别信息处理者是指能够以合法方式收集、加工、储存和使用个人生物识别信息，或者对个人生物识别信息的使用具有影响力，且根据法律履行相应的义务、承担相应责任的主体。[③]信息处理者在信息处理过程中，既可以自行收集、加工他人信息，也可以托委他人来进行收集、加工和使用。因此，接受他人委托代为收集、加工和使用个人信息的人，也可以成为信息处理者。法人、非法人组织以及自然人等民事主体都可以成为个人信息处理者，但由于个人生物识别信息所具有的特殊性，收集和加工时需要信息处理者具有一定的技术能力。比如，美国加州《消费者隐私法案》

---

① 《民法典》第1037条第2款规定，自然人发现信息处理者违反法律、行政法规的规定或者双方的约定处理其个人信息的，有权请求信息处理者及时删除。

第1038条规定，信息处理者不得泄露或者篡改其收集、存储的个人信息；未经自然人同意，不得向他人非法提供其个人信息，但是经过加工无法识别特定个人且不能复原的除外。信息处理者应当采取技术措施和其他必要措施，确保其收集、存储的个人信息安全，防止信息泄露、篡改、丢失；发生或者可能发生个人信息泄露、篡改、丢失的，应当及时采取补救措施，按照规定告知自然人并向有关主管部门报告。

② 《个保法》第73条第1款规定，个人信息处理者，是指在个人信息处理活动中自主决定处理目的、处理方式的组织、个人。

③ 参见朱沛智:《论生物识别信息保护中的知情同意原则》，载《西北师大学报（社会科学版）》2023年第5期。

（CCPA）就对受管辖的经营者进行了限定。[①] 所以，受技术条件、处理能力的影响，并不是任何人都可以处理个人信息而成为信息处理者，尤其是个人生物识别信息。

二、个人生物识别信息义务主体的类别

个人生物识别信息的收集和使用应遵循安全原则，即信息处理者在信息收集和使用中要确保个人生物识别信息的安全。个人生物识别信息的处理者作为义务主体在收集和使用信息过程中，应当负有保护个人生物识别信息安全的义务。[②] 在这里，有必要对信息处理者进行类型化研究，以根据不同类型的义务主体，有针对性地对其进行更好的规制，从而使个人生物识别信息作为“自然人的合法权益”得到更好的保护。

基于对个人生物识别信息使用目的的不同，可以将个人生物识别信息处理者分为以经营者为代表的私权主体和以政府机关（公共机构）为代表的公权力主体两类。2008年美国伊利诺伊州的《生物识别信息隐私法》（BIPA）对生物识别信息中的民用、商用的生物识别信息与作为公共目的之用的生物识别信息进行了区分，把信息处理者划分为两类，即经营者和公共机构。我国的个保法也把个人生物识别信息分为公共领域与非公共领域的生物识别信息，与此相对应的信息处理者的身份也各不相同：与非公共领域对应的义务主体是私权主体，与公共领域对应的义务主体是公权力主体。在现实生活中，以经营者为代表的私权主体大量收集和控制着个人生物识别信息，是非常重要的义务主体。此外，随着个人生物识别信息越来

---

① CCPA规定，该法案适用于在加利福尼亚州以获取利润或经济利益为目的开展经营活动的企业，其业务涉及收集及/或处理个人信息，且满足以下一项或多项条件：（1）年收入超过2500万美元；（2）为商业目的，每年单独或总计购买、收取、出售或共享50000人及以上消费者、家庭或设备的个人信息；（3）年收入中有50%及以上是通过销售消费者的个人信息获得。

② 参见姚佳：《论个人信息处理者的民事责任》，载《清华法学》2021年第3期。

越广泛地应用，以政府机关为代表的公权力主体在行政管理过程中基于履行职责的需要，也需要收集和使用个人生物识别信息，也成为信息处理主体。不同于私权主体，公权力主体收集、使用生物识别信息的行为是在国家公权力的保障之下进行的，一般无须征得信息主体的同意。各国对政府以及公共机构处理个人生物识别信息都有特别规定。由于政府机关（公权力主体）收集、使用个人生物识别信息不用征得信息主体的授权同意，法律对于无须信息主体授权即可处理的信息范围应当进行列举。一般来讲，其范围应当包括维护国家安全和社会治安秩序，提供公共服务与进行社会管理等情况，只有在这些情况下，政府机关（公权力主体）可以直接收集、使用相关的个人生物识别信息。也就是说，政府及公共机构收集个人生物识别信息往往是出于公共目的的需要并具有正当程序。

（一）私权主体

个人生物识别信息义务主体中的私权主体是指以经营者为代表的非政府机构作为信息处理者的情形。私权主体对个人生物识别信息进行处理的情形非常普遍，在实践中大量收集和控制着个人生物识别信息，经营者的范围包含自然人、法人或者其他组织。在经济法中，履行义务的私权主体通常被称为经营者，而经营者与消费者往往是相对应的一对主体，在个人生物识别信息法律关系中，经营者则被称为信息处理者，既包括法人，也包括非法人组织和自然人。作为信息处理者的私权主体，是非常重要的义务主体。美国《2020年国家生物识别信息隐私法案》、伊利诺伊州《生物识别信息隐私法》都是使用“私人实体”指代“公司、企业、个人以及组织集团”，并排除州或地方政府机构。①

自从有人类文明开始，一切科技改变历史的现象都是由商业推动的。

---

① See Section5（b）The Biometric Information Privacy Act, Public Act095-0994SB2400EnrolledLRB09519768KBJ46142b.

人类社会进入20世纪70年代后，由于具有重要的经济价值，个人信息被人们广泛熟识。个人信息的可利用性，给经营者带来了前所未有的商业机会。把握这一商业机会，可以创造更多财富，这是经营者作为经济人本能的利益需求。于是，信息处理者（经营者）开始大量收集、加工、使用个人信息，他们通过开发各种数据库软件，收集、分析诸如用户的身份、住址、消费喜好、信用报告等有关的个人信息，对消费者进行个性化推送，这使得个人信息由于蕴含其他价值而逐渐流通起来。作为市场主体的经营者是实现个人信息交易市场价值的关键助推者。个人信息处理者已经不再局限于传统产业的经营者，广告商和个人信息中介公司，以对信息进行收集、加工、储存、利用和传输为主要业务的专门机构也大量涌现。

在传统社会里，在对个人信息权的保护中，对个人信息的大规模收集、使用，尤其是涉及敏感信息的使用是不被认可的[①]，但是随着时代的发展，如今对个人信息的大规模收集、使用非常普遍。经营者收集并使用海量个人信息是有合法性基础的，该基础来源于用户对于其个人信息权益的让渡，用户对自己个人信息权益让渡的目的是接受经营者提供的更加优质的服务。让渡权益决定的作出是出于用户的知情同意，体现的是权利人的意思自治。在信息处理过程中，对于如何在促进个人信息的合理利用的同时保护个人信息安全，是立法所要考虑的重要问题。在个人生物识别信息的收集、加工、使用过程中，作为私权主体的信息处理者与信息主体双方处于平等地位，二者之间通常是通过签订协议的方式来完成个人信息权益的让渡。在这一法律关系中，经营者大多数情况下是企业，权利人通常是消费者或者是用户。二者虽然是处于平等地位的民事主体，但在力量对比、结构组成以及信息的掌握上都是不对等的，导致交易结果也是不平等的。经营者是处于强势地位的主体，而信息主体则是处于弱势地位的主体。经营者的强

① 参见李仪：《信息隐私权与言论自由权的冲突与调和——从民事权利限制的角度探析》，载《湖北社会科学》2010年第5期。

势地位决定了用户对其具有信义利益，经营者应当履行保护用户个人信息安全的信义义务。[①] 随着个人生物识别信息的广泛应用，经营者对个人生物识别信息的收集和利用越来越得心应手。在现实生活中，一些经营者出于自身利益的考量，往往会基于双方信息不对等的现状，过度收集他人的个人生物识别信息，对于其收集的生物识别信息可能还会存在非法交易并从中获益等行为，这对信息主体的隐私权、财产权等带来很大的威胁。个人生物识别信息作为个人敏感信息更容易受到侵犯，因此，对个人生物识别信息的保护更需要法律法规作出强制性规定。在实践中，私权主体（经营者）包括以下几种。

1. 自然人

自然人不仅是受法律保护的信息主体，也在向信息处理者的身份转化，尤其是新型传播媒介的出现，使越来越多的个人信息来源于社交媒体并通过社交媒体传播。[②] 借助先进的网络技术，自然人可以通过多种多样的途径获取他人的个人生物识别信息，也有能力自行收集和使用数据。目前虽然自然人对信息的收集、使用与其他信息处理者相比，还不具有规模性，但随着信息产业的不断深入发展，个人照样可以掌握和控制海量信息。自然人作为信息处理者的形态已经产生，还出现了与个人信息处理相关的新兴职业，如个人信息分析师。当自然人有能力合法处理个人信息，对之进行合理控制和使用时，那么他当然属于信息处理者的范畴。

2. 网络服务提供者

关于网络服务提供者，不同法律对其称呼各不相同。如网络安全法中

---

① 参见吴伟光:《平台组织内网络企业对个人信息保护的信义义务》，载《中国法学》2021 年第 6 期。

② 参见赵园园:《互联网征信中个人信息保护制度的审视与反思》，载《广东社会科学》2017 年第 3 期。

称为网络运营者[①]，民法典中则称为网络服务提供者[②]，电子商务法中称为电子商务经营者（以下简称电商经营者），数据安全法中称为“数据处理者”。随着社会的快速发展，我国经济出现了许多新业态，尤其是电商经济如雨后春笋般快速发展起来，电商经营者也成为新一代的网络服务提供者，由其为消费者销售商品或者提供服务，大大方便了人们的生活。电商经营者天然对个人信息具有收集与加工能力，为了追逐利益，经营者通过用户在网络平台上的交易记录，对个人信息进行收集，再对收集到的个人生物识别信息进行定向识别，继而通过进一步分析，预测客户的需求，并储存在自己的数据库中。关于电商经营者，《电子商务法》第9条作出了界定，电商经营者包含多个主体，既包括电子商务平台经营者、电子商务平台内经营者，还包括自建网站类销售商品或提供服务的经营者等。可以看出，电商经营者与电子商务平台经营者之间是种属关系，电商经营者是种概念，电子商务平台经营者是属概念。对于通过网络形式进行信息服务的经营者，本书统一使用民法典中规定的网络服务提供者的称谓。网络服务提供者即通过信息网络向用户提供信息或服务的经营者。网络服务提供者收集用户的个人生物识别信息通常有两种途径：一是用户在使用相关产品和服务时，网络服务提供者通过签订隐私协议由客户授权来收集客户的生物识别信息；二是网络服务提供者利用数据库进行数据共享。在第一种途径中，通常存在平台“强制用户授权”的问题。用户经常会碰到这样的情形：如果不把特定权限授予应用程序，那将享受不到相关的服务。这实际上是网络服务提供者对消费者选择权的剥夺。在第二种途径中，网络服务提供者即互联网平台间的数据库共享，虽然可以减少网络服务提供者使用数据的成本，

---

① 《网络安全法》第9条规定，网络运营者开展经营和服务活动，必须遵守法律、行政法规，尊重社会公德，遵守商业道德，诚实信用，履行网络安全保护义务，接受政府和社会的监督，承担社会责任。

② 《民法典》第1194条规定，网络用户、网络服务提供者利用网络侵害他人民事权益的，应当承担侵权责任。

为消费者提供个性化的服务，但如果网络服务提供者间未经同意随意共享消费者个人信息，甚至贩卖个人信息进行获利，则会侵犯信息主体的合法权益。由于信息主体处于弱势地位，信息不对称以及个人信息保护的相关机制还不够成熟，一旦出现侵犯隐私的问题，就会引起信息主体对自己信息安全的担忧。因此，网络服务提供者一方面可以基于平等原则与用户进行交易；另一方面，网络服务提供者还负有对用户信息安全保障的义务。

3. 非网络服务提供者（线下实体店经营主体）

在信息化社会里，很多主体都会对个人生物识别信息进行收集、使用。除了网络服务提供者之外，线下实体店经营主体针对个人生物识别信息同样能够通过各种各样的途径进行采集。这些线下实体店的经营者通过大量收集和使用个人生物识别信息来提高营销回应率、把握市场需求。通常情况下，实体店经营者在收集顾客的生物识别信息时具有天然优势，很多经营者在暗中秘密采集顾客的人脸信息，于是出现了“戴头盔去看房”的事件。在实践中，还有很多经营者采取线上线下联动经营的方式，对收集到的个人生物识别信息也采用信息共享模式进行分享，这就容易造成个人生物识别信息的泄露，侵犯个人隐私。这样的非法收集、过度收集的状况，显然是违反了信息处理中的知情同意原则，这种情况是需要受到法律规制的。因此，无论是网络服务提供者，还是非网络服务提供者，其作为个人生物识别信息的处理者，都要对用户的个人生物识别信息负有安全保障义务。

总而言之，不管哪种类型的经营者，对个人生物识别信息进行收集和加工一般都是出于商业目的的需要。收集个人生物识别信息的途径多种多样，对个人生物识别信息的使用形式也较灵活，各类应用软件在提供服务时可以源源不断收集用户的个人生物识别信息，并进一步挖掘使用。在收集、使用个人生物识别信息过程中，经营者往往存在对个人生物识别信息强迫性收集的情况，使信息收集成为一种“非法的必然”。[①] 一方面，经营者为了自身利益对客户的个人信息进行大量收集和使用；另一方面，经营者在主观上往往缺乏对个人信息安全保护的意识，客观上也未能对各种风险积极采取相应的措施进行有效预防。由于有些个人生物识别信息的应用在技术层面上还不是很成熟，甚至有可能通过人脸照片的组合，或是模拟的面部表情即可以破解人脸识别信息。在对个人生物识别信息的保存上，相当多的经营者并没有建立起对生物识别信息的安全保护制度，个人生物识别信息在应用时存在巨大的风险，会侵害信息主体的人身权和财产权，为保护弱势主体——信息主体的合法权利，信息处理者必须要加强安全保护意识，把风险降到最低，以确保生物识别信息的安全。

（二）公权力主体

随着个人生物识别信息的广泛应用，除了经营者之外，政府机关等公权力主体也可以成为个人生物识别信息的处理者。以政府机关为代表的公权力主体在行政管理过程中基于履行职责的需要，也会收集和应用个人生物识别信息。政府通过对个人生物识别信息的收集、加工，可以全面地掌握社会的发展情况，有数据支撑的公共决策，才能提供更好的公共服务。[②] 公权力主体除了政府部门以外，还包括接受政府委托或授权从事公共事务职能的组织。在涉及公共领域方面，公共服务部门必须得到法律的授权，而且必须采取适当必要的保护措施后才可以收集、加工信息。公共服务部门在从事公共服务事务时，行使的是政府职能。公权力主体收集个人生物识别信息的行为是在国家强制力的保障之下实施的，一般无须经过公民个人的同意。我国相关法律和规范性文件明确规定无须信息主体授权即可处

---

① 参见田丽、毕昆:《网络平台治理中的生物识别信息保护》，载《信息安全与通信保密》2021 年第 7 期。

② 参见郭江兰:《个人信息保护制度的反思与改进：以主体利益冲突与衡平为视角》，载《科技与法律（中英文）》2021 年第 6 期。

理的信息范围[①]，可见，公权力主体收集、使用个人生物识别信息的范围包括维护国家安全和社会治安秩序，提供公共服务与进行社会管理等。个人生物识别信息具有很强的识别性，直接与自然人高度关联，一旦发生个人生物识别信息的侵权事件，会给信息主体造成严重损害。因此，行政机关和公共机构应当根据法律的授权，在职权范围内收集和使用他人的生物识别信息，以免给信息主体带来不必要的隐患。

公权力主体与私权主体在结构性质、行为性质都具有差异性，作为信息处理者的公权力主体在收集、使用个人生物识别信息时不需要征得信息主体的同意，是以国家强制力作为保障的，因此具有法定威权性。于是，有观点主张公权力主体处理个人信息不应适用个保法，而应引入新的机制。[②]从立法来看，个保法并没有把公权力主体排除在外[③]，数据安全法、网络安全法等法律亦是如此。

行政机关是公权力主体的主要代表。在个人生物识别信息法律关系中，行政机关在实现特定任务的不同场景中，可以具有不同的身份，一方面，其可以成为一方当事人即信息处理者，另一方面，行政机关作为公权力主体又基于个保法和其他法律法规的规定承担着个人信息监管的职责，此时其便成为监管主体。[④]行政机关作为信息处理者收集、使用个人生物识别信息，其身份是义务主体。行政机关获取公民个人生物识别信息的目的往

---

① 《信息安全技术　个人信息安全规范》5.6 规定，以下情形中个人信息控制者收集、使用个人信息不必征得个人信息主体的授权同意：（1）与个人信息控制者履行法律法规规定的义务相关的。（2）与国家安全、国防安全直接相关的。（3）与公共安全、公共卫生、重大公共利益之间相关的。（4）与刑事侦查、起诉、审判和判决执行等直接相关的。（5）出于维护个人信息主体或其他个人的生命、财产等重大合法权益但又很难得到本人授权同意的。

② 参见王俊：《个人信息保护法的待解难题，如何约束规范国家机关对信息的收集处理》，载《21 世纪经济报道》2021 年 3 月 24 日。

③ 《个保法》第 33 条规定，国家机关处理个人信息的活动，适用本法。

④ 《个保法》第 60 条规定，国家网信部门负责统筹协调个人信息保护工作和相关监督管理工作。国务院有关部门依照本法和有关法律、行政法规的规定，在各自职责范围内负责个人信息保护和监督管理工作。

往在于履行行政职能，提供公共服务与进行社会管理。作为信息处理者对个人生物识别信息进行收集、使用，其与信息主体是法律关系中的双方当事人；作为信息处理者，行政机关不能无节制地收集和利用个人生物识别信息，对公民权利的保护始终伴随着对政府权力的限制。① 公民基本权利得到保障是时代的进步，也是已经得到普遍接受的理念。行政机关收集、使用生物识别信息亦是如此，必须要坚守最小必要性原则，不能随意突破法律的边界，对信息主体造成侵害。行政机关等公权力主体作为信息处理者要注重以人为本，而不是一味地追求效率，在追求效率的同时应当高度重视公民个人生物识别信息权利的保障和优质公共服务的提供。行政机关还是信息保护的监管主体，对个人信息安全负有监督职责。作为履行个人生物识别信息监管法定职责的国家公权力主体，行政机关的身份不是法律关系中的当事人而是监管主体，其监管的对象就是个人信息处理者。不同于一般的个人信息，个人生物识别信息具有高度的敏感性，容易使信息主体遭受不可逆的损害，需要法律对之进行特别保护。作为个人信息保护的监管机关，监管的目的是重视公民信息权利的保障，在监管过程中应面向公民需求，注重建立行政机关和公众之间的沟通互动机制，强调交流互动的双向性。

总之，在我国现有的法律规范文件中，对信息法律关系中的义务主体有各种不同类别的称谓，有经营者、网络服务提供者、网络运营者、电商经营者、电子商务平台、平台内经营者、个人信息控制者、个人信息收集者、个人信息处理者等，根据这些义务主体的性质，结合在大数据环境下这类义务主体共性的表现形式，我们把个人生物识别信息法律关系中的义务主体统称为“信息处理者”。正是因为信息处理者收集和使用信息的行为，开启了个人生物识别信息侵权的风险，才课以个人生物识别信息处理

① 参见张新宝：《从隐私到个人信息：利益再衡量的理论与制度安排》，载《中国法学》2015 年第 3 期。

者负有保障所收集生物识别信息安全的义务。[①]

第二节　信息处理者个人生物识别信息安全保障义务的理论基础

信息处理者在收集、使用个人生物识别信息的时候，不能只关注自身利益最大化，一味追求对个人生物识别信息最大限度的利用，还应该负有相应的义务和职责。保护个人生物识别信息的安全，始终是信息从业者的一项义务。[②] 为保护生物识别信息安全而设置的信息处理者的义务，被统称为“生物识别信息安全保障义务”。

一、危险源控制理论

危险源控制理论认为，危险的开启是由危险的控制者造成的，因此，为使危险得以控制，危险的控制者应当对受害人承担安全保障的义务，并在对受害人造成损害时，向其承担赔偿责任。危险源控制理论符合法律所追求的“公平原则”。在大数据时代，个人生物识别信息的收集和加工大多采用网络技术手段。于是个人生物识别信息的收集和加工呈现深度化、高速化、无限化等特征，生物识别信息被收集和加工，以及挖掘利用的规模令人吃惊。信息处理者在收集个人生物识别信息后，该个人生物识别信息就已然置于一定的危险风险之中，而信息处理者恰好是危险源的创设者，对其课以生物识别信息安全保障义务是自然之理，信息处理者只有认真履行安全保障义务，才能使危险得以控制。

---

① 参见宋亚辉：《个人信息的私法保护模式研究——〈民法总则〉第111条的解释论》，载《比较法研究》2019年第2期。

② 参见龙卫球：《数据新型财产权构建及其体系研究》，载《政法论坛》2017年第4期。

很多国家都对信息处理者采取必要的技术和管理措施，以防范个人生物识别信息的应用风险。印度《2018个人数据保护法案（草案）》规定，数据受托人使用个人敏感数据（如遗传数据或者生物识别数据），应事先通过“数据保护影响评估”。我国民法典对此也作了规范[①]，规范信息处理者行为的目的就是保护个人生物识别信息的安全[②]。只有在生物识别信息获得安全保障时，信息主体才会安心，信息处理者与信息主体之间才能建立起信任关系，实现良性互动。信息主体才会心甘情愿地授权信息处理者收集、使用自己的生物信息。正因如此，个人信息保护法律对义务主体——个人信息处理者设定了义务规范，如我国个保法、民法典均对信息处理者规定了信息处理应当遵循的正当、合理原则[③]，此外，电子商务法、数据安全法、网络安全法等法律也基于对个人信息的保护而为信息处理者设定了相应的义务。[④]

综观世界各国关于信息保护的立法，对信息处理者进行义务规制是通行的做法，具体体现在以下方面：首先，对信息处理者设定一定的准入门槛，使其具有相应生物识别信息处理的资质条件。如美国加州《消费者隐私法案》（CCPA）就对受管辖的信息处理者资格进行限定，既有年收入的限制（2500万美元以上），也有购买、收取、出售或共享个人信息数量（50000人以上）的限制，通过设置准入门槛，让信息处理者具备相应的资质条件和安全防范能力，对生物识别信息予以充分保护。其次，信息处理者收集、加工、使用个人信息时应当遵守合法、必要、正当、安全性原则。在个人生物识别信息收集前，应当如实告知信息主体收集的目的、范围、用途。行政机关（公权力主体）基于公共利益目的的收集、使用无须获得

---

① 《民法典》第1038条第2款规定，信息处理者应当采取技术措施和其他必要管理措施确保其收集、存储的个人信息安全，防止信息泄露、篡改、丢失。

② 参见齐爱民:《个人信息保护法研究》，载《河北法学》2008年第4期。

③《民法典》第1035条规定:“处理个人信息的，应当遵循合法、正当、必要原则，不得过度处理。”

④ 《数据安全法》在第四章详细规定了数据安全保护义务。

信息主体的同意，但是对于私权主体而言必须要取得信息主体的单独同意授权。用户对个人生物识别信息收集的授权大多是针对生物识别技术提供的服务，信息处理者与用户签订的授权协议也只能基于这一目的，信息处理者若要进一步使用用户的个人生物识别信息只能进行再一次授权。对信息处理者来说，这势必会增加其成本。所以，有的信息处理者为了避免日后的麻烦，与用户签订的授权协议往往是“一次授权，终身有效”。他们会选择一站式收集的方式，一次性收集用户的个人生物识别信息，并进行深度处理，并以此来作为大型个人生物识别信息数据库的建设基础。该行为违反了信息处理必须有合法依据原则，要坚决杜绝。信息处理者在处理个人生物识别信息时的目的应当特定、明确，在使用生物识别信息时一定要满足正当性要求。在生物识别信息收集、加工后的保存上，应当按照生物识别信息的不同种类进行分类存储，加强信息安全保障管理。当信息处理者不再提供生物识别技术的相关服务或用户不想再使用相关服务时，信息处理者若还保留有用户的生物识别信息，就违反了目的必要性原则，突破了原授权协议的目的，模糊了生物识别信息的授权使用界限。同时，信息处理者要在管理、技术水平上下功夫，即信息处理者应当不断地对技术进行升级[①]，加强对工作人员的安全保密意识的培养，把信息安全工作体现在日常工作中。

二、权利义务的对应性

由于个人生物识别信息蕴藏着巨大的经济价值，个人生物识别信息的处理者对于信息处理产生日益强劲的需求，引来各路信息处理者争先恐后收集个人生物识别信息，生物识别信息侵权事件也频频发生，信息安全建设的要求愈发显得紧迫。个人生物识别信息的处理者无论是在技术层面还是实际运用中，主观上普遍缺乏对个人生物信息安全保护的意识，客观上

① 参见齐爱民:《个人信息保护法研究》，载《河北法学》2008 年第 4 期。

也未能对各种风险积极采取相应的措施进行有效预防。个人生物识别技术的实际应用受制度、技术等多方面因素限制，利用生物识别技术获取的生物识别信息可以链接其他有关的个人信息，再通过人工智能、数据化处理，可在网络空间中最大限度地形成有关个人的信息集合。由于个人生物识别信息具有唯一性和不可更改性，其关乎自然人的人格权和财产权，生物识别信息一经泄露，会给权利人造成无法弥补的损害。与如此大的风险和漏洞相对应的则是信息处理者因处理个人生物识别信息带来的巨大利益。针对这一矛盾，个人生物识别信息的处理者作为个人生物识别信息法律关系中的义务主体，在收集、分析、利用用户个人生物识别信息的同时，不能只关注自身利益的最大化，一味追求对个人生物识别信息最大限度的利用，还应该负有相应的义务和职责。

在对自然人的个人生物识别信息收集、使用过程中，作为信息提供者的信息主体是基于对信息处理者的信赖签订用户协议，该信赖是合理且正当的，应当得到法律的尊重和保护。在信息主体知情并且同意的前提下，信息处理者获得了收集、使用和储存个人生物识别信息的权利，信息主体授权同意信息处理者进行个人生物识别信息收集、使用的活动，实际上存在个人“透明化”的风险。而正是公众对于生物识别技术本身以及信息处理者有关信息保护措施的信任，才使生物识别技术得以长足发展和广泛应用。信息处理者在对个人生物识别信息进行收集、加工过程中，理应对其行为可能带来的危险承担法律后果。若信息处理者不当收集和使用个人生物识别信息或者不采取安全保护措施保护信息而导致信息泄露，应当被追究相应的法律责任，承担不当处理信息以及信息泄露等责任后果，以对信息主体的权益进行救济。根据权利义务的对应性、权责相适应原则，信息处理者拥有越多的与用户切实相关的个人生物识别信息资源，其相应的安全保障义务的要求也应越高。个人信息权能否得到尊重与实现，在很大程度上有赖于信息处理者是否尊重和认真履行法定义务。①

有鉴于此，信息处理者应当强化技术水平，加强生物识别信息的安全保障措施，保护生物识别信息权利人的权利。同时，应当履行保障信息安全的义务，严格责任制度以进一步巩固生物识别技术应用的可信赖基础，落实权责相统一原则。此举有利于形成公众对生物识别技术的支持和信任，同时能够对信息处理者产生威慑力，避免生物识别技术滥用现象的发生。

三、维护社会公共利益的需要

在与经营者进行交易的过程中，消费者日益沦为弱势主体，消费者是社会上不特定的多数成员，侵犯消费者权利最终会侵犯社会公共利益。为了倾斜保护弱势主体消费者的合法权利，对经营者课以安全保障义务是时代及法治的进步。在信息社会中，每个自然人都是信息主体，作为信息权利人的自然人具有被保护的价值和意义，保护信息主体的权利就是在保护社会整体利益，保护个人生物识别信息的安全就是保护个人信息安全和国家信息安全。

生物识别信息侵权具有隐蔽性、复杂性，甚至无形性，个人生物识别信息侵权的认定存在取证困难、侵权主体难以确定、损害结果难以评估等问题，要想追溯信息侵权的源头进而划定责任极为困难，法律要求更易确定且更有能力保护生物识别信息安全的信息处理者作为义务主体承担相应的义务是公平并明智的，这也更有利于个人生物识别信息的保护。个人生物识别信息的处理者相比之下处于强势地位，信息主体则处于弱势地位。强势主体的利益不能建立在弱势主体的风险之上。因此必须重视个人生物识别信息的安全保障建设，规范信息处理者的行为。对个人生物识别信息进行保护，这是信息处理者当然的义务。

---

① 参见王利明、丁晓东：《论〈个人信息保护法〉的亮点、特色与适用》，载《法学家》2021 年第 6 期。

第三节 信息处理者个人生物识别信息安全保障义务的具体内容

只有对个人生物识别信息侵权进行有效的预防，才能避免给权利人造成损害的情况发生，防患于未然，才能最大限度地保障信息主体的合法权利，这是个人生物识别信息处理者安全保障义务设立的要旨。

一、各国关于信息处理者个人生物识别信息安全保障义务立法规范概述

各国法律都对个人生物识别信息处理者的安全保障义务作出了规范。美国通过隐私法案对信息处理者的安全保护义务作出规定，如伊利诺伊州《生物识别信息隐私法》规定，生物识别信息处理应公开透明；告知义务为书面明确告知；生物识别信息处理目的完成后保留时间不得超过 3 年等。欧盟 GDPR 关于生物识别信息数据处理者的安保义务的规定，是对一般数据与特殊数据分别进行规范，明确对特殊数据应采取与其风险相当的保护措施，这是数据安全保障义务的底线，同时还强调信息控制者在筛选数据处理者时，要考察其是否符合相应的条件，能否承担安全保障义务。GDPR 同时规定，义务主体应当采取数据保护措施。德国《联邦数据保护法》原则上禁止收集和使用个人数据，但法律允许或得到被采集者的同意（一般为书面同意）后，可以采集和使用。[①] 法国《个人数据保护法》扩展了数据控制者和运营商的审查义务。[②] 奥地利《联邦个人数据保护法》规定，数据处理者应依据

① 参见方祥生:《〈数据保护法〉守护个人信息》，载《光明日报》2012 年 12 月 29 日，第 8 版。

② 参见詹紫旋:《法国加强信息保护制定〈个人数据保护法〉》，载《上海法治报》2019 年 1 月 9 日。

数据的种类、级别等采取具体安保措施[1]；奥地利的监管机构是数据委员会，设在联邦总理府。保加利亚《个人数据保护法》也明确了数据控制者和数据处理者的安保义务。[2] 阿联酋《联邦个人数据保护法》规定，数据控制者应采取技术和组织措施，对个人信息实施适当的数据安全标准；数据处理者应当在确定处理方式时或在处理过程中，考虑到措施的成本、范围和目的，在设计阶段采取适合保护个人信息的技术和组织措施（即设计隐私）。[3] 古巴的《个人数据保护法》规定了控制、处理个人数据的义务。[4] 马来西亚《个人数据保护法》对数据控制者安全保障义务进行了详细列举，如通知义务、目的限制义务、保留限制义务、协助义务、数据转移限制业务、数据泄露报告义务等。新加坡《个人数据保护法》规定，数据处理者可以为适当的目的而收集、使用和披露个人数据，2020 年《个人数据保护（修正）法案》增加了数据泄露的强制性通知义务，规定对遭受数据泄露事宜要通知个人数据保护委员会和信息主体。印度尼西亚《个人数据保护法》对数据处理者和控制者的义务、数据的传输，以及个人数据的使用、对违法者处罚等都作了明确规定。2022 年生效的《俄罗斯联邦个人数据法》第 6 条第 3 款规定，除非法律强制提供生物识别信息，否则，数据处理者无权因为信息主体拒绝提供或不同意处理其生物识别信息而不向其提供服务。

可见，各国信息保护法律都针对个人信息义务主体的义务作出规定，尤其是对个人生物识别信息进行特殊规范，对信息处理者的安全保障义务进行明确界定，并严格规范个人生物识别信息的处理程序。此外，国外立

---

① 参见奥地利《联邦个人数据保护法》第 14 条第 1 款。

② 参见 2002 年保加利亚《个人数据保护法》第 23—25 条。

③ 阿联酋《联邦个人数据保护法》第 7 条规定，控制者必须采取技术和组织措施，对个人信息实施适当的数据安全标准，维护其机密性并保证其完整性，同时考虑到处理的性质和目的以及对信息安全可能带来的风险。第 8 条规定了数据处理者的特殊义务，包括在确定处理方式时或在处理过程中，考虑到这些措施的成本、范围和目的，在设计阶段实施适合保护个人信息的技术和组织措施（即设计隐私）。

④ 古巴议会于 2022 年 8 月 25 日通过的《个人数据保护法》第三章是“个人数据处理”，就个人数据的控制、处理个人数据的义务，以及违法责任进行了规定。

法大多对信息控制者和信息处理者的安保义务分别进行规制，目的是要求信息控制者应谨慎选择信息处理者，信息处理者应当采取适合保护个人信息的技术和管理措施，确保信息处理者既有信息处理的能力，也能够保障信息安全，最终达到确保个人生物识别信息安全的目的。

关于个人信息的安全保障义务，我国相关法律法规作出了明确规定，如民法典[①]、个保法[②]、电子商务法等。网络安全法基于对个人信息的保护而为信息处理者设定相应的义务，该法规定的安全保障义务重点是关于网络的运行安全和网络的信息安全，明确了收集、使用个人信息要保密并遵循合法等原则，包括目的要公开且经信息主体同意，个人信息与隐私存在普遍与特殊具体关系[③]，还规定了信息处理者的各项义务[④]，对信息处理者的个人生物识别信息安全保障义务提出了更高的要求。《数据安全法》第四章为“数据安全保护义务”，第 13 条侧重从宏观层面保障数据安全。[⑤] 消费者权益保护法规定了经营者的安全保障义务[⑥]，《信息安全技术　个人信

① 《民法典》第 111 条规定，自然人的个人信息受法律保护。任何组织或者个人需要获取他人个人信息的，应当依法取得并确保信息安全，不得非法收集、使用、加工、传输他人个人信息，不得非法买卖、提供或者公开他人个人信息。

《民法典》第 1038 条规定，信息处理者不得泄露或者篡改其收集、存储的个人信息；未经自然人同意，不得向他人非法提供其个人信息，但是经过加工无法识别特定个人且不能复原的除外。

② 《个人信息保护法》第五章规定了个人信息处理者的义务。

③ 《网络安全法》第 40 条规定，网络运营者应当对其收集的用户信息严格保密，并建立健全用户信息保护制度。

④ 《网络安全法》第 42 条规定，网络运营者应当采取技术措施和其他必要措施，确保其收集的个人信息安全，防止信息泄露、毁损、丢失。在发生或者可能发生个人信息泄露、毁损、丢失的情况时，应当立即采取补救措施，按照规定及时告知用户并向有关主管部门报告。

⑤ 《数据安全法》第 13 条规定，国家统筹发展和安全，坚持以数据开发利用和产业发展促进数据安全，以数据安全保障数据开发利用和产业发展。

⑥ 《消费者权益保护法》第 29 条规定，经营者及其工作人员对收集的消费者个人信息必须严格保密，不得泄露、出售或者非法向他人提供。

息安全规范》规定了信息处理者的安保义务[①]。个人生物识别信息是典型的敏感个人信息，对于信息处理者而言，对其义务要求更加严格体现了我国个人生物识别信息法律保护的进步。

二、个人生物识别信息安全保障义务的具体内容

生物识别信息安全保障义务有积极的作为义务，也有消极的不作为义务。消极的不作为义务要求信息处理者不能随意去处理他人的生物识别信息，不能侵犯他人的生物识别信息；积极的作为义务要求信息处理者在收集、使用他人的生物识别信息时，必须遵守法律法规的规定，积极采取相关安保措施，保护个人生物识别信息的安全。积极的作为义务要求信息处理者尽量把生物识别信息应用的风险控制在最小程度，从而保障个人生物识别信息的安全。安全保障措施既包括技术方面的保护措施，也包括管理措施。[②]生物识别信息安全保障义务是信息处理者的法定义务，具体而言，该义务包括谨慎保管义务、告知义务、协助义务等。

（一）谨慎保管义务

信息处理者对他人个生物识别信息进行收集、加工、分析后通常以数字化形式对这些信息进行存储。这些数字化存储不但记录着信息主体的个人生物识别信息，而且还蕴含着丰富的商业潜在价值。一些信息处理者会私下进行信息交易，或者把用户的个人生物识别信息进行二次利用以实现商业利益最大化，不法分子还会利用个人生物识别信息实行犯罪，这些行为会严重损害信息主体的合法权利。对此，我国民法典、个保法、数据安

① 《信息安全技术　个人信息安全规范》6.3 规定，信息处理者在传输和存储个人敏感信息时，应采用加密等安全措施；原则上不应存储原始个人生物识别信息（如样本、图像等）；在使用面部识别特征、指纹、掌纹、虹膜等实现识别身份、认证等功能后删除可提取个人生物识别信息的原始图像。

② 参见解正山：《数据泄露损害问题研究》，载《清华法学》2020 年第 4 期。

全法、消费者权益保护法均明确规定，义务主体应当履行谨慎保管义务，保护用户的信息安全。[①] 网络安全法对信息处理者的谨慎保管义务提出了更高的要求。[②] 因信息处理者对个人生物识别信息具有实际控制力，其在控制生物识别信息时，应当按照法律的规定，从信息的分类管理、信息安全风险评估、监测预警、应急处置、安全审查等各个方面入手，切实履行信息安全保障义务。

在实践中，谨慎保管义务的切实履行主要体现在以下几方面：一是加强内部工作人员的管理。建立科学的管理制度，设立专职监督和检测部门以保证个人生物识别信息数据库的安全；完善信息安全内控制度，保证工作人员具有相应的业务能力；加强对工作人员的管理和考察，防止工作人员在工作过程中泄露或非法查询生物识别信息；禁止工作人员对个人生物识别信息进行非法交易。二是采取相应合规保护措施。生物识别技术实质上是一套较为复杂的代码设计程序，其由数据与算法共同完成，收集并经加工的个人生物识别信息进入存储环节，应该满足保密性要求，对生物识别信息进行分级保护。三是加强日常管理。信息处理者应当定期进行技术维护，以提供充足的技术保障；加强系统的安全防范，确保系统能够抵御非法侵入。若发生或将发生信息泄露，要及时予以补救，维护个人生物识别信息安全。在发生个人生物识别信息泄露事件时，信息处理者应当承担防范信息泄露的责任。总而言之，对信息主体生物识别信息进行规范化的

① 《消费者权益保护法》第 29 条第 2 款规定，经营者及其工作人员对收集的消费者个人信息必须严格保密，不得泄露、出售或者非法向他人提供。经营者应当采取技术措施和其他必要措施，确保信息安全，防止消费者个人信息泄露、丢失。

② 《网络安全法》第 40 条规定，网络运营者应当对其收集的用户信息严格保密，并建立健全用户信息保护制度。第 42 条规定，网络运营者不得泄露、篡改、毁损其收集的个人信息；未经被收集者同意，不得向他人提供个人信息。但是，经过处理无法识别特定个人且不能复原的除外。网络运营者应当采取技术措施和其他必要措施，确保其收集的个人信息安全，防止信息泄露、毁损、丢失。在发生或者可能发生个人信息泄露、毁损、丢失的情况时，应当立即采取补救措施，按照规定及时告知用户并向有关主管部门报告。

保管和利用，是信息处理者当然的义务。

（二）删除义务

随着大数据时代的到来，数据因其价值的日益高涨而被人们称为是“数据石油”。信息处理者已经从传统的商品服务获利模式转变为依据数据获利模式。[①] 正是因为携带了大量的个人信息，数据才具有价值。个人生物识别信息一经信息主体同意收集，便视为信息处理者对个人生物识别信息享有使用权。由于其具有极大的价值性，难免会出现过度收集和使用的情形，严重侵害信息主体的权利。在此情况下，为保护信息主体的权利，信息处理者应当通过信息集合的目的判断信息价值的变化，建立起类型化的个人生物识别信息保存期限制度，信息处理者应当尽量缩短信息使用时限，并提前以明确方式告知信息的保存期限。除了告知信息主体使用时限外，时限届满时也应当向信息主体发出通知。此外，对已过使用时限的个人生物识别信息应当定期进行删除、清除残留信息，以确保信息不再被留存。由于信息处理者处于商业信息的终端位置，对个人生物识别信息的扩散有预防的义务，基于信息处理者的特殊性和其自身所具有的技术优势，对到期后的个人生物识别信息进行必要的清理，才能保证用户在交易后或者浏览网页后不会出现泄露个人隐私的风险。

信息处理者的删除义务是保障信息主体落实查询、异议、更正、删除等权利的重要保障方式。网络安全法规定，网络运营者有删除或者更正的义务。[②]《电子商务法》第24条确认了电子商务经营者所具有的删除和更

① 参见谷丹：《论被遗忘权在中国的前景》，载《重庆理工大学学报》2016年第11期。

② 《网络安全法》第43条规定，个人发现网络运营者违反法律、行政法规的规定或者双方的约定收集、使用其个人信息的，有权要求网络运营者删除其个人信息；发现网络运营者收集、存储的其个人信息有错误的，有权要求网络运营者予以更正。网络运营者应当采取措施予以删除或者更正。

正的义务。[①] 信息主体发现信息处理者有违反法律的行为，侵害或可能侵害信息主体的权利，享有向信息处理者申请断开链接、屏蔽或者删除措施的权利。信息处理者应当依信息主体的申请或依政府机关等公权力主体的要求将相关个人生物识别信息及时删除。信息主体对生物识别信息提出异议，或者要求更正时，信息处理者为了达到删除信息的目的，可先进行形式审查。形式审查完毕后，对符合要求的申请，信息处理者应即刻采取删除、屏蔽、断开链接等措施，及时更正或删除错误信息；对于非法收集、使用个人生物识别信息的信息处理者，经信息主体的请求，信息处理者必须删除该信息。如果由于安保措施不到位，或缺少必要的安保条件，导致生物识别信息在处理过程中发生泄露、遗失等状况，信息处理者则须采取补救措施以防扩大损害，同时向相关部门报告。

信息删除的基本要求是不能识别出原来的信息主体。信息处理者通过科技手段对生物识别信息进行到期清理，使其无法恢复，查不到信息输出者，才算得上是对个人生物识别信息完整的保护。具体的清理标准，应当根据生物识别信息所属的类型来决定。对于出于商业目的（交易型和协议型）的个人生物识别信息，由于与用户隐私的关联度比较强，这类个人生物识别信息可以识别确定个人身份，通过第三方的用户搜索列表可以勾勒出用户的轮廓性概貌，从而推测出具体用户的细节性画像。所以，这类个人生物识别信息到期后必须彻底清除，以阻止信息被恢复到原始状态。对于那些浏览型和无协议型的个人生物识别信息，用户可以在浏览网页时，由信息处理者在网页界面上设置关于清理隐私的弹跳窗口，由信息主体决定是否直接删除。若信息主体选择删除，信息处理者则应当予以配合。信

① 《电子商务法》第 24 条规定，电子商务经营者应当明示用户信息查询、更正、删除以及用户注销的方式、程序，不得对用户信息查询、更正、删除以及用户注销设置不合理条件。电子商务经营者收到用户信息查询或者更正、删除的申请的，应当在核实身份后及时提供查询或者更正、删除用户信息。用户注销的，电子商务经营者应当立即删除该用户的信息；依照法律、行政法规的规定或者双方约定保存的，依照其规定。

息处理者处置完毕后，应当将处置结果明确告知信息主体，并说明理由，如果生物识别信息没有达到删除的标准，应明确、详细告知，并告知信息主体可以通过法律程序解决纠纷。

（三）告知义务

在大数据背景下，个人信息自决权的行使很不容易，以此为基础进行个人信息控制权的流动也变得越来越不稳定。在一般情况下，信息主体理所应当地享有知晓自己个人信息尤其是个人生物识别信息流向的权利，该知情权利的行使有赖于信息处理者如实履行告知义务，权利人只有在完全知情的情况下，充分衡量自己的得失，才可以作出最符合心意的决定，从而实现真正的意思自治。信息自决权实质上是信息主体自主决定和自由决定的表现，这种行为实质上在法律上是由"同意"来保证实现的，同意的法律性质应理解为授权，即信息权利人将个人生物识别信息的控制权授权给信息处理者，经过授权后，信息处理者才能对他人的生物识别信息进行处理。[①] 信息主体可以根据自己的需求和喜好，选择个人生物识别信息被应用的领域、形式等，避免他人过分地控制自己的个人生物识别信息，双方间形成制衡。[②] 信息主体是否能够作出同意的决定，一个先决条件就是要充分知情，而知情的关键又在于信息处理者能否如实履行告知义务。在美国伊利诺伊州 McCullough 起诉智能储物柜公司 SmartCarte 案中，原告诉称被告智能储物柜公司未履行告知义务，没有征得其同意收集并储存她的指纹信息。关于指纹信息储存的时间、指纹信息利用后的处理政策，是否进行销毁、如何销毁既未告知，也未取得原告的书面授权同意，被告显然已经构成违法。最终，伊利诺伊州法院判决被告违反《生物识别

① 参见朱沛智:《论生物识别信息保护中的知情同意原则》，载《西北师大学报（社会科学版）》2023 年第 5 期。

② 参见刘康乐:《人格权体系中的个人信息保护研究》，载《铜陵学院学报》2018 年第 4 期。

信息隐私法》中关于信息处理者告知义务的规定而败诉，判令其删除原告的指纹信息。[①]

各国的信息立法中大多明确规定告知义务是信息义务主体的基本义务。对于个人生物识别信息而言，信息义务主体的告知必须是书面明确告知和单独告知。[②] 我国消费者权益保护法规定，经营者处理个人信息应当保障消费者知情同意权。[③] 个保法明确规定了个人信息处理者的告知义务[④]，还特别规定了国家机关处理个人信息的告知义务[⑤]，也明确规定了处理敏感个人信息的告知义务[⑥]。信息义务主体的告知义务要求信息处理者必须建立有效的信息披露制度，使信息主体能够及时掌握其生物识别信息所处的状态，及时防范可能发生的风险，从而做好防御措施。

信息处理者在处理个人生物识别信息的过程中，必须将其所收集信息

---

① See 2016 WL4077108：United States District Court,N.D.Illinois.Adina MCCOLLOUGH,individuallyandonbehalfofallotherssimilarlysituated,Plaintiff,v.SMARTECARTE,INC.Defendant.CaseNo.16C03777,Signed08/01/2016,［DB/OL］：Westlaw.

② 美国伊利诺伊州《生物识别信息隐私法》规定，信息处理者的“告知”义务是“书面明确告知”。义务主体在生物识别信息收集之时，应当以书面形式明确告知信息主体关于生物识别信息收集的方式、使用目的、使用方式、信息的储存，以及信息利用之后的处理政策。在权利主体作出书面同意表示、进行授权之后，才能对信息权利主体的生物信息进行收集和处理。

③《消费者权益保护法》第 29 条规定，经营者收集、使用消费者个人信息，应当遵循合法、正当、必要的原则，明示收集、使用信息的目的、方式和范围，并经消费者同意。经营者收集、使用消费者个人信息，应当公开其收集、使用规则，不得违反法律、法规的规定和双方的约定收集、使用信息。

④《个保法》第 17 条规定，个人信息处理者在处理个人信息前，应当以显著方式、清晰易懂的语言真实、准确、完整地向个人告知下列事项：（1）个人信息处理者的名称或者姓名和联系方式；（2）个人信息的处理目的、处理方式，处理的个人信息种类、保存期限；（3）个人行使本法规定权利的方式和程序；（4）法律、行政法规规定应当告知的其他事项。

⑤《个保法》第 35 条规定，国家机关为履行法定职责处理个人信息，应当依照本法规定履行告知义务；有本法第 18 条第 1 款规定的情形，或者告知将妨碍国家机关履行法定职责的除外。

⑥《个保法》第 30 条规定，个人信息处理者处理敏感个人信息的，除本法第 17 条第 1 款规定的事项外，还应当向个人告知处理敏感个人信息的必要性以及对个人权益的影响；依照本法规定可以不向个人告知的除外。

的内容、存储方式、应用范围以及应用的目的和该目的实现后此信息的去向等相关事由，清晰、明确地告知信息主体。具体而言，包括以下几个方面：首先，对信息主体的生物识别信息如人脸、指纹信息进行收集、使用时，应当告知信息主体收集和使用信息的目的、用途；其次，在生物识别信息加工、使用的过程中，要告知收集、使用信息主体的生物识别信息的范围和权限；最后，对生物识别信息处理处置完毕后，应当明确告知用户生物识别信息的处置结果。也就是说，对于信息处理者来讲，告知义务即信息披露制度是一种动态机制，信息义务主体对个人生物识别信息处理的全过程都要如实告知信息主体，即义务主体必须将个人生物识别信息收集、应用的目的、内容、应用范围、存储方式，以及该目的实现后生物识别信息的去向等相关事项，清楚明白地告知信息主体，使信息主体可以了解生物识别信息的动态，从而对可能出现的风险进行防范。虽然立法规定只有在信息义务主体履行告知义务，把相关事项告知权利主体，并得到其明确同意后才能收集个人生物识别信息。但是在实践中，关于生物识别信息的收集，很多信息主体并不知情。

由于信息的流通和更迭非常快速，很多信息处理者出于后续使用的便利性考量，往往把个人生物识别信息使用的目的、范围等隐藏于服务条款之中，或者在告知用户时会刻意回避其收集、使用生物识别信息的具体内容，而仅做概括性表述或模糊性描述，这种做法使信息主体难以知情。法律对敏感个人信息处理的规定不同于一般个人信息。在告知上，个保法规定敏感个人信息的处理者的告知不能是泛泛告知，而应当采用单独告知。对于单独告知的应用，可以要求信息处理者将个人生物识别信息收集的目的、处理方法、手段、结果，翔实地告知信息主体。信息处理者将真实的情况告诉给信息主体，让其评估个人生物识别信息收集、使用所带来的后果，从而作出符合真实意愿的决策。在适用个人生物识别信息单独告知时，信息处理者必须改变以往以改善服务质量、提升用户体验等收集用户生物识别信息为借口的习惯，明确告知信息主体个人生物识别信息处理的特定目的和相关内容，展示信息处理与提供相关具体的服务或功能之间的必然联系，单独告知可采取多种形式，在对相关生物识别信息进行处理之前告知信息主体。[①] 信息处理者在履行告知义务时，应当采取真实、准确、完整的表达方式，用清晰通俗明白的语言完成告知，也可以根据实际情况采取多元方式充分告知信息主体，可以按照不同项目进行分类而采取不同的告知方式进行。充分告知是为了增强个人生物识别信息处理的透明度，让信息主体自主决策。

（四）配合协助义务

配合协助义务是指信息处理者应当为信息主体的个人生物识别信息权利的行使提供必要的便利和条件，针对信息主体的请求应予以积极配合与协助。该义务具体包括对信息主体提出的关于个人生物识别信息的访问权，以及更正、删除、限制处理权等进行相对应协助的义务。如针对信息主体访问的请求，信息处理者可以采取开启信息系统部分访问权限、提供软硬件支持，以及安排专门辅助该工作的专业人员等方法，来协助权利人行使该项权利；针对权利人更正的请求，可以依照信息主体的要求，及时更正仍具备使用价值的不正确的生物识别信息、完善不充分生物识别信息；针对信息主体删除的请求，可以依信息权利主体申请或依公权力机关职权将相关个人生物识别信息及时删除。此外，信息处理者在尽到保障知情同意的告知义务时，还应当为信息主体提供便捷的拒绝方式。个保法对此作出了规定。[②] 所谓“便捷”，是指信息处理者提供的拒绝方式必须和同意的选项同时出现，且应以明示的方式告知，拒绝方式不得以单独选项的方式藏在某项设置中，更不能设置比选择同意授权更为复杂难懂的程序，来迫使

---

① 参见韩旭至:《敏感个人信息处理的告知同意》，载《地方立法研究》2022 年第 3 期。

② 《个保法》第 24 条第 2 款规定，通过自动化决策方式向个人进行信息推送、商业营销，应当同时提供不针对其个人特征的选项，或者向个人提供便捷的拒绝方式。

用户接受授权条款。信息主体的拒绝权，是对个人信息处理者通过自动化方式作出的决定基于个人利益的拒绝。[①] 虽然信息处理者作出的决定可能会对个人信息权益有重大影响，但是这并不是信息主体行使拒绝权的必要条件。对于信息主体来讲，拒绝权是其可以随时行使的权利，只要其不满意决策的结果就可以拒绝。信息处理者必须为信息主体提供拒绝的方式，也不得以此为由影响对信息主体的后续服务。总之，信息处理者在收集、加工、使用自然人的生物识别信息时，对信息主体的正当请求有配合协助义务。为限制信息处理者的处理权，其收集、使用个人生物识别信息的行为应当受到信息主体的“监督”。[②]

（五）补救义务

信息处理者在发现个人生物识别信息有安全漏洞等风险时，应当积极采取措施进行补救，以防止风险扩大。我国数据安全法规定，数据处理者对于数据泄露或可能泄露负有事后的补救与通知义务，若违反规定，则应当承担相应的法律责任。[③]《民法典》第 1038 条作出了与数据安全法相同的规定，即发生或者可能发生个人信息泄露、篡改、丢失的，信息处理者负有补救义务。[④] 除此之外，《个保法》第 57 条、《消费者权益保护法》第 29 条第 2 款均明确规定义务主体的补救义务，且规定信息处理者采取补救措施，按照规定应当告知自然人并向主管部门报告。

---

① 参见邵春雷:《个人信息保护法规制“大数据杀熟”》，载《民主与法制时报》2021 年 9 月 1 日。

② 参见京东法律研究院:《欧盟数据宪章——〈一般数据保护条例〉GDPR 评述及实务指引》，法律出版社 2018 年版，第 78 页。

③ 《数据安全法》第 29 条规定，开展数据处理活动应当加强风险监测，发现数据安全缺陷、漏洞等风险时，应当立即采取补救措施；发生数据安全事件时，应当立即采取处置措施，按照规定及时告知用户并向有关主管部门报告。

④ 《民法典》第 1038 条第 2 款规定，信息处理者应当采取技术措施和其他必要措施，确保其收集、存储的个人信息安全，防止信息泄露、篡改、丢失；发生或者可能发生个人信息泄露、篡改、丢失的，应当及时采取补救措施，按照规定告知自然人并向有关主管部门报告。

第五章　个人生物识别信息保护的立法现状及存在的问题

第一节　个人生物识别信息保护法律制度的理论基础

在大数据时代，频发的个人生物识别信息侵权引发人们对个人生物识别信息安全的担忧。随着权利保护理念的日益深入人心，个人信息权已经成为人们日益重视的新型权利，作为弱势主体，法律需要给予信息主体个人生物识别信息特别的保护。综观各国对于个人生物识别信息保护的法律制度，其理论基础主要有社会控制论、新公共管理理论和公共利益理论等，这些理论从不同维度对个人生物识别信息保护法律制度的合理性进行了充分印证。

一、社会控制论

社会控制，又称为社会制约、社会整合、社会调整等，它既是一个社会学概念，也是法律社会学概念。法律是实现社会控制的强有力手段，也是社会控制的一种高级专门的形式，法律通过调整人与人之间的社会关系来达到社会控制的目的。对社会进行控制的手段多种多样，法就是对社会控制行之有效的一种方法。法律是国家制定的，并以国家的强制力为后盾的一种社会规范，通过法律对社会的控制，可以引导人们正确行使权利、积极履行法定义务，使社会在井然有序、生机勃勃的良好秩序方面进行运转。[①] 从对个人生物识别信息的保护来看，个人生物识别信息既关系到信息主体的私人利益，具有强烈的私人属性，同时也具有一定的“社会属性”，事关社会公共利益。在大数据时代，信息主体越来越多地以数字化的形式参与社会治理，尤其是政府机关等公权力主体批量收集、使用个人生物识别信息要达到公共治理的目标。从某种程度上来说，应当把生物识别信息作为公共物品加以保护和规制[②]，这样可以更好地促进个人生物识别信息的流通和利用，发挥其社会价值。基于“社会属性”，超越私权观念，将个人生物识别信息视作一种社会资源，可以采取社会控制的方式来激发个人生物识别信息的社会效用。对其进行保护时要权衡信息主体（自然人）民事权益的维护与信息自由流通两大法律价值目标。[③] 社会控制理论的法治思想对我国的个人生物识别信息的保护具有借鉴意义，应当把个人生物识别信息看作是一种社会公共资源，个人生物识别信息的保护和治理应当以“社会控制论”为理论支撑，生物识别信息的利用正当与否不应由个人决定，而应当由社会决定、由法律决定。[④]

从理论上来讲，信息主体对自己的生物识别信息享有控制权，自然人可以决定个人生物识别信息的使用，对自己的个人生物识别信息进行控制。退一步说，权利人至少享有可以了解并掌握被收集的自身生物识别信息状况的权利。但是在现实生活中，一旦个人生物识别信息被收集，即与信息主体发生分离，个人生物识别信息在收集、储存、分析、加工、使用、保存等环节将很难由信息主体掌握和控制。信息主体是没有机会占有个人生

---

① 参见蒋传光:《法治思维：创新社会管理的基本思维模式》，载《上海师范大学学报（哲学社会科学版）》2012 年第 4 期。

② 参见吴伟光:《大数据技术下个人数据信息私权保护论批判》，载《政治与法律》2016 年第 7 期。

③ 参见张力:《法益论视角下个人信息侵权法保护之类型化》，载《重庆邮电大学学报（社会科学版）》2020 年第 3 期。

④ 参见高富平:《个人信息保护：从个人控制到社会控制》，载《法学研究》2018 年第 3 期。

物识别信息并对其享有控制权的，真正享有控制权利的人恰恰是信息处理者，其能够掌控个人生物识别信息流转的各项活动，对个人生物识别信息的控制处于主导地位。在大数据背景下，个人信息自决权的行使很不容易，以此为基础进行个人信息控制权的流动也变得越来越不稳定。而随着数据经济的快速发展和社会分工的日益精细，市场主体之间的合作互动也变得越来越紧密，个人生物识别信息的收集、加工和应用最终被分化在一个又一个的服务提供者之间，对于自然人而言，想要知悉自己的生物识别信息由谁来控制、由谁来处理是非常困难的一件事。收集生物识别信息的主体对自然人的生物识别信息进行收集，软件提供者将收集到的生物识别信息存入数据库，再通过其他软件对信息进行加工，在对信息进行处理的过程中，软件会对个人生物识别信息进行储存和利用。可见，会有很多主体参与到个人生物识别信息的处理活动中，对生物识别信息进行控制，众多主体的参与最终使得信息处理者的身份变得纠缠不清，而被收集信息的信息主体由于无法决定自身生物识别信息的收集和流向，信息自决权也变得越来越弱化。为解决这一问题，根据社会控制论，应当平衡信息主体与信息处理者的利益关系。通过法律对社会进行控制，调整社会关系，对处于强势主体的信息处理者进行必要的干预，予以纠偏，对处于弱势地位的信息主体予以倾斜保护，充分发挥法律调整器的功能。

此外，社会控制论还要求为了实现个人生物识别信息的公共治理目标，在政府机关（公权力主体）作为信息处理者收集、使用个人生物识别信息时，必须通过法律规范来控制其处理行为。在这种情况下，信息主体基于威权必须提供自己的生物信息，无法拒绝，因此，信息主体的地位更加弱势，所以，法律督促作为信息处理者的政府机关（公权力主体）建立个人生物识别信息安全保障制度，采取一系列安全保障措施确保对个人生物识别信息的收集、加工及使用在安全的环境中进行，以保护信息主体的相关权益。

二、公共利益理论

公共利益是与个人（私人）利益相对而称的一个概念，社会公共利益关系全体社会成员的个体利益，社会公共利益由社会成员个体利益集合组成，二者是相互依赖、相互包含的关系，保护个体利益在某些方面就是保护公共利益，公共利益的实现也是个体利益实现的有力保证。由于社会利益具有“社会共享性”，是不特定的大多数人的共有利益。为了“维护公共利益”可以使用个人生物识别信息，但这可能会与个人的信息自决权相矛盾。要解决这种矛盾和冲突，就必须对个人生物识别信息保护中的“法定必需”进行法律上的合法性及正当性界定。同时这也反映出在个人利益与公共利益的冲突问题上，个人要妥协于重大公共利益。

针对法律关系主体之间的利益冲突，利用法律对其进行利益平衡非常重要。加强对信息主体个人信息的法律保护是维护整体社会秩序的必需。[①]个保法作为社会法的重要内容，应使个人利益与社会利益相协调。通过利益平衡，可以实现社会秩序的井然有序，获得社会秩序价值。个人生物识别信息的应用面临更多的风险，在个人生物识别信息的收集、使用过程中，信息主体的权利经常受到侵害。在大数据时代，社会大众普遍已经适应了个人生物识别信息在日常生活中的应用，大多数人并未意识到自己的权利会被侵犯。相对于信息处理者的强势主体地位，信息主体明显处于弱势主体地位。这种弱势主体主要体现为经济性的弱势。经济性的弱势主体是在法律关系中由于实力不强处于不利地位的一方当事人。侵犯众多不特定社会个体成员利益的行为是社会性经济违法行为，而个人生物识别信息往往是大规模侵权的对象，海量的个人信息受到侵害势必会带来巨大的社会风险。个人生物识别信息侵权行为就具有社会性经济违法行为的性质。故此，对个人信息的法律保护已经从对个体权益的保护上升为对社会公共利益的

① 参见陈伟、宋坤鹏:《数据化时代“公民个人信息”的范围再界定》，载《西北民族大学学报（哲学社会科学版）》2021 年第 2 期。

保护。[①] 在个人生物识别信息的法律保护中，为了“维护公共利益”，还必须遵守比例原则、程序正当原则和公平补偿原则。首先，比例原则要求相关政府机关在实施某些行为时，应当协调公共利益的实现和保护相对人利益之间的关系，如果对相对人合法权益造成侵害，则应当将侵害限制在最小范围内。其次，程序正当原则要求相关政府机关必须履行合法的程序来实现公共利益。最后，公平补偿原则要求在信息主体的权利受到侵害后，必须给予相应的公平补偿，以弥补其被侵害的利益。

三、新公共服务理论

公共管理理论是一种公共行政理论和管理模式，“行政就是管理”是公共管理理论所笃信的一条理念。该理论认为在管理方式上，政府运用强制性权力垄断公共事务，在决策方面政府作为管理者其实只是资源的分配者。在这个理念主导下，政府职能逐渐分化，出现了管理危机。为解决官僚体系下行政危机，出现了新公共管理理论。[②] 相对于传统的公共行政理论而言，20 世纪 80 年代出现的新公共管理理论是对传统公共行政理论的发展。新公共管理理论强调政府的目标是努力降低管理成本，做好服务。

新公共管理理论强调政府的职能是服务，而不是掌舵，政府的目标是实现公共利益。因此，厘清公民需求、实现社会效益和公共利益，是政府行政的基本原则和宗旨。人类社会进入信息社会，每个自然人都是信息主体，每个人的个人信息都有可能被收集、使用。随着人们越来越重视对权利的保护，作为新型权利形式的个人信息权已受到人们的普遍关注，作为信息权利人的自然人当然享有其信息权利受保护的权利。与传统的个人权利相比，个人信息权不只涉及自然人的私人利益，还会涉及社会公共利益

① 参见唐守东:《网络时代个人信息保护的公益诉讼模式构建》，载《行政与法》2021 年第 1 期。

② 参见安福仁:《公共管理中的政府采购问题研究》，载《求是学刊》2005 年第 2 期。

与国家利益，其已然超越了私权范畴。信息产业若要健康稳定地发展，必须确保个人信息安全。可以说，信息安全是信息产业发展的一块重要基石。只有将个人信息侵权行为降到最低，才能让信息产业健康发展，才能维持经济发展、社会和谐共处的秩序。在个人生物识别信息领域，通常情况下，个人生物识别信息的使用是批量使用。所以，个人生物识别信息的侵权不只侵犯单个信息主体的权利，还会侵犯众多社会成员的权利。其涉及面之广、危害性之大会使整个信息领域的良好秩序遭到破坏，这种侵权很容易造成社会性侵权事件，最终会损害社会公共利益。对个人生物识别信息的法律保护不仅应对信息主体个体私利进行保护，还应当关注对社会利益的保护，这也是打造服务型政府所必须坚持的理念。① 对于个人生物识别信息而言，确保其安全，不仅意味着在发生个人生物识别信息侵权时能够及时救济受害人，更是要树立社会大众对于个人生物识别信息安全的信心。唯有如此，才能保证信息行业的健康发展。

总之，政府机关在履行职能过程中要注意把握好身份，秉持为公民服务的理念。在个人生物识别信息保护领域，政府不能简单粗暴地把信息主体看作是治理的对象，要注重以人为本，高度重视公民个人生物识别信息权利的保障和优质公共服务的提供。

第二节　个人信息保护法的属性

信息主体作为权利人，享有的个人信息权是一种新型权利，具有跨法律部门、多元特征混合、公法私法融合等特点。② 与此相对应，保护个人

---

① 参见张新宝:《从隐私到个人信息：利益再衡量的理论与制度安排》，载《中国法学》2015 年第 3 期。

② 参见周汉华:《个人信息保护的法律定位》，载《法商研究》2020 年第 3 期。

信息的法律也具有跨法律部门、公法私法混合等特点，只有公私法合力才可以更好保护个人信息①。进入信息时代，信息技术飞速发展，个人信息侵权问题也日益呈现出复杂化态势。法律是人类社会应对现代科技挑战最重要的方式②。个人信息保护法作为保护个人信息的专门性法律，具有明显的综合性，其既调整横向法律关系，也调整纵向法律关系，公私兼顾③，属于公私混合法；既有实体法规范，也有程序规范，是实体法和程序法的统一。

一、个人信息保护法是公私混合法

如今人类所处的社会是一个风险社会，各种风险对人们的生存和发展造成严重的威胁。科技的进步与发展同样给人们带来了科技应用风险，面对这些风险，法律是治理风险的重要手段，可以发挥对科技无序发展和滥用的管控功能。④ 随着人类社会进入社会化大生产时代，很多的社会化问题不断产生，如消费者问题、环境保护问题、劳工问题等。在大数据背景之下，又出现了个人信息保护问题，这些问题都需要法律对之进行调整。调整这些社会化问题的法律具有明显的社会性。社会化问题的出现是社会化经济的必然产物，社会性经济行为导致权利主体所享有的权利是社会性权利。私法维护私人利益，公法维护国家利益，而作为调整社会化问题的法律则维护社会利益，其调整对象是社会性的经济关系，顾名思义，这种法律既调整公的关系又调整私的关系，既调整纵向社会关系又调整横向社会关系。由于它既有公的一面又有私的一面，崇尚的是社会整体利益至上，所以，这样的法律被称为公私混合法、公私交融法或者社会法。个保法就

① 参见程啸：《论个人信息权益》，载《华东政法大学学报》2023 年第 1 期。

② 参见王成：《个人信息民法保护的模式选择》，载《中国社会科学》2019 年第 6 期。

③ 参见王利明：《〈个人信息保护法〉的亮点与创新》，载《重庆邮电大学学报（社会科学版）》2021 年第 6 期。

④ 参见王成：《个人信息民法保护的模式选择》，载《中国社会科学》2019 年第 6 期。

是如此，其具有社会性。由于个人信息既关系信息主体的私人利益，也具有公共流通性的公共属性，因此，个人信息具有个体属性与社会属性的双重属性[①]。信息主体所享有的信息权不同于公权或私权，属于社会性权利，与之相对应的个人信息保护法既调整私的关系也调整公的关系，是公私混合的领域法。[②]

私法调整的是平等主体当事人之间的关系。在个人信息法律关系中，私法只能调整信息处理者为私权主体与信息主体的关系，对于信息处理者为政府机构（公权力主体）的信息处理行为无权调整；公法调整的主体为政府行政机构与行政相对人，但无权调整双方当事人是平等主体的情况。不同于单纯的私法或公法，个人信息保护法的调整对象既包括信息主体与信息处理者之间的关系，还包括监管部门与信息法律关系当事人之间的监管与被监管关系。信息主体与信息处理者（私权主体）之间的关系是合同关系，属于平等民事主体之间的关系，这是个人信息保护法调整的第一位的法律关系；但个人信息保护法不仅规范双方当事人的合同关系，还调整包括政府机关等公权力主体作为信息处理者与信息主体之间的关系，以及监管部门与信息处理者之间的监管与被监管关系。这二者的关系显然不是民事法律关系，而是行政法律关系。另外，在个人信息法律关系中，当事人较为复杂，尤其是信息处理者。以政府机构为代表的公权力主体在个人信息法律关系中的身份问题较为特殊。一方面，其可以成为一方当事人即信息处理者；另一方面，政府机关等公权力主体又基于法律规定承担着个人信息监管的职责，是监管主体。作为个人信息处理者的政府机构（公权力主体）在处理个人信息时，也应当履行相应义务。[③] 除履行信息处理者

① 参见丁晓东:《个人信息的双重属性与行为主义规制》，载《法学家》2020年第1期。

② 参见齐爱民:《论个人信息保护法的地位与性质》，载《中国流通经济》2009年第1期。

③ 《个保法》第二章第三节第33—37条对国家机关公权力主体处理个人信息作了特别的规定。

的保密义务、对信息主体的告知义务外，还应当按照比例原则，考虑相关个人信息收集、使用的目的、手段、范围、内容、限度等，作出相应防范措施以降低这些潜在的信息安全风险；对不同种类的个人信息，应当进行相应程度的加密措施，进行安全管控。在政府机构（公权力主体）处理个人信息过程中，政府机构获取公民个人信息的目的往往在于履行政府职能，提供公共服务与进行社会管理，政府机构收集、使用公民个人信息的行为从性质上来说属于行政行为，政府机构（公权力主体）与信息主体之间的关系是一种行政法律关系，信息主体是行政相对人，与收集和使用其个人信息的政府机关是行政管理与被管理关系。此外，政府机构（公权力主体）收集个人信息的行为可能是一种抽象的行政行为，需要上级行政机关对其进行监督。而作为履行个人信息保护法定职责的公权力主体，其身份不是法律关系中的当事人而是监管主体，其监管的对象就是个人信息处理者（私权主体），监管的目的是对个人信息处理者的行为规制，以此来保护处于弱势地位的信息主体。可见，个人信息保护法中规定的主体既有公权力主体又有私权主体，调整对象既有纵向社会关系又有横向社会关系。

由于私法只能调整信息法律关系中信息处理者为私权主体的信息处理行为，对于信息处理者为政府机构（公权力主体）的信息处理行为无能为力。公民通过行使个人信息权利进行救济的自我保护范式，在个人信息保护领域的救济与监督机制上力有不逮，调整范围有限。而公法领域的个人信息保护可以弥补这一缺憾，通过对作为信息处理者的政府机构（公权力主体）的信息处理行为进行调整，填补个人信息私法保护模式的不足。我国的个保法有很多条款都涉及了“公”的方面[①]，该法中累计20个条文设置了“法律、行政法规”的引致性规定。可见，仅构建私权保护框架难以解决政府机构（公权力主体）在信息处理过程中的乱象问题。公法与私法

① 参见郭小伟、高珺：《个人信息保护公益诉讼条款的理解与适用》，载《中国检察官》2022年第15期。

领域关于个人信息的保护也并非是相互对立的，在个人信息保护的立法中，需要平衡信息保护与信息共享之间的利益，既要保护信息主体的合法权利，也要兼顾个人信息产业的发展。只有构建公私协同治理机制，才能实现个人信息的法律保护。公私协同治理作为共建体系的基础，通过政府机构（公权力主体）自觉履行对生物识别信息的国家保护义务，同时提升信息主体自身的自我保护意识以及能力，从而形成“个人信息保护权——国家保护义务”的框架，达成个体权利保护与国家规制相辅相成的状态。只有公私法两方面同时保护、共同作用，才能有效解决生物识别信息保护难题，实现个人信息保护从自主支配到有序共享的逻辑转换。[①]

二、个人信息保护法是具有跨法律部门调整特点的综合法

个人信息保护属于领域法的范畴，只依靠一个部门法对个人信息保护无法完成。[②] 个人生物识别信息本身兼具私人特征与开放流通的性质，大数据时代的个人信息蕴含巨大的公共利益，具有无法忽视的社会属性，同时既包含人格属性又包含财产属性。双重属性使得个人信息的保护需要通过多个部门法进行调整。因其涉及多部门法的调整，因此具有部门法的交叉性。从个人信息保护立法发展的历史进程来看，个人信息保护与信息化社会的推进是相辅相成的。在进入信息化社会以前，由于信息技术尚未普及，个人信息保护问题并不突出和严重，未能引起社会大众的关注，对个人信息保护也呈现出分散立法的特点。

我国关于个人信息保护的立法大致是先通过刑事立法进行规范，其

① 参见刘艳红：《公共空间运用大规模监控的法理逻辑及限度——基于个人信息的有序共享之视角》，载《法学论坛》2020 年第 2 期。

② 参见谭佐财、冉克平：《论个人信息保护机制的衔接路径》，载《新疆社会科学》2023 年第 2 期。

他部门立法再相继跟进，最后制定专门的个人信息保护法。① 现实生活中，大量的个人信息被不法分子窃取，个人信息遭到泄露，甚至有犯罪分子还利用个人信息实施敲诈、勒索等犯罪活动，严重侵犯了信息主体的权利。刑法通过打击侵犯公民个人信息的犯罪活动有利于保护信息主体的人身、财产安全，预防治理信息犯罪行为。在个人信息权益未上升至权利高度时，法律主要着眼于对侵害个人信息的防御性概括规定和犯罪行为的打击，此时主要是刑法担此大任。我国最早关于打击侵害个人信息犯罪可追溯至《刑法修正案（五）》，主要是打击利用信用卡信息资料犯罪。信用卡信息显然是个人信息的一种表现形式，此时的刑法只针对信用卡信息这一特定领域的信息保护作了规定，并没有涉及其他类型的个人信息，显然保护范围过于狭窄。随后，《刑法修正案（七）》（以下简称《刑七》）和《刑法修正案（九）》（以下简称《刑九》）都对个人信息进行了扩大保护。《刑九》规定的侵犯公民个人信息罪涵盖了《刑七》的出售和非法提供公民个人信息的行为，至此侵犯个人信息的违法行为有了明确的罪名，即“侵犯公民个人信息罪”。② 除了侵犯公民个人信息罪外，刑法还确定了拒不履行信息网络安全管理义务罪。从《刑七》到《刑九》的立法变化表明了刑法对个人信息犯罪打击力度的增强，公民个人信息保护的范围在扩大，刑事立法对个人信息保护呈现扩张态势。③ 刑法的相关规定体现了国家对个人信息相关犯罪的打击力度，但是刑法的特征注定其是事后规制法，不具有对侵犯个人信息行为的预防功能，因此，对个人信息侵权的源头行为惩处

① 参见许娟、秦登峰：《个人信息保护模式的建构》，载《青海社会科学》2022年第2期。

② 《刑法修正案（七）》首次明确规定侵犯公民个人信息罪和出售、非法提供公民个人信罪。《刑法修正案（九）》将两罪融合为“侵犯公民个人信息罪”一罪，将窃取或以其他方式获取公民个人信息、违反国家规定向他人出售或者提供公民个人信息情节严重的行为，纳入刑事打击范围。

③ 参见谭佐财、冉克平：《论个人信息保护机制的衔接路径》，载《新疆社会科学》2023年第2期。

乏力。由于刑法所规制的只是侵犯个人信息的违法犯罪行为，这类犯罪行为在社会中只占一小部分，仅靠刑法无法满足对侵犯个人信息的行为进行有效规制的目的，还需要其他部门法的配合与协调，如行政法对作为信息处理者的政府机构（公权力主体）的规制。为了履行政府职能、提供公共服务与进行社会管理，政府机构为代表的公权力主体需要收集和使用个人信息，于是政府成为个人信息处理者也是顺理成章的事情。政府机关由此收集了大量的公民个人信息，成为最大的个人信息处理者。因此，在政府机关处理公民个人信息的权力限度与防止权力滥用方面，便形成了行政法方面相应的法律规定。如在政府信息公开的范围中，涉及个人隐私的信息被排除在外[①]；对该类信息，国家机关负有保密义务。此外，2016年出台的网络安全法在附则中对个人信息进行了界定，并确立了个人信息自决权与删除、修正权。[②] 民法典把个人信息权界定为人格权。[③] 数据安全法以及各种标准和行业规范也有相应的规定。2021年个保法的施行标志着我国个人信息保护立法体系进入新的发展阶段，弥补了我国关于个人信息保护专门立法的空缺，初步形成了关于公民个人信息权益保护的具体方案。个保法作为个人信息保护领域的专门法律，对于个人信息的法律保护具有统领性。《个保法》总则第1条指出"根据宪法，制定本法"，说明宪法是个人信息保护法的立法依据和立法基础。

从目前的个人信息保护立法来看，单独的部门法对个人生物识别信息的保护确实存在一定的局限性。对个人生物识别信息的保护单纯依靠某一

---

① 《政府信息公开条例》第15条规定，涉及商业秘密、个人隐私等公开会对第三方合法权益造成损害的政府信息，行政机关不得公开。

②《网络安全法》第七章附则第76条第五项规定，个人信息，是指以电子或者其他方式记录的能够单独或者与其他信息结合识别自然人个人身份的各种信息，包括但不限于自然人的姓名、出生日期、身份证件号码、个人生物识别信息、住址、电话号码等。

③《民法典》把个人信息权界定为人格权。把个人信息保护与隐私权并列规定于分则人格权编中，明确了个人信息中的私密信息适用隐私权保护，没有规定的，适用有关个人信息保护的规定。

部门法力有不逮，需要各个部门法的配合与协调。众所周知，在调整社会关系尤其是经济关系时，民商法起到的是“基础”调节作用，网络安全法与民法典所宣告的信息主体享有的信息权利为信息主体的个人信息民事保护奠定了坚实的基础。民法作为调整个人信息法律关系的基础性法律规范，是信息主体提起民事侵权诉讼的法律依据，为信息主体提供了最基础的权利保障与救济机制。当民法不能及时有效地对个人信息进行保护、不能发挥或者不能完全发挥作用时，经济法、刑法、行政法便可以及时跟进，进行兜底保护，以弥补民法调整的不足。经济法、刑法和行政法所起到的是“保障”作用，如在民商法的“基础”调节存在不足和失灵时，经济法则要对民商法调整的社会关系进行二次调整，刑法、行政法的“保障”作用也应及时发挥。从不同角度对社会关系进行调整，可以实现良性互动，从而实现权利保障的作用。在个人信息保护的立法中，需要考虑个人信息保护与个人信息共享之间的利益平衡问题，既要保护信息主体的合法权利，也要考虑个人信息产业的发展①，这个目标单靠某个部门法是无法实现的。目前，我国的民法、经济法、行政法和刑法领域都加强对个人信息的保护，这些法律规范已经构成了较为全面的个人信息保护“防火墙”。② 因此，个人信息保护的立法是一个涉及宪法、民法、刑法、行政法、经济法等多个部门法的综合法律体系。③ 个人信息需要各部门法协同保护，具有明显的综合性，所以其是具有跨法律部门调整特点的综合法。

① 参见吴小帅:《大数据背景下个人生物识别信息安全的法律规制》，载《法学论坛》2021 年第 2 期。

② 参见尹少成:《个人信息保护行政公益诉讼制度的逻辑生成与制度建构》，载《经贸法律评论》2022 年第 6 期。

③ 参见高志宏:《隐私、个人信息、数据三元分治的法理逻辑与优化路径》，载《法制与社会发展》2022 年第 2 期。

三、个人信息保护法是实体法和程序法的统一

个人信息保护法关于个人信息保护的规定既有实体内容规范，如规定了个人信息的处理原则、适用范围、信息主体的权利、信息处理者的义务及责任等实体法内容；也有保证信息主体权利得以实现或行使，义务得以履行和责任得以承担的有关的程序性规范，如规定了信息主体权利救济的程序，并规定了个人信息民事公益诉讼制度[①]，为改善公民个体诉讼维权难提供了有效解决办法。因此，个人信息保护法律制度兼具实体法和程序法的双重规范。

总之，个人信息保护法在构建系统性的个人生物识别信息保护框架时，必须构建契合我国国情的公私领域协同治理的个人信息保护模式，注重从公、私法双重进路的角度提供保护路径。在私法领域通过细化公民个人信息权利的具体内涵，划分信息权受到侵犯的类型，为公民的民事实体权益提供私法保障与个体自我保护的诉讼救济。在公法领域，通过程序法、组织法等规定行政权力的具体行使规则与合规要求，通过救济法在公法领域为个人信息的保护提供公法保护，构建出一套与民法侵权责任体系相衔接的行政主体侵权时的归责机制，明确责任承担的方式等内容，加强公私法领域的对话与沟通，促进公私法协同治理，共同保护公民个人信息权利。除了采用私法、公法对个人信息进行保护外，还应当注重实体法和程序法的衔接；在通过民事私益诉讼为个人信息受侵害的公民提供救济渠道的同时，也需要强调发挥民事公益诉讼、行政公益诉讼的作用。既约束信息处理者作为私权主体的行为，也约束信息处理者作为行政机构（公权力主体）在公权力领域的行为，最大限度地降低对个人信息的损害，全方位对侵犯个人信息行为进行打击。

---

① 《个保法》第 70 条规定，个人信息处理者违反本法规定处理个人信息，侵害众多个人的权益的，人民检察院、法律规定的消费者组织和由国家网信部门确定的组织可以依法向人民法院提起诉讼。

第三节　国内外个人生物识别信息保护立法简介

一、国外关于个人生物识别信息的立法保护

（一）美国

美国比较注重隐私权的理论研究，最早出台了相关法律对隐私权进行保护。1970 年美国颁布《公平信用报告法》，1974 年颁布了《隐私法案》，对联邦政府机关收集、加工、储存，以及公开公民个人信息等作出了详细规定，禁止政府公权力机构未经任何人或任何组织的书面许可向他方披露有关的个人信息。美国公民和在美国取得永久居留权的外国人有权要求政府提供所收集的关于自己的个人信息；如果信息不准确，根据信息主体的合理要求，政府机关还应当进行更正。《隐私法案》首次将诸如指纹、声纹等能够识别身份的个人生物识别信息归入个人信息范畴，纳入隐私权保护范围[①]，开创了对个人生物识别信息保护的先河。该法案虽把生物识别信息归入个人信息中，却没有对生物识别信息的处理进行具体规定。美国是联邦制国家，各州以《隐私法案》为依据，对个人生物识别信息的保护进行单独立法，各自出台专门法案，分别对个人生物识别信息的收集、使用及保护进行了详细规定。各州对个人生物识别信息的保护略有不同，伊利诺伊州在 2008 年颁布了《生物识别信息隐私法》（BIPA），这是美国首个对个人生物识别信息进行专门立法的州。BIPA 规定了生物识别信息的处理规则，收集个人生物识别信息首先应得到信息主体的书面确认，未经同意，不得利用生物识别信息进行谋利；对个人生物识别信息的储存和处理有着很多的限制。同时，BIPA 通过给予信息主体诉权，允许公民个人对于违反《生物识别信息隐私法》的行为提出私人诉讼，来达到保护生物识别信息的目

① 参见付微明：《个人生物识别信息民事权利诉讼救济问题研究》，载《法学杂志》2020 年第 3 期。

的。[①] 该法对其他州的生物识别信息保护法律规范有着重要指引作用。近几年来，实践中适用该法的案例越来越多，如伊利诺伊州的用户以未经同意储存用户生物识别信息为由，将 Facebook 告上法庭。其后，诉讼被合并为集体诉讼。最终，2020 年末，Facebook 公司同意支付 6.5 亿美元与原告达成和解。2022 年，伊利诺伊州的用户向谷歌公司发起了一项集体诉讼，指控谷歌在事先没有经过用户同意的前提下，通过谷歌相册中的工具，将收集到的人脸照片根据相似性进行分类，这一行为违反了该州的《生物识别信息隐私法》，最终谷歌公司通过赔偿 1 亿美元的方式与用户达成了和解。同年，伊利诺伊州用户向 Snap 公司提起集体诉讼。用户认为该公司的滤镜和镜片功能收集用户面部数据违反了该州的《生物识别信息隐私法》。最终，Snap 以 3500 万美元与用户达成和解。[②] 2020 年 5 月，美国民间组织 ACLU 以美国著名人脸识别公司 ClearviewAI 的行为违反《生物识别信息隐私法》为由对其提起诉讼，2022 年 ClearviewAI 接受伊利诺伊州法院提供的解决方案，同意在提供数据库方面被限制，不再对大多数私企或者个人提供免费或者付费的数据库服务。同时，该公司同意在五年内停止对伊利诺伊州的政府机构提供数据库，仅对美国联邦政府以及除伊利诺伊州以外的政府提供服务。[③]

2009 年得克萨斯州出台的《生物特征信息隐私法》也明确要对生物识别信息进行特殊保护，规定信息处理者必须征得信息主体同意才能收集个人生物识别信息，而且不允许售卖和披露生物识别信息。2017 年华盛顿州的《生物特征信息隐私法》规定了生物识别信息处理的具体要求，强调收

① 参见商希雪：《生物特征识别信息商业应用的中国立场与制度进路——鉴于欧美法律模式的比较评价》，载《江西社会科学》2020 年第 2 期。

② 参见孙朝：《因涉嫌未经同意收集人脸信息 snap 以 2.4 亿元达成和解》，载《南方都市报》2022 年 8 月 26 日。

③ 参见周逸婷：《历经两年尘埃落定！美国一人脸识别公司将被限制对私企或个人提供服务》，载 https：//www.sohu.com/a/546370453_121255906。

集使用时必须征得用户同意，并要求义务主体履行告知义务。[①] 2019年旧金山市通过《停止秘密监视条例》，禁止政府机关截留、保存、访问、使用人脸识别技术获取的信息，限制公权力机关对生物识别信息的收集和使用。旧金山市成为美国首个禁止使用人脸识别监控的城市。[②] 加利福尼亚州的加州《消费者隐私法案》（CCPA）于2018年正式颁布，2020年生效，被称为美国最严格的消费者信息隐私保护法。该法通过"概括式"+"列举式"的立法方法，对个人生物识别信息的内涵进行法律界定，并对生物识别信息的范围进行列举。[③] 2023年1月生效的《加州隐私法案》（CPRA）是一部综合性的隐私法，是对加州《消费者隐私法案》（CCPA）进行的修正。CPRA为消费者提供了使用其数据的更多权利，并制定独立的规则，实施机构为加利福尼亚隐私保护局（CPPA）。2020年美国在联邦立法中通过《国家生物识别信息隐私法案》，要求信息处理者在收集和披露个人生物识别信息前，须获得个人的同意；对违反该规定，受侵害的个人有权要求删除信息；信息处理者有义务以类似于组织保护其他机密和敏感信息（如社会安全号码）的方式保护生物特征识别信息。

综上，美国首先将个人生物识别信息纳入"公民隐私权"保护的范围，再通过专门立法对个人生物识别信息的收集、加工及使用的规范进行细化。专门立法的模式强化了对个人生物识别信息的保护，帮助引导信息产业健康发展，减少了信息泄露的风险。美国将个人生物识别信息的法律属性界定为隐私权，与欧盟法律的规定存在一定的差别。美国的生物信息技术比较发达，对生物识别技术采取的是限制发展模式，其对生物识别信息的保护较侧重信息主体知情权的落实，即信息主体对个人生物识别信息的收集

---

① 参见文铭、刘博：《人脸识别技术应用中的法律规制研究》，载《科技与法律》2020年第4期。

② 参见聂洪勇：《美国对人脸识别技术的法律规制》，载《中国审判》2020年第6期。

③ 参见蔡雄山、袁俊：《如何应对人脸识别技术的安全隐忧》，载《光明日报》2019年12月26日，第14版。

是否知情，以及信息处理是否合理；重点规制公权力机关的权力，限制其随意收集、使用公民个人生物识别信息。但是对于私人主体则给予了相对宽松的空间，利用行业严格自律政策来实现保护生物识别信息的目的。

（二）欧盟及其成员国

在个人信息保护的立法方面，欧盟并未采取美国把个人识别信息划归为隐私保护的模式，而是将个人信息从隐私权中独立出来，采用统一立法而非专门立法的形式，把个人生物识别信息视为个人信息的特殊类型，在一般个人信息立法中加以保护。德国于 1977 年颁布《防止个人信息处理滥用法》（人们习惯称其为个人资料保护法[①]）；1983 年，德国联邦宪法法院首次确认了“信息自决权”的概念[②]；1973 年，瑞典颁布了联邦《个人资料保护法》；1978 年，法国颁布了《信息、档案与自由法》[③]，2002 年法国又修改并颁布《隐私和电子通讯指令》[④]。在这些法律中，都有关系个人生物识别信息法律保护的相关规定。法国的《个人数据保护法》于 2018 年 11 月 7 日生效，扩大了责任主体的范围，既包括在法国境内的数据控制者和运营商，也包括为公民提供商品和服务时利用和处理个人数据的境外单位和个人。《个人数据保护法》拓展了法律义务的范围，扩展了数据控制者和运营商的审查义务，数据控制者和运营商除要遵守“避风港规则”外，还应对特定文件作备案登记，对数据使用人的高风险活动作事前审查，对重要的数据信息作加密处理等。此外，如数据控制者和使用者系为了社会公共利益而使用数据信息的，相关部门可另行制定规范，明确合理使用的范

---

① 参见李晓蕊：《德国的个人资料保护法》，载北京法院网，https：//bjgy.bjcourt.gov.cn/article/detail/2007/10/id/857638.shtml。

② 参见邓金凤：《域外消费者个人信息保护法律制度》，载《人民法院报》2019 年 7 月 26 日。

③ 参见刘卓：《法国：全方位维护互联网信息安全》，载《中国青年报》2012 年 12 月 26 日，第 3 版。

④ 参见王林：《国外个人生物特征信息保护经验与启示》，载《上海信息化》2020 年第 2 期。

围。[①] 1984年，英国颁布的《数据保护法》是英国第一部个人数据保护法。

欧盟在1981年发布了《有关个人信息自动化处理的个人保护协定》，1995年颁布了《个人数据保护指令》（以下简称“95指令”），这是首部对个人数据全面进行保护的法案。2018年正式实施的《通用数据保护条例》（GDPR），是对个人信息保护的核心法律，该法把个人生物识别信息明确界定为敏感个人信息；敏感信息的收集和使用必须征得信息主体的明确同意；允许各成员国在特殊情况下对敏感信息的处理不适用GDPR的限制等。[②] 该法对个人生物识别信息制定了比一般个人信息更为严格的制度规范。不像美国赋予各州专门立法的权限，欧盟对于生物识别信息采用的是整体上的制度规范，只赋予各成员国一定的自由裁量权。GDPR的强监管、严执法、高罚金手段在全球范围内产生了巨大的影响力，赋予信息主体对个人信息更多的控制权，对个人生物识别信息的保护更加全面和立体。欧洲议会于2022年4月6日正式通过《数据治理法》（*Data GovernanceAct*），该法的目标是增强全欧洲的数据共享机制；促进数据的可用性，进一步为涉及他方权利的公共数据的二次利用建立统一架构。

（三）其他国家

日本于1982年颁布《个人数据信息处理中的隐私保护对策》。2005年正式实施的《个人信息保护法》，于2015年、2020年分别进行了修改。[③] 修改后的法律增强了用户的权利、加重了信息处理者的义务，加大了惩罚措施。

---

① 参见詹紫旋：《法国加强信息保护制定〈个人数据保护法〉》，载《上海法治报》2019年1月9日。

② 荷兰规定了为完成认证或安全需要时可以处理生物识别信息数据；克罗地亚的新数据保护法对生物识别数据的限制排除适用监控安全系统。

③ 日本2020年修改的《个人信息保护法》把个人生物识别信息涵盖于个人信息之中，规定了生物识别信息的范围：包括人脸、虹膜、DNA、声纹、指纹、步态、静脉认证信息等个人生物识别信息。转引自王林：《国外个人生物特征信息保护经验与启示》，载《上海信息化》2020年第2期。

2012 年 10 月 15 日，新加坡颁布了《个人数据保护法》，在机构设置方面，新加坡政府于 2013 年 1 月 2 日成立了个人数据保护委员会（PDPC），负责管理和执行《个人数据保护法》的相关事项，在企业和用户之间建立可信环境，为新加坡经济的蓬勃发展做出了贡献，并代表新加坡政府处理有关数据保护相关的国际事务。PDPC 设立于新加坡信息媒体发展局（IMDA）之下，IMDA 是新加坡通信信息部（MCI）的主要分支机构，MCI 主要负责监督个人信息保护领域的事项，并负责起草相关政策。

2020 年生效的巴西《通用数据保护法》强调了对个人数据进行有效保护的重要性。古巴议会于 2022 年公布《个人数据保护法》，这是古巴首次专门就个人信息保护立法，以加强对公民个人信息的全方位保护。① 阿联酋和新西兰分别出台《联邦个人数据保护法》和《2020 年隐私法》，加强了对数据安全及个人隐私保护的规制建设。南非《个人信息保护法》于 2020 年 7 月 1 日生效。2021 年韩国修改了《个人信息保护法》，引入了个人信息可携权及对自动化决策的拒绝权。2022 年的泰国《个人数据保护法》规定信息主体享有受法律保护的权利，如果其权利受到侵犯，有权利投诉和要求赔偿。

针对个人生物识别信息的安全问题，大多数国家制定了相关法律予以规范。虽然立法模式不同，但都在一定程度上实现了保护的目的。② 美国采取的是专门立法模式，通过专门立法的制定，加强对生物识别信息的保护；欧盟则采取的是统一立法模式，把生物识别信息归于个人信息，加以保护。首先，目前很多国家的立法对个人生物识别信息的种类进行了扩展，除规定静态生物特征信息（如指纹、人脸、虹膜等）属于生物识别信息之外，还增加了动态的身体行为信息（如行走步态、签名、击键等）也属于

① https：//www.granma.cu/cuba/2022-08-25/publican-en-la-gaceta-oficial-la-ley-de-proteccion-de-datos-personales-25-08-2022-10-08-45.

② 参见沈朝阳：《论人脸识别信息应用的法律规制进路》，载《西部金融》2022 年第 7 期。

生物识别信息，这对生物识别信息的保护呈现出扩张之势。其次，域外国家在对生物识别信息进行保护时，重点强调对信息的处理必须经过用户的同意，严格遵守知情同意规则，即信息处理者应书面告知用户并取得用户的同意，告知必须清晰明确。再次，对生物识别信息的流动，以及个人生物识别信息的收集、使用目的都加以严格限制，且要求个人生物识别信息的处理过程要做到公开化和透明化。最后，对侵权人的法律责任予以明确。侵权人侵犯信息主体的权利须承担赔偿责任。如 GDPR 对共同侵权责任的分担进行了明确，即其中任意一侵权人先承担全部赔偿责任，再向其他侵权人进行追偿。[①] 此外，侵犯信息主体权利情节严重的，还需要承担刑事责任。马来西亚《个人数据保护法》规定，违反一般数据保护义务，可处以不超过 30 万林吉特的罚款和（或）最高 2 年的监禁，或两者兼施；违反注册义务以及非法收集、披露以及出售个人数据行为，可处以最高 5 万林吉特的罚款或最高三年的监禁，或两者兼施。2019 年肯尼亚《个人数据保护的法案》规定，违反法律条款的信息处理者，需要支付 500 万肯尼亚先令（约合人民币 34.41 万元）或者公司收入 2% 中更高的金额作为罚款；更严重的情节，如泄露数据、售卖数据等的行为，相关利益者则有可能面临最高 300 万先令罚款或者 2 年监禁，或两者并处。无论是专门立法保护模式还是统一立法保护模式，都对生物识别信息进行特别保护。

二、我国关于个人生物识别信息的立法保护

对个人生物识别信息的规范，我国目前并没有出台专门立法，而是散见于其他的法律法规之中进行概括保护。2016 年出台的网络安全法首次在附则中界定个人信息的范围包括个人生物识别信息，民法典也作出了同样的规定。作为个人信息领域的专门立法，个保法将个人生物识别信息界定

---

① GDPR 第 86（5）规定："根据第 4 款规定，当一个数据控制者或者处理者支付了全部的损害赔偿，则其应该被赋予向相同事件中的其它责任人追索相应份额的权利。"

为敏感的个人信息。个保法规定，信息处理者在对信息主体的个人生物识别信息进行处理时，要综合考虑行为的必要性，并对信息主体进行告知，规定了处理敏感个人信息的“知情同意”原则。[①] 作为个人信息保护领域的专门立法，个保法对生物识别信息的规范具有统领性。

目前，我国关于个人生物识别信息保护的法律法规在数量上较多、较零散。主要是从四个方面对个人生物识别信息保护进行规范：一是在民法典、刑法、网络安全法、消费者权益保护法等法律层面，对个人生物识别信息保护采取个别条款进行规范。如网络安全法和民法典规定个人生物识别信息是敏感个人信息。二是通过专门立法对个人生物识别信息进行保护，即个保法的具体规范。三是以部门规章以及行业准则、标准等形式，对个人生物识别信息保护进行规范。如《信息安全技术　个人信息安全规范》《电信和互联网用户个人信息保护规定》《信息安全技术　公共及商用服务信息系统个人信息保护指南》等。四是以最高人民法院出台的司法解释形式进行保护。如《关于审理利用信息网络侵害人身权益民事纠纷案件适用法律若干问题的规定》《关于审理使用人脸识别技术处理个人信息相关民事案件适用法律若干问题的规定》等。这些法律规范对于个人生物识别信息的保护呈现出以下几个特点。

一是通过对信息处理者课以相应的安全保障义务来规范信息处理行为。如民法典、个保法、网络安全法等都明确规定了信息处理者对个人生物识别信息进行处理的原则（合法、正当、安全、最小必要性原则）、程序，并要求信息处理者采取必要的技术和管理措施，对个人生物识别信息的收集、加工、分析、使用、流动加以严格限制，且要求对个人生物识别信息的处理过程做到公开化和透明化。在对信息处理者义务进行规制时，作为信息处理者的政府机关公权力主体更是法律重点规制的对象。个保法、民法典、刑事诉讼法、居民身份证法以及《电子数据规定》和《电子数据取证规则》

① 参见《个保法》第 30 条。

《公安机关指纹信息工作规定》等规定了政府机关收集公民个人生物识别信息的内容。如《个保法》第26条规定，在公共场所对个人身份识别信息的收集，应遵守国家相关规定并应尽到提醒义务，且只能用于公共安全目的；《刑事诉讼法》第132条规定，为了确定被害人、犯罪嫌疑人，可以收集指纹信息等生物样本；《公安机关指纹信息工作规定》更是对指纹信息的收集、储存、管理工作进行了详细规范。这些法律法规着重要求政府机关公权力主体不得随意收集、使用公民的个人生物识别信息，要求必须建立完备的个人生物识别信息安全保障措施，以防止政府的公权力侵犯私权现象的发生。

二是明确规定了信息处理者的法律责任。对于侵权的信息处理者的法律责任，法律既规定了其应当承担的私法责任，即民事责任，也规定了应当承担的有公法责任，即行政责任和刑事责任。关于民事责任，当信息主体的权利受到损害时，侵权的信息处理者应当予以赔偿。① 个保法还对于共同侵权责任的分担进行了规定，共同处理信息造成损害时信息处理者应当承担连带责任。② 关于行政责任，信息处理者若违反信息保护义务，可处给予警告，没收违法所得，罚款的处罚。③ 关于刑事责任，刑法规定有

① 《个保法》第69条规定，处理个人信息侵害个人信息权益造成损害，个人信息处理者不能证明自己没有过错的，应当承担损害赔偿等侵权责任。

② 《个保法》第20条规定，个人信息处理者共同处理个人信息，侵害个人信息权益造成损害的，应当依法承担连带责任。在涉及多个信息处理者的情形中由信息处理者证明其不存在因果关系时可以免责，否则其应与其他信息处理者承担连带责任。

③ 《个保法》第66条规定，违反本法规定处理个人信息，或者处理个人信息未履行本法规定的个人信息保护义务的，由履行个人信息保护职责的部门责令改正，给予警告，没收违法所得，对违法处理个人信息的应用程序，责令暂停或者终止提供服务；拒不改正的，并处100万元以下罚款；对直接负责的主管人员和其他直接责任人员处1万元以上10万元以下罚款。

有前款规定的违法行为，情节严重的，由省级以上履行个人信息保护职责的部门责令改正，没收违法所得，并处5000万元以下或者上一年度营业额5%以下罚款，并可以责令暂停相关业务或者停业整顿、通报有关主管部门吊销相关业务许可或者吊销营业执照；对直接负责的主管人员和其他直接责任人员处10万元以上100万元以下罚款，并可以决定禁止其在一定期限内担任相关企业的董事、监事、高级管理人员和个人信息保护负责人。

侵犯公民个人信息罪、个保法也有相应的刑事责任规范。[①]

三是明确规定信息主体的权利。如知情同意权、查询权、访问权、退出权、删除权等，其中对于信息主体的知情同意权尤为关注。个人生物识别信息的处理必须征得信息主体的明确同意，严格遵守知情同意规则。除法律特别规定外，信息主体有随时选择退出信息处理的权利。信息处理者不得再对信息主体的信息进行使用、加工、储存、传递。

可见，与一般个人信息保护相比，我国对个人生物识别信息的保护进行了特别规范。法律明确规定了义务主体的安全保障义务以及相关法律责任。从信息主体的知情同意开始对个人生物识别信息进行收集，再到信息加工、分析、使用、删除全流通过程都予以制度规范，要求信息处理者建立健全个人生物识别信息安全保障措施。并落实信息主体的权利，全面加强对生物识别信息的保护。

由于目前我国已经出台了专门的个保法，对于个人生物识别信息的保护没有必要再进行单独立法，即制定所谓的个人生物识别信息保护法，毕竟个人生物识别信息属于个人信息中的一种。可以在今后对个保法进行修改时，对个人生物识别信息的法律概念、特定主体及其权利义务关系等进行明确界定，增强对个人生物识别信息保护的针对性和可操作性。

第四节　我国个人生物识别信息法律保护存在的问题

由于我国对于个人生物识别信息保护方面的立法起步较晚，个人生物识别信息保护制度体系还不成熟，相应规范尚不完整，对个人生物识别信

① 《个保法》第71条规定，违反本法规定，构成违反治安管理行为的，依法给予治安管理处罚；构成犯罪的，依法追究刑事责任。

息的法律保护整体上呈现以下特点。

一、未明确个人生物识别信息的法律属性

目前我国的相关法律明确个人生物识别信息是个人信息的组成部分，但是并未对个人生物识别信息进行专门法律保护，对其法律属性也没有明确界定。民法典设专章规定了“隐私权和个人信息保护”，明确了个人信息中的私密信息适用隐私权保护，没有规定的，适用有关个人信息保护的规定。隐私既包括自然人的私人生活安宁、私密空间、私密活动，也包括私密信息。民法典对私密信息与非私密信息并未作出具体界定，个人生物识别信息属于敏感个人信息，但其是否属于私密信息值得商榷。在大数据时代，由于生物识别技术的普及，频繁的信息应用使得生物识别信息与隐私的关系越来越紧密。生物识别信息所具有的人身属性也决定了其固有的私密性，其与个人隐私有着密切的关联，二者的确有交叉重叠的部分，但它们并不必然相同，并非所有的个人生物识别信息都具有构成隐私所要求的“私密性”，如自然人的指纹、虹膜、人脸等信息常常暴露于公共场所，这些信息具有更多公开而非私密的社会性。[①] 因此，无法把个人生物识别信息完全纳入隐私权保护范围中。由于隐私与个人生物识别信息的复杂关系，二者边界并不清晰。[②] 现有的人格权中的具体人格权如隐私权无法实现对信息主体全部人格利益的保护。生物识别信息承载的人格利益具有较大的个体差异，与人格权中具体保护的利益不太一致。

此外，个人生物识别信息除了具有强烈的人格属性外，还蕴含财产属性。个人生物识别信息是一项具有特殊性质的财产权客体，通过对个人生物识别信息的加工和数据存储、利用而体现出来个人生物识别信息具有一

---

① 参见胡凌:《刷脸：身份制度、个人信息与法律规制》，载《法学家》2021 年第 2 期。

② 参见冉克平:《论个人生物识别信息及其法律保护》，载《社会科学辑刊》2020 年第 6 期。

定的财产价值。因此，简单把个人生物识别信息归属于人格权是偏颇的。只有准确界定个人生物识别信息的属性，才能实现对其有效保护。

二、个人生物识别信息保护中知情同意原则的实践困境

个人生物识别信息保护中的知情同意原则是指信息处理者在处理个人生物识别信息时应取得信息主体的同意，该同意应在信息主体充分知情的情况下自愿、明确作出的，信息主体有权知晓自己个人生物识别信息的流向。知情同意原则中的同意以知情为前提，知情和同意构成了知情同意原则的核心元素，知情同意原则是实现个人生物识别信息保护的关键。自然人是个人生物识别信息收集、使用的对象，其权利极易受到侵害。相关法律虽然规定了处理个人生物识别信息时的单独同意、书面同意、撤回权等知情同意原则的具体内容，但是在大数据时代，知情同意原则在个人生物识别信息领域的适用仍然存在着不足之处，具体表现如下。

（一）知情原则虚化

在传统的社会交往中，个人信息的流动以征得信息主体的许可使用为主要规则，可以说基本尊重了个人信息自决权，个人是信息的主要处理者。[①] 在大数据时代，由于信息的不对称、力量的不均衡，处于弱势地位的信息主体无法对自己的个人生物识别信息进行有效控制，知情同意原则面临着巨大的法律风险。知情同意原则法律风险产生的原因主要出现在信息处理者的“告知”行为上，即信息处理者的告知行为日益呈现出异化的现象。

具体而言，目前实践中知情原则虚化表现在以下几个方面：首先是信息处理者不告知。在实践中普遍存在信息处理者未履行告知义务而对用户

---

① 参见张衡:《大数据时代个人信息安全规制研究》，上海社会科学院出版社 2020 年版，第 32 页。

的生物识别信息如人脸、指纹信息进行收集、使用，未告知用户收集、使用的目的、用途或未经同意就将生物识别信息转让给第三方机构的情况。其次是不好好告知。不好好告知往往表现在信息处理者在履行告知义务时流于形式。在生物识别信息获取、使用的过程中，通常表现为信息处理者仅仅告知要收集、使用用户的生物识别信息，出于后续使用的便利性考量，信息处理者往往将使用目的、范围等隐藏在服务条款中，或者在告知用户时刻意回避其收集、使用信息的具体内容，仅做概括性描述，或者直接对该内容进行模糊性表述，这种情况会使用户混淆知情内容。此外，不好好告知还有一种情况是信息处理者很难好好告知。在大数据时代，生物识别信息在被处理过程中涉及的主体人数众多，生物识别信息在多次利用的情形下，信息处理者与信息主体之间往往缺乏有效联系。知情同意规则若想要得到与以往相同的效力，信息处理者会付出更大的成本代价，即便是信息处理者也无法完全了解生物识别信息收集、加工、分析、使用的全过程，故其很难完全履行告知义务。

综上所述，由于告知规则缺乏规范，信息处理者在履行告知义务时流于形式，若不加区分地适用知情同意，容易使信息主体陷入告知同意疲劳。① 敷衍和潦草的告知模式会使信息主体的知情权受到侵犯，使得知情原则弱化甚至虚化。

（二）同意原则虚化

当无其他合法性基础时，个人信息的处理都须以信息主体同意为前提。② 信息主体同意的有效要件包括信息主体应当具有同意能力。受大数据时代信息爆炸带来海量而专业的数据信息不断冲击的影响，在个人信息

① 参见常宇豪：《论信息主体的知情同意及其实现》，载《财经法学》2022 年第 3 期。

② 参见李群涛、高富平：《信息主体同意的适用边界》，载《财经法学》2022 年第 1 期。

处理过程中，信息主体的同意作用变得越来越小，可以说很大程度上同意的作用已经弱化甚至虚化。

在实践中，同意规则虚化主要体现在以下几个方面：

首先是信息主体的同意缺乏真实性。信息主体的自决能力是实现个人信息自决权重要的影响因素，知情同意原则的目的在于落实信息自决权，但是目前的同意规则普遍存在适用困境。信息处理者设计的格式化告知同意机制重表示轻意思，对同意真实性保障严重不足，致使同意非真实却有效的情形大量存在。[①] 在履行告知义务时，由于信息处理者所设计的相关同意条款既专业又冗长，用户很难有耐心去仔细阅读，专业且拗口的语言也令人十分头疼，权利主体往往不知道在眼花缭乱中自己到底授权了什么内容，也不知道授权后自己的生物识别信息该如何处理。若要真正实现知情权需要花费大量的时间和精力从同意条款中获得有用的信息，这直接影响权利主体对信息处理同意条款作出真实意思表示的积极性。面对冗长烦琐的协议，有的用户抱着“无所谓”的心态未阅读便直接点击“同意”，大部分用户即使阅读也很难理解其中的各类法律或技术术语，这就导致了用户虽然同意但还是不知情。长此以往，用户会将所谓的“同意”视为一种负担，往往不假思索地点击“同意”。[②] 同意只能轮为一种机械的动作，难以表达信息主体真正的意愿。此外还有许多同意的对象是模糊的，这也难以使用户真正知情，因此影响了同意的质量。在这里，同意条款的签订看似好像尊重了信息主体的意愿，但在事实上，却是削弱了同意的能力，使信息主体的同意失去了自决的意义。

其次是强制信息主体同意现象泛滥。强制信息主体同意是指现在普遍存在且颇受诟病的“使用即同意”模式。对于现在大多数的网络服务，用

---

① 参见于海防：《个人信息处理同意的性质与有效条件》，载《法学》2022 年第 8 期。

② 参见林洹民：《个人信息保护中知情同意原则的困境与出路》，载《北京航空航天大学学报（社会科学版）》2018 年第 3 期。

户想获得相应的服务，先要与信息处理者签订知情同意协议。信息处理者会提供一些“隐私政策”的文件，往往会使用一次概括授权、默认授权与其他授权捆绑等变相强迫的方式取得用户的“同意”，这些行为导致了信息主体的被迫同意。面对既专业又冗长的知情同意协议，大多数用户都不会仔细进行浏览，即使有人花费时间和精力去读完读懂隐私声明的内容也没有实际作用。若想获得某项服务，不管情愿与否，权利主体也没有拒绝的权利。其所面临的选择只有两种：要么“同意”，要么“不同意”，若想要使用该项服务，进入相应的界面，信息主体只能点击“同意”。同意则意味着对与该隐私政策文件有关的内容进行了授权。这种“不得不”的同意方式是目前应用极为广泛的同意模式，在这里，作为义务人的信息处理者明显处于强势主体的有利地位，而信息主体只能处于被动接受、任人宰割的弱势主体地位。该模式的泛滥显然与公平正义相悖，当权利主体对相关内容欠缺知情时，其指向“同意”的法律效果即缺乏合法的基础。该模式的泛滥显然与公平正义相悖，权利主体在对相关内容欠缺知情而作出的“同意”是缺乏合法基础的。[①] 信息主体与信息处理者之间的关系是一种新的实质性的不对称权利关系。[②] 这种同意规则的虚化很难体现出信息主体的意思自治，同意原则从实质要件渐渐蜕变为形式要件。

三、个人生物识别信息侵权认定困难

个人生物识别信息的侵权人违反法律规定，违背信息主体的意志，实施侵权行为造成信息主体权利受到损害应当承担相应的侵权责任。而民事责任制度的不完善，会影响受害人的权利救济。由于大数据环境下个人生物识别信息的特殊性，以及信息侵权的无形性，目前在生物识别信息侵权的认定方

① 参见万方：《个人信息处理中的“同意”与“同意撤回”》，载《中国法学》2021年第1期。

② 参见李彪：《双重规训与有限权利：互联网平台治理视域下的社交自我消除行为研究》，载《西北师大学报（社会科学版）》2022年第5期。

面尚存在取证困难、侵权主体难以确定、损害结果难以评估等问题。

首先，信息主体难以证明侵权人的侵权行为。信息主体处于个人生物信息集合的初始端，是个人生物识别信息的提供者。信息主体所享有的信息权与所有权不一样，所有权的客体能够为所有权人所实际控制，而信息权的客体与权利人是分离的。自从个人生物识别信息被收集后，信息完全掌控在信息处理者手中。在很多情况下，信息主体根本没有意识到自己的个人生物识别信息受到了侵犯。同时，不具备数据处理技能的信息主体对个人生物识别信息侵权的相关证据也很难收集与保存，更别说举证证明信息处理者有过错。

其次，难以证明造成的损害后果。侵犯个人生物识别信息并不必然会立刻导致信息主体的人格权或财产权受到损失。大多数情况下受害人会承受极大的心理压力，为此整日担心不知何时会遭受到隐私被暴露、身份被歧视、钱财被敲诈勒索等境况。这些风险的后果让人难以承受，坐等这些风险的发生会让人们感到莫名恐慌，产生极度焦虑的心理反应。由于侵犯个人生物识别信息而产生的“风险与焦虑”是无形损害，对于信息主体造成的实际损害结果难以认定，这种新型“损害”很难具备足够的“确定性”以满足侵权责任的成立要求。[①] 目前我国民事赔偿责任更倾向于支持有形物质的损害赔偿，并未将个人生物识别信息同一般侵权行为进行区分，认定构成侵权需要具有侵权的损害结果。相较于财产损害，以及与人身伤害相关联的传统精神损害，个人生物识别信息受到的损害由于继发性、无形性、难以衡量性等特征不易识别与认定，这也是司法部门拒绝赔偿的重要缘由，这种新型损害能否被现有损害制度所包含面临法律的挑战。[②] 可见，由个人生物识别信息侵权而导致的精神或者情感一类无形损害的认定比较

① 参见田野:《风险作为损害：大数据时代侵权“损害”概念的革新》，载《政治与法律》2021 年第 10 期。

② 参见解正山:《数据泄露损害问题研究》，载《清华法学》2020 年第 4 期。

复杂，信息主体所提出的赔偿数额一般很难得到法院的支持。

再次，难以确定侵权主体。生物识别技术作为新时代的一项科学技术，具有前沿性的特征，该技术往往可以跨越空间高速传输数据，通过复杂算法的运用对用户进行精准画像。数字技术的推广带动了互联网企业的崛起，推动了各企业的技术升级，携带个人信息的数据成为现代企业的重要资源。[①] 在大数据背景下，个人生物识别信息在收集、储存、使用中会涉及多方主体，个人信息处理者日益呈现多元化态势，范围日益扩大。各行各业的经营者都蜂拥而至，大肆地收集着个人生物识别信息。另外，无须全程跟进，只要参与信息处理的一个环节就可成为信息处理者。由于信息处理者对信息的使用亦体现出多元化趋势，因此，个人生物识别信息在收集、加工、使用的各个阶段都有可能发生侵权，给信息主体造成财产和人身损害，这使得侵权方式变得更为复杂和隐秘，给个人生物识别信息安全带来极大的安全隐患。当受害人发现侵权以及造成损害时，侵权行为或早已结束。受害人一般也不懂自动化技术，无法通过对个人生物识别信息的实际控制而行使个人信息权利，双方当事人之间的信息不对称也使得侵权的时间阶段无法确定。信息主体在权利受到侵害后，难以从复杂的因果关系中将自己利益受损的过程进行还原，无从确定侵权主体。若不能在众多环节中确定侵权主体，则很难使信息主体对其个人信息享有真正的“信息自决权”。

最后，归责原则的适用不统一。依据民法典的规定，对信息侵权采取的是过错责任原则。从司法实践来看，法院也多采用“过错责任”原则，适用“谁主张，谁举证”的举证责任分配方式，被侵权的信息主体面临着举证不能的压力。从主观上讲，在适用过错原则时，信息主体需要证明信息处理者有信息侵权的故意。但在个人生物识别信息侵权纠纷中，信息主体很难举证证明信息处理者主观过错以及侵权可能造成的损失，这十分不

① 参见王鹏飞:《数据安全导向下企业刑事合规保护体系建构》，载《天津师范大学学报（社会科学版）》2022 年第 6 期。

利于个人生物识别信息的保护。关于个人信息侵权的归责原则，目前民法典和个保法的规定是不一样的，民法典采取的是一般的过错责任归责原则，而个保法则采取的是过错推定责任原则。可见，两部法律对此问题的规定不完全一致。对于到底适用何种归责原则，有待于进一步的梳理。个人生物识别信息侵权会使受害人受到侵害，严重的话甚至还会危及生命安全。由于侵权行为与侵权结果在时间上具有分离性，在大多数情况下，信息主体对个人生物识别信息侵权并不知情，再加之侵权手段的隐秘性，又进一步加剧了权利人对是否侵权的不可知性。即便知情，也只能知道侵权损害的后果，很难找到个人生物识别信息侵权的源头，以及传播的途径。若简单地采取一般过错责任原则，会加重受害人的举证责任，使其陷入更为不利的境地。

第六章　个人生物识别信息法律保护的完善

第一节　个人生物识别信息保护中知情同意原则的完善

知情同意原则是以保护信息主体个人信息自决权为目标而存在的原则。目前，我国已经在诸多法律、法规、行业自律文件、相关司法解释中对该原则明确作出规定，足以说明该原则在个人信息保护领域中的重要作用。在生物识别信息处理过程中，信息主体有知晓自己个人生物识别信息被处理的权利，该权利的行使有赖于信息处理者如实履行告知义务，这是信息处理者对个人生物识别信息负有的安全保障义务。

一、知情同意原则的历史沿革

处理个人生物识别信息应经过信息主体的同意，知情同意原则是世界各国法律规定的通用规则。知情同意原则最早起源于医学领域，目的是体现患者的个人自决权。该原则在诞生之初并未得到广泛支持，人们认为医生显然比患者具有专业性，更能作出专业性的判断。直到1914年美国的大法官卡多佐作出一份判决，正式奠定了知情同意原则在医学领域的地位。卡多佐大法官认为，每一个人都有权自主决定如何处置自己的身体，医生未经患者同意进行手术构成侵权，应当承担赔偿责任。[①] 自此以后，知情

① 参见田野:《大数据时代知情同意原则的困境与出路——以生物资料库的个人信息保护为例》，载《法制与社会发展》2018年第6期。

同意原则便成为调整医患关系，尤其是实现患者自决权的基本原则。其后，随着社会的发展，知情同意原则逐渐被应用到其他领域。随着信息时代来临，知情同意原则又当仁不让地成为个人信息保护的一般原则，被各国法律所普遍采纳。在个人信息保护领域，知情同意原则体现为对个人信息进行收集、整理、利用等都需经过权利人同意，并且该同意是在权利人充分知情的情况下作出的。个人信息保护的核心是保障信息主体的信息自决权，个人信息自决权是指信息主体可以自行掌握其个人信息的使用与处理，对其个人信息享有控制和支配的权利，信息自决权充分地体现了权利人的人格独立和人格自由。该权利起源于美国，主张个人对其个人信息享有控制权。德国宪法法院于20世纪80年代也设置了个人信息自决权。知情同意原则虽然不是实现信息权利主体信息自决权的唯一方式，但却是最为真实、有效、便利的实现方式，也是信息主体对个人信息排他权利保障的最好方式，因为信息主体要想真正实现信息自决权就必须想办法解决因信息不对称带来的困境。

早在1980年，经济合作与发展组织（以下简称经合组织）通过了《有关隐私权保护及个人数据跨国流通的准则》，该准则规定收集个人数据应当经过当事人同意。之后，1990年联合国大会通过的《关于自动资料档案中个人资料的指南》、1995年欧盟颁布的《个人数据保护指令》、2004年亚太经济合作组织通过的《APEC隐私框架》均认可知情同意原则，都规定对个人信息进行处理应取得当事人明确同意。GDPR将生物识别信息划入特殊个人信息加以保护，并规定只有经过当事人自愿、同意，才能对个人生物识别信息加以应用，除非政府为公共利益而使用。对于一般个人信息，则删去了“明确同意”的条件，仅需同意即可加以收集、使用。2018年法国的《个人数据保护法》同样规定，只有在当事人同意时法律授权信息处理者才能处理收集到的个人生物信息。欧盟2019年发布《面部识别技术：执法中的基本权利考虑》指出，人脸识别可能会侵害公民权益，应对该行为加以规制。在同意的基础上，GDPR规定“数据主体有权随时撤回其同意”，为了保证同意撤回的适用，同时规定同意撤回不具有溯及力，以及同意撤回应当与作出同意同样容易。[①]

与欧盟的综合立法模式不同，美国采取的是专门立法模式，对数据隐私和安全进行分别保护。1973年《公平信息实践法则》（FIPPS）规定信息主体有权知道他人收集和使用自己的信息；有权拒绝某些信息的使用。1974年的《隐私权法》规定信息主体可决定是否允许政府处理信息。2008年伊利诺伊州《生物识别信息隐私法》（BIPA）规定，生物识别信息的获取、使用等都需书面告知当事人并取得当事人同意，否则应承担相应的赔偿责任。同时该法案还规定了信息收集应合法合规且不能超出同意的范围，且未经信息主体同意收集主体不能转让、披露其所收集的识别信息。2009年得克萨斯州出台的《生物特征信息隐私法》也明确要对生物识别信息进行特殊保护。加利福尼亚州2018年颁布的《消费者隐私法案》（CCPA）也延续了生物识别信息的特殊保护，CCPA规定在某些场景下无须当事人授权或同意即可对当事人个人信息进行收集、使用，但当该利用行为威胁当事人个人隐私时，信息收集者要对信息使用的风险进行评估，并采取相应的救济手段。《2020年国家生物识别信息隐私法案》对生物识别信息进行了概括性规定。此外，美国法律中同样对同意的撤回作出了规定，但与欧盟广泛提倡的做法不同，其同意撤回的条件因采取分散立法也相应地依场景不同而有所不同。

我国在2012年《关于加强网络信息保护的决定》中首次提出个人信息知情同意原则，其中规定使用个人信息应当告知信息收集、使用目的、范围并获得权利人同意。2013年《信息安全技术　公共及商用服务信息系统个人信息保护指南》明确规定公开告知原则、个人同意原则，将知情同意原则分阶段适用。随后，网络安全法、个保法都规定处理个人信息需取

---

① 参见姜野:《由静态到动态：人脸识别信息保护中的“同意”重构》，载《河北法学》2022年第8期。

得当事人同意。之后，越来越多的规范性文件对知情同意作出了规定，如《人脸识别线下支付行业自律公约（试行）》、《个人金融信息保护技术规范》、《信息安全技术　个人信息安全规范》、《最高人民法院关于审理使用人脸识别技术处理个人信息相关民事案件适用法律若干问题的规定》、《信息安全技术　人脸识别数据安全要求》等，上述规范性文件奠定了知情同意原则在个人信息保护领域的地位。

历经多年发展，从医学领域到其他研究领域尤其是在个人信息保护领域，知情同意原则逐步发展成为核心原则，体现着权利人对个人信息所享有的自主决定权。对个人生物识别信息保护来说，意思自治主要体现在信息主体如何行使知情同意权。知情同意原则赋予了信息主体对个人信息的控制权，且排除了其他主体的控制。知情同意原则体现了对信息主体信息保护的“个性”，也体现了个人生物识别信息的“个性”。由于信息自决权实质上是信息主体自主决定和自由决定的表现，这种行为实质上在法律上是由“同意”来保证实现的，同意的法律性质应理解为授权，即信息权利人将个人生物信息的控制权授权给信息处理者，经过授权后，信息处理者才能对他人的生物信息进行处理。对于个人信息的权利人而言，其与信息处理者的抗衡是不对等的，需要制度来对二者的强弱势关系进行平衡。权利人可以根据自己的需求和喜好，选择个人生物识别信息被应用的领域、形式等，避免他人过分地控制自己的个人生物识别信息。信息主体作出同意的决定，一个重要先决条件就是充分知情。信息处理者的告知行为再加上信息权利主体的同意行为，二者充分衔接才能使知情同意原则落到实处。知情同意原则通过维护信息主体的知情权和同意权，防止信息处理者对信息不当利用，从而起到保护自然人信息安全的作用。

二、个人生物识别信息保护中知情同意原则完善建议

（一）告知方式的完善

“告知”是为了保障权利人的知情权，确保其能在知晓“同意”内容及

后果的基础上，自由、真实地作出表意。[①] 在个人信息保护方面，世界各国大都将信息处理者的“告知”列为最基本的义务。信息处理者应当将对生物识别信息的收集和使用明确告知权利人。针对收集、使用生物识别信息中告知不规范的问题，应当积极采取措施予以解决。

首先，应单独告知。现在，大多数信息处理者对个人信息采用的是“一对多”的自动化告知模式。[②] 与一般的个人信息告知相比，个人敏感信息的信息处理者不能泛泛告知，个保法规定了个人敏感信息须征得信息权利主体的单独同意、书面同意。该法规定单独同意是对信息处理者提出了更高的义务要求，概括同意不能作为信息处理者获取利用信息权利人信息的豁免条件。为限制信息处理者随意收集、使用他人的生物识别信息，信息处理者对生物识别信息的处理应严格遵守该规定，且按照比例原则的约束，对信息处理“应当保持最大的克制”。[③] 在适用生物识别信息单独告知时，信息处理者必须改变以往以改善服务质量、提升用户体验等收集用户生物识别信息为借口的习惯，明确告知信息权利主体生物信息处理的特定目的和相关内容，展示信息处理与提供相关具体的服务或功能之间的必然联系。单独告知可采取单独的弹窗、界面、提示条、提示音等形式，且要在进行相关生物识别信息处理之前进行告知。[④] 信息处理者将真实的情况告诉给权利人让其判断，从而作出合理的决策。

其次，应充分告知。信息处理者除了将生物识别信息处理的特定目的、用途告知权利人之外，也应当将生物识别信息的处理方法、手段、收集与

---

① 参见王琳琳:《个人信息处理“同意”行为解析及规则完善》，载《南京社会科学》2022 年第 2 期。

② 参见江林红:《〈个人信息保护法〉中告知义务研究》，载《对外经贸》2022 年第 9 期。

③ 参见张新宝:《〈中华人民共和国个人信息保护法〉释义》，人民出版社 2021 年版，第 252 页。

④ 参见韩旭至:《敏感个人信息处理的告知同意》，载《地方立法研究》2022 年第 3 期。

使用过程中生物识别信息面临的风险、可能遭受的侵害以及救济手段等告知给信息主体，使其了解相关情况及风险。在告知时，撰写同意协议也不应以信息处理者的思维惯性和操作习惯为出发点，而应转变思路，让协议便利于一般用户的阅读、理解，应当采取真实、准确、完整的表达方式，用清晰通俗明白的语言完成告知。建议由相关部门对生物识别信息收集、使用的授权协议即大量的格式合同的编写进行指导或颁布示范文本，从源头上对信息权利主体的同意权益进行保障。信息处理者应当参照指导性规定或示范文本对其格式合同进行修改，但不得进行原则性变动。

为避免因协议内容专业且复杂冗长使信息权利人难以仔细阅读、不能完全理解核心内容情况的发生，信息处理者可以根据实际情况采取多元方式充分告知用户，即可以按照不同项目进行分类而采取不同的告知方式进行。充分告知是为了增强个人生物信息处理的透明度，帮助信息权利主体作出自主决策。① 若未能及时有效地告知而造成信息权利主体的生物识别信息泄露、侵权等损害后果的，信息处理者应当承担相应的赔偿责任。目前我国民法典与个保法对于个人信息侵权的规则原则不一致，民法典采取的是过错原则，个保法所规定的过错推定原则。个人生物识别信息的不当收集、使用会对权利人人身权益、财产权益造成严重损害，甚至危及其生命安全，若一味地采取过错原则很难保证权利人的合法权益。因此，应当采取过错推定责任。只有信息处理者自行证明其已履行或已完全履行相应告知义务，由此所造成的生物识别信息泄露损失或损失的扩大才能由当事人自行负责。通过明确信息处理者未履行或未完全履行有效告知义务的法律责任机制，可以倒逼信息处理者自觉履行告知义务。

此外，信息处理者也可以采用生动形象的告知方式，如设计相应的动画元素，或以视频形式告知用户其生物识别信息将会被用于加工、分析并与其

① 参见向秦：《论个人信息处理中个人同意的“弱化”与信任义务的“补充”》，载《法律适用》2022 年第 11 期。

他信息结合形成个人专属信息，从而由专门的数据公司对个人专属信息进行整理，形成对个人的个性化推荐等用途、范围。由于视频形式抛却了大段专业文字，更加通俗易懂且生动有趣，可以使用户乐意对生物识别信息收集、使用协议的内容有充分详细的了解，使知情后的同意具有实际效力。

（二）同意规则的完善

信息主体的知情权若得到保障，作为强势主体的信息处理者必须如实履行相应的告知义务。同意关乎个人的意思自治和利益维护。[①] 信息主体在充分、完全知情的情况下作出的同意，一定是自主作出的具体的、明确的意思表示。

首先，单独同意是生物识别信息处理的先决条件。《个保法》第 29 条、第 30 条规定，处理个人敏感信息需征得信息主体的单独同意、书面同意。可见，敏感个人信息同意权的行使已由概括同意向单独同意转变。对于个人生物识别信息而言，因其具有高度敏感性，因此应当严格遵守单独同意制度。单独同意的前提是单独告知，单独同意是单独告知的结果。获取信息主体的单独同意是生物识别信息处理的先决条件。只有一一获得权利人的相关授权，才能处理用户的生物识别信息。在此基础上，授权同意书应设计为可选择项，由信息权利主体对其认可的使用目的、用途、范围等事项进行自主选择，信息处理者在处理个人生物识别信息过程中的有关权利行使的其他活动，也不得超出个人生物识别信息经营的目的和个人信息权人的授权范围。[②] 这样可以充分保障权利人行使信息自决权。

其次，建立动态同意机制。由于生物识别信息的处理阶段不同，风险也不尽相同，要想让信息权利主体的同意落到实处，应当建立分阶段同意

① 参见常宇豪：《论信息主体的知情同意及其实现》，载《财经法学》2022 年第 3 期。

② 参见龙卫球：《数据新型财产权构建及其体系研究》，载《政法论坛》2017 年第 4 期。

机制。分阶段同意机制是指信息权利主体在不同的、特定的生物识别信息处理环节（收集、存储、使用、加工、传输、提供、公开）中的同意。信息义务人除了在收集时告知，还要把后续处理个人信息的主体、处理区间、信息安全保护措施等情况也告知给权利主体，且征得其同意。如在对信息权利人的人脸信息进行处理时，一些美图软件可能会自动进行瘦脸、大眼等加工操作活动，这需要信息权利人的明确同意。此外，还应当将在处理过程中遇到的风险以及风险的处理进行如实告知，以进一步征得权利人的同意。分阶段同意是一种动态的同意机制。动态同意使得信息披露与知情同意能够成为一个持续、动态、开放的过程，可以提高同意授权的有效性，实现对生物识别信息的全过程管理。信息主体可以随时在技术平台上了解相应的信息，并自由选择同意或退出。当权利主体明确表示不同意时，信息处理者就不能再使用其生物识别信息进行各种活动。动态同意模式打破了概括同意模式下"初始同意即终身同意"的弊端，即便信息权利主体是在仓促情况下进行的授权同意，其后仍享有任意取消的权利。

此外，若信息处理者在收集信息时尚未确定生物识别信息被收集后将会用于何处，也不能在授权协议上概括要求授权同意，禁止兜底条款的适用。信息处理者应当在目的确定之后以补充协议的方式征得信息主体的同意，若信息权利人不同意则无权对该主体的个人生物识别信息进行加工和使用。为了避免信息处理者过分地控制他人的个人生物识别信息，应该让权利主体根据自己的需求和喜好，选择个人生物识别信息被应用的领域、形式等，这样可以使主体双方之间形成一定的制衡，使信息主体的个人生物识别信息得到更好的保护。

最后，允许同意的撤回。在保障生物识别信息主体行使同意权的同时，也应当允许其行使反悔权，即可以同意撤回。撤回同意是权利主体得以暂时中止个人信息处理者的信息处理活动或部分拒绝信息处理服务的方式。[①]

① 参见张新宝:《论个人信息保护请求权的行使》，载《政法论坛》2023 年第 2 期。

个保法对此已经有所突破，它要求信息处理者应满足信息主体撤回同意的要求，并在信息主体撤回同意后将其个人信息从收集的数据库中删除。① 信息处理者在提供用户协议时，应给信息主体提供可以撤回同意的选项。就像如今的网购一样，商家一般都会在用户下单后提供“取消”订单的选项，消费者下单后反悔的可以行使撤回权。同意的撤回可以在信息处理的任何时候发起，撤回同意一经申请即成立；之后信息主体若同意，信息处理者还可以再进行信息处理活动。撤回同意并不意味着撤销双方当事人之前签订协议的承诺。信息主体的撤回同意大多表现为关闭、删除相关权限等方式，这些行为只会导致对处理信息同意的撤销，信息处理者不能因此拒绝向信息权利主体提供服务，也不得影响信息主体对软件的使用。撤回同意不具有追溯效力，因此信息主体也不得要求信息处理者对撤回同意前的处理行为承担民事责任，信息处理者不得在隐私政策内对权利人的同意撤回权预先排除。② 赋予信息主体撤回同意可以避免信息主体的个人生物识别信息进一步被泄露，使其受到的损害降至最低。

第二节　个人生物识别信息侵权责任制度的完善

随着生物识别技术的不断发展，指纹、人脸、声纹、虹膜、DNA 等一系列个人生物识别信息被广泛地运用到诸多领域，极大地方便了人们的日常生活。与此同时，个人生物识别信息侵权事件也屡屡发生，同其他侵权

① 《个保法》第 15 条规定，基于个人同意处理个人信息的，个人有权撤回其同意。个人信息处理者应当提供便捷的撤回同意的方式。个人撤回同意，不影响撤回前基于个人同意已进行的个人信息处理活动的效力。

第 16 条规定，个人信息处理者不得以个人不同意处理其个人信息或者撤回同意为由，拒绝提供产品或者服务；处理个人信息属于提供产品或者服务所必需的除外。

② 参见万方:《个人信息处理中的“同意”与“同意撤回”》，载《中国法学》2021 年第 1 期。

行为相比，生物识别信息侵权对受害人的损害更大，且损害类型复杂。[①]个人生物识别信息的高速流动使侵权认定中的因果关系变得愈加复杂，当侵权发生时受害人也难以从众多主体中确认实际侵权人，这使得权利很难进行救济。应当建立成熟完备的侵权责任制度，以保障信息主体的权利。

一、个人生物识别信息侵权概述

（一）个人生物识别信息侵权的特点

法律行为是法律关系产生、变更、消灭的主要原因。由于个人生物识别信息存在易受侵害性的特征，在社会生活中受害人可能对于生物识别信息侵权行为无法察觉，因此有必要对侵权行为予以明晰，便于信息主体进行维权。

个人生物识别信息侵权指的是生物识别信息在收集、存储、使用过程中丢失或被盗、被破坏以及其他未经授权的访问或泄露的行为。个人生物识别信息侵权具有以下特点：

首先，侵权行为具有多样性。在生物识别信息侵权案件中，侵权行为的发生主要有两种情况：一是信息处理者所实施的主动侵权行为。信息处理者能够以合法方式收集、加工和使用个人信息[②]，其是个人生物识别信息法律关系中的义务主体，根据法律规定履行相应的义务，也是生物识别信息侵权的主要责任主体。信息处理者所实施的主动侵权行为，表现为未经信息主体同意收集、使用个人生物识别信息，未经权利人同意倒卖个人生物识别信息牟利，泄露信息或者利用算法进行用户画像来引导信息主体消费或进行其他活动，导致对信息主体各种歧视现象发生的行为。二是信息处理者的被动行为。这是由于信息处理者对信息管理的疏忽，导致个人生

① 参见谢鸿飞：《个人信息泄露侵权责任构成中的“损害”——兼论风险社会中损害的观念化》，载《国家检察官学院学报》2021 年第 5 期。

② 《个人信息保护法》第 73 条第 1 款规定，个人信息处理者是指在个人信息处理活动中自主决定处理目的、处理方式的组织、个人。

物识别信息被第三人（包括黑客）侵害的行为。不论是信息处理者主动侵权，还是第三人侵权，侵权表现方式都呈现出多样化、隐蔽化的特点，甚至会出现多因一果的现象，导致个人生物识别信息侵权行为与所受损害之间的因果关系难以证明。

其次，侵权主体具有复杂性。生物识别信息侵权的主要责任主体是信息处理者，而信息处理者又分为政府机关（公权力主体）和非政府机关（私权主体）。在个人生物识别信息的收集、储存、使用过程中会涉及众多主体，信息处理者的范围较大较为复杂。正是因为信息处理者收集和使用个人生物识别信息的行为，才开启了生物识别信息侵权的风险。除了信息处理者之外，个人生物识别信息侵权的主体还包括第三人。因此，个人生物识别信息侵权的主体具有复杂性，个人生物识别信息侵权给信息主体带来各种侵害，复杂化的侵权主体很难具备“唯一性”特征，常常难以确定，更难以证明其存在过错。因此，个人生物识别信息侵权案件中因果关系的认定就显得较为困难。

最后，侵权行为的客体具有无形性。个人生物识别信息是信息主体数字身份的重要组成部分[①]，其关系到信息主体的切身权利。信息可以被无限制地复制、重复利用，不会发生任何损耗。因此，个人生物识别信息具有无形性。随着大数据时代的到来，信息技术的极大发展使得利用信息技术进行的侵权行为更为隐蔽，对个人生物识别信息的复制、筛选、修改、删除等操作可轻易为之，由于损害的无形性导致损害难以评估。在现实生活中，自然人的个人生物识别信息被信息处理者大量地收集和使用的现象比比皆是，在侵权时受害人人数众多，但是因其无形性的特点致使损害难以证明，也正因如此，在个人生物识别信息侵权案件中受害人想要获得赔偿较为困难。

---

① 参见付微明：《个人生物识别信息的法律保护模式与中国选择》，载《华东政法大学学报》2019 年第 6 期。

（二）个人生物识别信息侵权的表现形式

在个人生物识别信息侵权案件中，侵权主体主要有信息处理者和第三人。信息处理者是个人生物识别信息法律关系中的义务主体，信息处理者违反义务性规范侵犯生物识别信息的现象比较普遍。除了直接处理个人信息的人能够成为信息处理者之外，信息处理者还包括利益相关者。个人生物识别信息的应用离不开生物识别技术，在个人生物识别技术开发应用中，有可能存在着开发商与运营商并不是同一主体的情况，但他们都会掌握并控制着他人的生物识别信息，这些利益相关者也是个人生物识别信息最主要的利益相关者。在大多数情况下，他们与信息处理者之间是生物识别信息产业链条中上下游的关系，对个人生物识别信息可以共享。此外，个人生物识别信息侵权主体还包括第三人，生物识别系统在利用信息的过程中，可能出现信息被第三人非法获取、篡改、泄露等情形，这是第三人侵权。

1. 信息处理者的直接侵权

民法典和个保法等法律明确规定，收集、使用个人信息要符合合法、正当、公开、透明、安全等原则，以保障信息主体的自决权、知情权和隐私权。但是在实践中往往会出现信息处理者直接侵犯个人生物识别信息的情形。

（1）非法收集个人生物识别信息。在个人信息保护领域，虽然理论上通常认为“知情同意”是信息主体信息自决权的体现，但如今该制度却受到了挑战，正在逐步异化。[①] 信息主体在向信息处理者进行生物识别信息授权时，往往不是一对一地签订协议，而是通过点击信息处理者提前准备的协议中“我同意”按钮表示同意，并接受格式条款的制约，从而订立协议。信息主体若不同意信息处理者对生物识别信息的采集要求，就无法享受相应的服务。信息主体的个人信息无论是通过算法进行的代码转化还是在网络空间留下的浏览痕迹，都成为信息主体享受经营者所提供服务的代

① 参见朱沛智:《论生物识别信息保护中的知情同意原则》，载《西北师大学报（社会科学版）》2023 年第 5 期。

价。[①] 信息处理者也可能利用格式条款来规避义务，甚至未设置用户协议和隐私政策，或者以默认选择同意隐私政策等方式直接同信息主体签订协议[②]，这都会形成对生物识别信息的非法采集。此外，生物识别技术作为一种“非接触式”技术，可以不经信息主体的同意而直接收集其生物信息，大多数情况下信息主体也意识不到自己的生物信息已被别人采集，如脸部信息可以通过摄像头自动拍摄获取而无须接触。[③]

（2）非法使用个人生物识别信息。个人生物识别信息的使用范围要受到初始收集个人生物识别信息目的的限制，如果在未征得信息主体同意的情况下，擅自将个人生物识别信息用作其他用途，将构成对个人生物识别信息的不当非法利用。个人生物识别信息的使用，应以信息主体的知情同意为基础，不得超出目的限制而滥用。在实践中，个人生物识别信息的使用涉及社会生活的方方面面，有些信息处理者法律责任意识较为淡薄，常常违背信息主体的意志对所让渡的权利进行滥用，增大了对生物识别信息滥用的风险，威胁到信息主体的人格利益和财产安全。在人脸识别第一案——郭某与杭州野生动物世界有限公司纠纷案中，郭某向被告公司进行生物识别信息授权的目的是配合指纹打卡进行入园的使用，但被告却超出这一权限，要求郭某再录入人脸信息才可入园。法院认为，被告的行为超出了事前的目的，造成了侵害原告人格利益的风险，判决被告删除原告的人脸信息。[④]

（3）非法泄露个人生物识别信息。个人生物识别信息的处理会涉及多方主体，主体众多也会加剧信息泄露的风险。信息处理者往往通过网络收

---

① 参见高宁宁：《企业数据财产权的法律属性界定》，载《甘肃政法大学学报》2022年第5期。

② 参见刘素华：《论手机自动记录用户行动轨迹与个人信息保护》，载《法学评论》2020年第5期。

③ 参见于洋：《论个人生物识别信息应用风险的监管构造》，载《行政法学研究》2021年第6期。

④ 参见2020浙01民终10940号判决书。

集和加工个人生物识别信息，网络对于信息的加工和保存具有不稳定性，大大提高了因处理不当而造成信息泄露的风险，给信息主体带来严重的损害。还有一些经营者大量采购个人生物识别信息数据，并进行培训，从而衍生出一条贩卖生物识别信息数据的黑色产业链。这种对个人生物识别信息进行非法贩卖的行为，无疑会泄露他人的生物识别信息。

2. 信息处理者之外的第三人侵权

不可否认的是，个人生物信息的识别技术本身不会产生危害，但是技术却可能被他人不正当利用，造成相应的损害后果。现在各种高新技术发展迅速，不仅仅技术被破解入侵的风险加大，他人利用生物识别信息进行窃取的事件也屡见不鲜。黑客不但能通过病毒或特殊设备，向目标电脑发出电磁波破解生物识别信息；甚至可以通过技术手段，遥控资料库，盗取资料库中的信息；还可通过 3D 打印技术以及照片激活程序对用户的生物识别信息进行破译。[①] 这些情况都毫无疑问地加大了个人生物识别信息被窃取的可能性，不法分子窃取个人生物识别信息，会导致信息的泄露，有些犯罪分子还会利用生物识别信息实施敲诈勒索等犯罪，给信息主体的人身安全和财产安全带来巨大威胁和损害。在这种情况下，会有越来越多的社会大众对生物识别信息的存储技术表现出担心与忧虑。

二、个人生物识别信息侵权的归责原则

在民事侵权责任归责方面，欧盟的 GDPR、德国《联邦数据保护法》、我国台湾地区的“个人资料保护法”等都采取的是举证责任倒置的过错推定原则，即由个人信息处理者举证证明自己尽到了合理的安全保障义务，引起的损失不是自己造成的，否则将承担败诉结果。在我国司法实践中，关于个人生物识别信息侵权归责原则的适用存在争议。民法典和个保法的

---

① 参见唐林垚:《刷脸支付的法律挑战及规制路径》，载《北方法学》2022 年第 1 期。

规定不一致，前者采取的是过错责任，而后者则采取的是过错推定责任。[①]可以看出，个保法采取的归则原则比民法典规定得严厉。

（一）民事责任归责原则的学说

关于个人生物识别信息侵权的民事责任归责原则问题，很多学者都主张采取“多元归责原则”，但关于划分标准学者们看法各不相同。目前学界主要有三种观点。其一为“主体说”。该说根据信息处理者身份的不同，以其是否为公务机关为标准进行划分。若信息处理者是公务机关应当适用无过错责任，若非公务机关应当适用过错推定责任。[②]其二为“主体说+技术说”。该说先是根据信息处理者身份的不同，以其是否为公务机关进行划分，再根据侵权主体是否采用自动化技术来适用三元归责原则。若是政府公务机关，又采用自动化技术实施了侵权，应适用无过错责任；若非公务机关的信息处理者（私权主体）采用了数据自动处理技术实施了信息侵权，适用过错推定责任；非公务机关的信息处理者（私权主体）未采用自动处理技术实施了信息侵权，适用一般过错原则。理由是因为与政府公务机关相比，作为信息处理者的非公务机关（私权主体）无论是在财力、技术，还是在举证、诉讼能力上，都不能与公权力主体相抗衡。[③]其三为“技术说”。该说主张应当根据信息处理者是否运用自动化处理技术为标准来适用二元归责原则。其认为公务机关的信息处理能力未必一定会强于非公务机关。对采用自动化处理技术侵权的信息处理者一律适用过错推定责任；未采用该技术侵权的则一律适用过错责任。这样的话可以使信息处理者承担相同的义务，能够更好地平衡双方当事人的利益诉求，也可以减轻被侵权

---

① 《个保法》第69条规定，处理个人信息侵害个人信息权益造成损害，个人信息处理者不能证明自己没有过错的，应当承担损害赔偿等侵权责任。

② 参见邓佑文：《从身份识别到行为识别——个人信息侵权认定的路径选择》，载《浙江师范大学学报（社会科学版）》2019年第4期。

③ 参见叶名怡：《个人信息的侵权法保护》，载《法学研究》2018年第4期。

人的举证责任。[①]

笔者认为在技术层面上区分归责原则没有太大的实际意义。信息处理者在个人生物识别信息的收集与加工过程中，离不开自动化数据处理技术，而且信息处理者对生物识别信息具有完全的掌控能力，如果侵权就是“危险的开启者”；若是第三人侵权，如黑客攻击或AI换脸，侵权人至少也是掌握技术之人。如果在技术层面进行区分而分别归责的话，给受害人又增加了一道难题，即谁采用了自动化处理技术、谁没有采用自动化处理技术，作为普通百姓的信息主体也无从分辨，这无疑又增加了诉讼成本。因此，笔者更赞同“主体说”的观点，即在主体层面，根据信息处理者是否为政府公权力机关进行区分而分别归责。若信息处理者是政府公务机关（公权力主体），就适用无过错责任；若非政府公务机关（私权主体），则适用过错推定责任。因为政府公权力机关使用生物识别技术处理个人生物识别信息的行为，是在国家强制力的保障之下实施的，一般无须经过公民个人的同意。民众对这种行为只能持开放态度，很难说“不”，也难以对个人生物识别信息泄露的风险进行监督，即使发生损害也很少去寻求救济。[②] 因此，在个人生物识别信息侵权中，法律有必要对政府公权力机关采用最严格的无过错责任归责原则。而作为非公务机关的信息处理者，收集、使用个人生物识别信息必须基于知情同意原则，事前需要征得信息主体的同意才能收集和使用，所以民众大多会持谨慎态度，而且在设计作为私权主体的信息处理者承担侵权责任的认定标准时，采用最严格的标准固然能够保护信息主体权利不受侵害，但也要兼顾信息处理者对泄露事件的可预见性与可负担性。信息处理者采用技术、管理手段保障信息安全的能力通常会

① 参见陈吉栋:《个人信息的侵权救济》，载《交大法学》2019年第4期。

② 为了防止政府控制个人隐私，美国旧金山市成为世界上首个禁止政府机关购买或使用人脸识别技术的城市，欧盟委员会宣布将在三年到五年内禁止在公共场所使用人脸识别技术。

受到经济能力、数据能力的限制[①]，若一味采取“无过错责任”原则会使作为私权主体的信息处理者负担过重，有违公平原则。同时也不宜完全采用“过错责任”原则，因为信息处理者与信息主体的关系毕竟是强、弱势主体的关系，在个人生物识别信息被收集后，信息主体就对信息丧失了控制权。由于生物识别技术具有很强的专业性，加上双方当事人在博弈过程中，具有强烈的信息不对称性，以及生物识别信息侵权的复杂性，受害人也很难证明侵权人存在过错，“过错责任”原则对受害人而言未免有些不近人情、过于严厉，不利于保护信息主体的合法权利。因此，权衡利弊，对非政府机关的信息处理者（私权主体）更宜采用“过错推定责任”原则。这样既可以减轻受害人的证明责任，同时在一定程度上也降低了信息处理者的负担，倘若信息处理者能够举证证明引起的损害不是自己造成的，则不用承担责任。

（二）民法典和个保法在归责原则上法律冲突问题的解决

民法典对个人信息权与隐私权界限的规定尚不明确，个人信息权被笼统认定为精神性人格权，也没有明确规定个人信息权究竟适用何种归责原则。目前在被民法典将个人信息侵权视为一般侵权且法无另行规定的情形下，个人信息权与肖像权、名誉权等一并适用一般过错原则加以归责。但是，在大数据时代，个人信息的处理具有高度不可预测性和模糊性，这打破了信息主体与信息处理者之间的利益平衡，过错责任难以应对大数据时代的个人信息保护危机。[②]个保法注意到了这一点，顺应大数据时代的发展，采用了过错推定原则。面对民法典和个保法在归责原则上存在法律冲突的问题，应当以个保法为准，个保法是调整个人信

① 参见马宇飞：《数据泄露中企业对用户的损害赔偿问题研究》，载《科技与法律（中英文）》2021年第5期。

② 参见张建文、时诚：《个人信息的新型侵权形态及其救济》，载《法学杂志》2021年第4期。

息的专门法律，其与民法典的关系是特别法与一般法的关系，按照法律冲突解决的原则，特别法优于一般法，所以，在个人生物识别信息侵权案件中应当优先适用个保法。

由于民法典适用过错原则确实带来了举证困难等诸多问题，日后在修改时，民法典应考虑个人信息侵权的特殊性，对此予以纠正。而个保法适用过错推定原则，相应地解决了该问题，纠正了信息处理者与信息主体之间强、弱势地位不平等的状况。由于生物识别信息的侵权具有隐秘性，在大多数情况下，权利人不知道权利受到了侵害，即使知道，权利人也很难找到个人生物识别信息侵权的源头，以及传播的途径。若由受害人来承担举证责任显然超出其能力范围，使其陷入更为不利的境地。个保法规定过错推定原则，是对强势主体——信息处理者的义务提出了更高要求，这无疑是出于保护个人信息权益的特别需要。① 这种调整对双方当事人之间的"强""弱"势关系起到了平衡作用，使双方当事人在诉讼地位上趋于平等。但是个保法对信息处理者并未作区分，一律统一适用过错推定原则也欠妥当。作为政府公权力主体的信息处理者与作为私权主体的信息处理者存在较大区别，统一适用过错推定责任难以适用不同的场景，无法更好地实现保护个人信息权利的目的。因此应当分别归责，即明确规定若是政府公权力主体适用无过错责任，若私权主体则适用过错推定责任。这样的二元归责原则能够体现实质公平原则。同样，举证责任的分配也要注重实质正义，与过错推定归则原则相应的举证责任也应是举证责任倒置的配置。这样的配置让信息处理者承担较重的举证责任，能够较好地体现利益平衡原则，有效平衡信息处理者与信息主体之间的权利义务关系，既弥补了受害人举证能力的不足，挽救其困于败诉境地的不利局面，又给予信息处理者一定的抗辩空间，实现了法律作为"调整器"公平合理地调整社会关系的功能。

---

① 参见杨立新:《侵害个人信息权益损害赔偿的规则与适用——〈个人信息保护法〉第 69 条的关键词释评》，载《上海政法学院学报（法治论丛）》2022 年第 1 期。

此时，义务主体需要证明已尽到法律规定的信息安保义务，所发生的侵权与己无关，否则将承担败诉风险。这样有利于督促信息处理者在个人生物识别信息收集、使用过程中严格遵守信息安全保障义务，更好地保障信息安全，以防发生信息侵权。同时也可大幅降低受害人举证的难度，更好地平衡双方的强弱势失衡地位。

（三）适用归责原则应注意的问题

首先，要注意区分信息处理者的身份。个人信息处理者是否为公权力机关，适用的归责原则是有区别的。目前各国针对生物识别信息的保护，多数立法都注意区分信息处理者的身份，法律着重规范作为信息处理者的政府机关（公权力主体）的收集、使用信息的行为。信息处理者为政府机关（公权力主体）就适用无过错责任，若非政府机关（私权主体），则适用过错推定责任。

其次，举证责任的分配应当实行举证责任倒置的原则。信息处理者往往通过生物识别技术收集和加工个人生物识别信息，而生物识别技术又具有很强的专业性，因此要承认原被告因技术原因在举证方面存在能力差异。[①] 为了解决该问题，应当实行举证责任倒置的原则。在个人生物识别信息的侵权责任认定中，由侵权人负责举证证明侵权与己无关，若证明不了，则要承担败诉的风险。

最后，损害赔偿是侵权人承担责任的主要方式。侵权责任有损害赔偿、恢复原状、返还原物等方式，但个人生物识别信息作为敏感个人信息一旦发生侵权就无法恢复原状，其责任方式主要是损害赔偿，只能通过赔偿来达到弥补受害人、处罚侵权人的目的。

---

① 参见谷田园:《论个人信息保护纠纷案件中过错要件事实的举证责任分配》，载《山东警察学院学报》2022 年第 1 期。

三、个人生物识别信息侵权损害的认定

作为高度敏感的个人信息，个人生物识别信息可以被无限制地复制、重复利用，不会发生任何损耗，与知识产权的客体一样具有无形性。由于个人生物识别信息的复制、筛选、修改、删除等操作可轻易为之，与传统侵权行为相比，利用信息技术进行的生物识别信息侵权显得更为隐蔽，导致损害也呈现出无形性的特征，这给个人生物识别信息安全带来了前所未有的风险。个人生物识别信息侵权导致信息主体被欺诈和歧视的风险较大，信息主体因此处于焦虑和恐慌之中。面对这种新型损害，法律必须作出回应。个人生物识别信息关乎信息主体的切身利益，法律应当承认个人生物识别信息侵权带来的这种无形损害，并将其纳入精神损害赔偿中，让侵权人承担相应的法律责任，以维护信息主体的合法权益。

（一）个人生物识别信息侵权损害的类型化分析

在传统民事侵权案件中，是否对受害人造成损害是确定侵权人损害赔偿责任成立的必要因素。“无损害则无救济”，只有存在损害，受害人才能基于损害赔偿请求权主张损害赔偿[①]，在个人生物识别信息侵权案件中同样如此。受害人若想获得损害赔偿，必须要证明侵权人的侵权行为对本人造成实际损害。个人信息侵权较其他侵权行为对受害人的损害更大，且损害类型复杂。[②] 一般而言，可将损害分为财产损害与非财产损害。

1. 财产损害

个人生物识别信息是一项具有特殊性质的财产权客体。该信息客体具有可再生性，可以被人们无限反复利用。[③] 随着应用范围的日益扩张，个人生物识别信息越来越显现出巨大的经济价值，被人们称为“新时代的石

---

① 参见程啸：《侵权责任法》，法律出版社 2015 年版，第 215 页。

② 参见谢鸿飞：《个人信息泄露侵权责任构成中的“损害”——兼论风险社会中损害的观念化》，载《国家检察官学院学报》2021 年第 5 期。

③ 参见王利明：《数据何以确权》，载《法学研究》2023 年第 4 期。

油”。在现实生活中，个人生物识别信息也正作为商品被人们进行着各种交易和买卖，若是非法交易和买卖，就会给信息主体的财产权带来极大的损害。财产损害也称为“物质损害”。侵犯个人生物识别信息导致财产损害的事件，在信用卡盗刷、诈骗案件中大量存在。2020年，广西南宁十几名业主的房产莫名其妙地被转卖，其原因竟然是被不法中介忽悠刷了脸，通过人脸信息，中介转卖了他们的房子。[①] 犯罪分子还会利用个人生物识别信息实施敲诈、勒索等犯罪活动，在2020年7月的“净网”行动中，深圳龙岗公安机关经侦查，发现犯罪分子利用AI变脸技术，绕开多家网络服务平台及系统的人脸识别，为犯罪分子提供虚假信息登记、刷脸支付等隐蔽服务。在个人生物识别信息侵权中，信息主体获得财产损害赔偿的前提条件是侵权人侵害了其财产权利导致经济损失。个人生物识别信息的侵权给信息主体造成的财产损害是可以估算的，侵权人需要承担赔偿责任来填平受害人受到的损害，以实现对信息主体个人信息权利的救济。

财产损害的赔偿范围既包括受害人的直接财产损失，也包括为了维权而支付的合理支出等费用。直接损失是指在个人生物识别信息侵权中，因侵权导致受害人的财产实际损害。合理开支是指信息主体为了维权而产生的合理开支，如为了维权而进行调查、取证以及聘请律师进行诉讼的费用。受害人可以请求侵权人支付实际损失，以及为了消除不良影响等所支出的必要费用。[②] 民法典、《个保法》第69条第2款对财产损害赔偿的计算作

① 参见《关于数十名业主卖房过程中被中介人员欺骗，刷了一下脸房子被过户》，载《南国早报》2020年12月13日。

② 参见最高人民法院《关于审理利用信息网络侵害人身权益民事纠纷案件适用法律若干问题的规定》（2020年修正）第12条规定，被侵权人为制止侵权行为所支付的合理开支，可以认定为《民法典》第1182条规定的财产损失。合理开支包括被侵权人或者委托代理人对侵权行为进行调查、取证的合理费用。人民法院根据当事人的请求和具体案情，可以将符合国家有关部门规定的律师费用计算在赔偿范围内。

出了原则性规定。[①] 在司法实践中，对于财产赔偿数额的计算往往依据法律规定的三种思路来处理：一是根据受害人所受实际损失赔偿；二是以侵权人所获不当利益进行赔偿；三是在前面二者皆无法衡量时，由法院根据案件的具体情况，行使自由裁量权确定赔偿额。侵权人获利赔偿是在受害人的实际损失难以确定而侵权人却因侵权而获利时可以参照的标准。关于侵权人需要给予受害人因侵权获得利益进行赔偿的问题，需要根据侵权人的侵权情节来确定赔偿额。侵权人因个人生物识别信息获利是客观存在的，因此，在权利人的损失难以计算时，可以依据侵权人的获利来计算赔偿额。如今这一判断标准虽然已经无可争议，但是想要对侵权人获利的事实进行调查取证，难度则非常大。对于个人生物识别信息侵权更是如此，由于个人生物识别信息通常是被信息处理者大量地收集、加工后才具有价值性，如何计算单个信息的价值，以何种标准来计算确定获利金额是司法实践中的一道难题。

2. 非财产损害

非财产损害是指没有财产价值，无法用金钱加以计算的损害。[②] 在个人生物识别信息侵权所造成的非财产损害纠纷中，主要表现出来的是对信息主体人格权的侵犯。个人生物识别信息具有识别性，一旦与特定人相关联，就能将信息主体的信息进行整合，直接识别出具体的自然人。生物识别信息一旦泄露，将会对信息主体造成不可逆的损害结果。[③] 生物识别信息侵权造成的非财产损害包括以下两种类型。

一是传统的损害类型——人格权益损害。虽然个人信息权作为新兴权利已经广泛得到学界共识，但是在个人生物识别信息侵权案件中，涉及非财

---

① 《个保法》第 69 条规定，损害赔偿责任按照个人因此受到的损失或者个人信息处理者因此获得的利益确定；个人因此受到的损失和个人信息处理者因此获得的利益难以确定的，根据实际情况确定赔偿数额。

② 参见程啸:《侵权责任法》，法律出版社 2015 年版，第 217 页。

③ 参见张新宝:《“普遍免费 + 个别付费”：个人信息保护的一个新思维》，载《比较法研究》2018 年第 5 期。

产损害时，还是容易将其与隐私权混同，因为侵权首先造成的伤害便是对信息主体隐私的侵犯。[①] 在大数据时代，随着生物识别技术的发展，个人生物识别信息的应用范围不断扩大，人们愈发密切关注生物识别信息的安全问题。与一般个人信息相比，因其高度敏感性，个人生物识别信息具有更为强烈的人格属性。人格权是民事主体基本权利中的固有权，凸显着信息主体的人格利益和精神价值。侵犯个人生物识别信息更容易侵害信息主体的人格利益。对于个人生物识别信息侵权造成的非财产损害，只能通过损害赔偿进行救济。只有通过赔偿才可以弥补受害人遭受的人格权损害。

二是无形损害。不同于传统的侵权，个人生物识别信息侵权的形式具有复杂化、多样化、无形化的特点，有时给信息主体带来的是一种潜在的损害。在生物识别信息侵权行为发生之时，对受害人而言可能暂时并没有发生实际损害，但由于个人生物识别信息侵权导致信息主体被欺诈和歧视的风险增大，会使信息主体一直处于焦虑和恐慌之中，为此一直要承受极大的心理压力。个人生物识别信息侵权导致的这种“风险与焦虑”是一种无形损害。我国现行立法中并没有无形损害的概念，其能否为现有损害概念所容面临着法律上的挑战。[②]

（二）个人生物识别信息侵权中的无形损害

虽然现行立法中没有无形损害的概念，但是承认无形损害能够对侵权人起到威慑作用，也可鼓励信息主体积极维权。因此有必要对该损害进行认可。

1. 无形损害的特征

无形损害具有以下几个特征：

首先，无形损害具有无形性。传统侵权行为导致受害人在人身权益、

① Kateryna Nekit, Denis Kolodin & Valentyn Fedorov, *Personal Data Protectionand Liability for Damage in the Field of the Internet of Things*, 10 JURIDICALTRIB. 80 (2020).

② 参见解正山：《数据泄露损害问题研究》，载《清华法学》2020年第4期。

财产权益受到的损害是有形的，很容易被人们感知和描述，法院在审理传统侵权行为损害时不会存在认定上的困难。与传统侵权行为相比，信息侵权损害有时是无形的。作为生物识别信息法律关系中的客体，个人生物识别信息与个人权利密切相关。[①] 与知识产权的客体一样，信息本身具有无形性，其可以被无限制地复制、重复利用，不会发生任何损耗，不受时间和空间的限制；由此而产生的损害也不像传统侵权损害那样清晰可见，很多情况下表现出来的是信息主体对个人声誉，以及其财产安全产生的一种恐慌心理。这种损害是受害人情绪焦虑上的损害，个人信息侵权导致的损害大部分都是情绪焦虑上的非物质损害。这种损害对传统侵权认定来说是一个挑战。

其次，无形损害通常不即时发生实际损害后果。因个人生物识别信息侵权造成的无形损害，在侵权后并不会即时发生损害后果。大多数情况下只是表现为一种风险，这种风险有可能会转化为实际损害，也可能什么也不会发生。

再次，无形损害表现为让受害人产生心理焦虑和精神不安。[②] 作为敏感个人信息，个人生物识别信息涉及信息主体不愿为外人知晓的私密信息。如果这些信息泄露，会给受害人造成巨大的心理压力，整日担心不知何时会遭受隐私被暴露、身份被歧视、钱财被敲诈勒索等境况，这些风险的后果让人难以承受。坐等这些风险的发生会让人们感到恐慌，产生极度焦虑的心理反应。饱受精神折磨势必给日常生活和工作造成困扰。

最后，无形损害数额的计算较为困难。作为法律关系客体的个人生物识别信息不同于物化的有形财产，其本身具有无形性和非消耗性的特征。无形损害又表现为情绪焦虑不安与恐慌的精神损害。我国现行立法中还没

---

① 参见付微明:《个人生物识别信息的法律保护模式与中国选择》，载《华东政法大学学报》2019 年第 6 期。

② Daniel J. Solove & Danielle Keats Citron, *Risk and Anxiety: A Theory of Data-Breach Harms*, 92 Texas Law Review, 2018, p.749.

有无形损害的概念，更不用说如何确定损害赔偿金额的标准。实践中也没有关于个人信息价值的评估方法，对个人生物识别信息本身的价值无法估算。凡此种种，导致个人生物识别信息侵权中的无形损害数额计算较为困难。对于财产性损害，一般是采用传统损害判断的“差额说”理论来认定。“有差额，则有损害”[①]，有损害便可以得到赔偿。而无形损害由于没有产生实际上的损害，无法用金钱价值来衡量，因而不在此范围内。

2. 确认无形损害的正当性

个人生物识别信息侵权会引发极大的信息风险，应当对损害赔偿理论进行相应调适，将因个人信息侵权而造成的风险纳入赔偿范围[②]，让侵权人承担赔偿责任，通过对其进行法律规制，防范信息侵权行为的发生。

首先，确认无形损害能够起到威慑和遏制侵权行为的作用。无形损害之所以难以被认定，是由于目前法律规定的损害认定标准过于严苛。这使得原本就处于弱势地位的信息主体在举证方面处于更加不利的地位：即使认定了侵权人的侵权行为，信息主体也会因无法确定实际损害而获得赔偿。长此以往，侵权人会肆无忌惮地侵犯他人的个人信息。严苛的标准显然不利于对信息主体的保护。因此个人生物识别信息被侵权而遭受的风险损害应当得到赔偿。在实际损失和侵权人所得难以计算时给予受害人相应的赔偿，能够起到威慑和遏制侵权人的作用。美国伊利诺伊州对个人生物识别信息侵权的判例已经认可该观点。在美国，自 2015 年以来，依据伊利诺伊州《生物识别信息隐私法》（BIPA）提出的官司日渐增多。2019 年 1 月，美国伊利诺伊州在一起某游乐园收集儿童指纹信息的案件中，原告依据该州 BIPA 的规定起诉被告游乐园非法收集其孩子的生物信息。[③] 2015 年美国

① 参见程啸：《侵权责任法》，法律出版社 2015 年版，第 217 页。

② 参见朱晓峰、夏爽：《论个人信息侵权中的损害》，载《财经法学》2022 年第 4 期。

③ See Rosenbachv, *Six Flags Entertainment Corporation*, 2017 IL App.2 d170317（2017）, rev’d, 129 N. E. 3d1197（Ill.2019）.

伊利诺伊州的用户对Facebook公司发起集体诉讼，诉称Facebook未经同意，采集数百万用户人脸信息，Facebook也没有告知这些数据将保留多长时间，此举属于违法行为。对这两个案子，被告均认为如果原告不能证明自己遭受了经济损失等具体伤害，就不该以被告违反《生物识别信息隐私法》为由提起诉讼。伊利诺伊州最高法院裁定，侵犯个人生物识别信息的行为本身就可能构成伤害，因为个人生物识别信息具有不可逆性，消费者可以寻求法律保护，并拒绝了被告要求驳回原告诉讼的请求。在Facebook公司案中，Facebook公司最终于2020年以同意支付6.5亿美元与原告达成和解。

在欧盟，立法者承认信息侵权会给信息主体造成非财产损害，其中包括无形损害。立法中承认无形损害是一种新型损害[①]，这种损害会导致信息主体遭受敲诈、歧视、声誉受损等不良后果。德国也承认认定无形损害的必要性，认为对"损害"一词有必要从宽解释。日本和俄罗斯在立法中都规定了信息主体请求精神损害赔偿的权利。[②]我国《个保法》第69条规定的"损失"与民法典规定的不同之处是取消了"财产"二字的限制[③]，该规定没有仅局限于"财产损失"，而是采取"损失"的表述，这为扩大损失范围、认可"无形损失"预留了空间，符合立法潮流。

其次，认可无形损害能够激励信息主体拿起法律的武器积极维权。个人生物识别信息是高度敏感的个人信息，往往由于信息侵权造成不可逆且难以消除的后果，信息主体有可能长期处于饱受精神折磨的状态，而其权

---

① GDPR第82条第1款规定："任何因为违反本条例而受到物质或非物质性伤害的人都有权从控制者或数据者那里获得对损害的赔偿。"GDPR序言第146段也指出："控制者或处理者应赔偿任何人因违法处理个人信息而可能遭受的任何损害。损害的概念应根据法院判例法作广义解释，其解释应充分反映本条例的目标。数据主体所遭受的损害应当得到充分有效的赔偿。"

② 参见崔聪聪：《个人信息损害赔偿问题研究》，载《北京邮电大学学报（社会科学版）》2014年第6期。

③ 《个保法》第69条规定，损害赔偿责任按照个人因此受到的损失或者个人信息处理者因此获得的利益确定；个人因此受到的损失和个人信息处理者因此获得的利益难以确定的，根据实际情况确定赔偿数额。

利又很难得到救济，这是不公平的。因此应当扩大损害认定的范围：只要侵权行为对受害人造成了民事权利的不利后果，不管是实际损害还是财产上可以计算的损失，还是潜在的伤害都应当认定为损害。认可风险性无形损害这一新型损害类型，可以激励权利人积极维权。通过权利人的维权与责任人败诉所承担的责任风险，可以倒逼信息处理者不断地提高生物识别信息安全保护的水平，这将有利于取得用户的信任。只有在有安全保障的情形下，用户才会愿意提供其个人生物信息，助推信息平台的可持续发展，最终实现“双赢”。可见，把无形损害认定为实际损害有助于社会稳定。①

最后，认可无形损害可以对现行损害范围进行扩展。对损害范围进行适当扩展，对于相关权利的救济十分必要。从损害概念的发展趋势来看，客观财产性损害虽然容易认定，但非物质性无形性损害才应当是“损害”扩张的方向。② 认可无形损害类型，可以为信息主体权益提供更加周延的保护。鉴于个人生物识别信息侵权损害的不可逆性，世界各国对于无形损害的认定也是逐渐从不支持转变为支持，将可能发生的危险作为侵权认定的条件。③ 我国也有必要在立法中放宽损害认定的标准，扩大相关权利的救济。在个人生物识别信息侵权纠纷案件中，信息主体想要证明无形损害有实际损失是很困难的，应以存在侵害风险为标准，信息主体只需证明损害存在合理客观的可能性即可，即信息侵权如果让一个理性人产生足够的精神压力或痛苦，那么其所遭受的损害就可以被认定存在，法院就可以酌情确定相应赔偿数额。

---

① Marian K. Riedy & Bartlomiej Hanus, *Yes, Your Personal Data Isat Risk: Getover It*,19 SMU Sci. & TECH. L. REV. 3（2016）.

② 参见刘云：《论个人信息非物质性损害的认定规则》，载《经贸法律评论》2021年第1期。

③ 参见吴小帅：《大数据背景下个人生物识别信息安全的法律规制》，载《法学论坛》2021年第2期。

（三）将无形损害纳入精神损害赔偿

在大数据时代，个人生物识别信息的处理方式发生了根本性变化，信息处理行为产生了各种侵害信息主体人身、财产权益以及损害人格尊严和人格自由的特殊危险[①]，如给信息主体带来经济上的损失和名誉上的不良评价等。受害人遭受的无形损害实际上是内心的焦虑以及精神的恐慌。焦虑、恐慌本身就是精神损害的一种表现形式，信息主体的这些不良精神或心理反应与人格权侵权情形下的精神损害没有什么实质性差别，都是对受害人的精神健康与心理安宁构成的侵害。高度敏感的个人生物识别信息侵权，导致信息主体在判定自己的人格或者财产权利正在或即将处于危险境地却又无力时消除时，本能的条件反射就是惶恐不安。现在世界各国大多承认因个人信息侵权造成的损失包括精神痛苦，因此信息侵权损害赔偿可以适用精神损害赔偿。如英国、俄罗斯、新加坡在立法中明确信息主体有权提起精神损害赔偿[②]；德国法律规定信息主体针对隐私权侵权可获得精神损害赔偿[③]。日本对间接个人信息侵权可请求精神损害赔偿。[④]对信息主体而言，在生物识别信息侵权后有权依据上述法律规定提起损害赔偿和（或）精神损害赔偿。通常情况下，在信息侵权案件中，损害赔偿的计算都是依据精神损害赔偿的计算方式，两者只是计算标准各有差别而已。在个人生物识别信息侵权中，把无形损害认定为精神损害易于接受且相对容易操作。

---

① 参见程啸：《民法典编纂视野下的个人信息保护》，载《中国法学》2019 年第 4 期。

② 英国《资料保护法》（1998 年）第 13 条第 2 款规定，信息控制者违反法律规定或背离使用目的而加工、处理自然人的个人资料，导致自然人精神痛苦的，该自然人有权要求信息控制者赔偿其精神损害。英国《个人数据保护》规定，个人信息的损失包括了精神痛苦（distress）。

③《联邦个人数据保护法》第 8 条第 2 款就明确规定："当数据主体的隐私权遭受不法侵害后，理应获得充分的精神损害赔偿。"

④ 参见崔聪聪：《个人信息损害赔偿问题研究》，载《北京邮电大学学报（社会科学版）》2014 年第 6 期。

1. 放宽对精神损害赔偿请求“严重程度”的限制

世界各国法律均规定，受害人若想获得精神损害赔偿，损害认定须满足严重后果的条件，即超过日常生活中所应承受的程度或产生了心理疾病。意大利的限制最严厉：只有构成犯罪的侵权行为，受害人才能请求精神损害赔偿。[①] 目前我国的立法对于精神损害赔偿的认定也是强调造成严重后果，民法典和《关于确定民事侵权精神损害赔偿责任若干问题的司法解释》（以下简称《精神损害赔偿司法解释》）都作出了相同的规定。[②] “严重”损害是受害人获得精神损害赔偿的前提基础，“严重性”要求可解释为“轻微损害不赔”的规则[③]，即侵权若未造成严重后果的，通常情况下法院不支持受害人精神损害赔偿的主张。在侵权领域中，“严重”损害的规定使得我国关于精神损害的认定标准过于严苛，使本来就难以获得赔偿的受害人更加无所适从，这无疑是对受害人的打击。个人信息侵权同样如此，若一味地强调满足严重后果的条件，会不利于对受害人的保护。[④] 实际上“严重”这一限制并无太大意义，各国对精神损害的认定标准都有放宽之势，如意大利法院在司法中创造了“生物学损害”概念，认为只要侵害了身体与健康，不论有无实际损害都应赔偿。[⑤] 这无疑是为了纠正精神损害标准过于严苛的有益举措。

德国近些年来也逐渐承认因数据泄露而带来的精神层面的损害。最新

---

① 参见谢鸿飞：《精神损害赔偿的三个关键词》，载《法商研究》2010 年第 6 期。

② 《民法典》第 1183 条规定：“侵害自然人人身权益造成严重精神损害的，被侵权人有权请求精神损害赔偿。因故意或者重大过失侵害自然人具有人身意义的特定物造成严重精神损害的，被侵权人有权请求精神损害赔偿。”《精神损害赔偿司法解释》第 8 条规定：因侵权致人精神损害，造成严重后果的，人民法院除判令侵权人承担停止侵害、恢复名誉、消除影响、赔礼道歉等民事责任外，可以根据受害人一方的请求判令其赔偿相应的精神损害抚慰金。

③ 参见叶金强：《精神损害赔偿制度的解释论框架》，载《法学家》2011 年第 5 期。

④ 参见田野：《风险作为损害：大数据时代侵权“损害”概念的革新》，载《政治与法律》2021 年第 10 期。

⑤ 参见［德］克雷斯蒂安 · 冯 · 巴尔：《欧洲比较侵权行为法》（上卷），张新宝译，法律出版社 2001 年版，第 699 页。

修订的《数据保护法》已经参照欧盟 GDPR 的做法，将“严重性”要件予以删除，大大降低了数据权利人在请求精神损害赔偿方面的难度。[①] 我国台湾地区的“个人资料保护法”中对于精神损害赔偿的标准也没有刻板地强调“严重”一词，而是规定了酌定赔偿。最高人民法院《关于审理利用信息网络侵害人身权益民事纠纷案件适用法律若干问题的规定》借鉴了这一做法，也规定了酌定赔偿。[②] 受害人只要能够证明自己的信息权益受到侵害，即使无法确定损害的具体数额，法院也应酌情确定相应的赔偿数额。在个人生物识别信息侵权纠纷中，请求财产损失赔偿的并不多，更多的是请求精神损害赔偿。目前在个人信息损害赔偿方面，我国还没有明确统一的赔偿标准，关于无形损害赔偿数额如何计算也成为理论与司法实践中的难题。

其实，“严重性”是推定而来的，只要存在严重的人格权侵权，必会产生精神损害。[③] 根据个人信息种类的不同，信息侵权的情形也不尽相同。与一般个人信息侵权不同，敏感个人信息侵权中涉及非物质性损害可直接认定具有“严重性”。因此，在涉及个人生物识别信息侵权中，由于个人生物识别信息是典型的敏感个人信息，可以直接适用“严重程度”进行认定。有人认为非敏感个人信息的损害只有在侵权人存在过错之时才能够认定为具有“严重程度”。[④] 由于个人信息兼具人格属性与财产属性的特点，侵害个人信息的行为有可能造成财产损害，也有可能造成精神损害，还可能造成二者结合的双重损害。在个人信息侵权纠纷的实践中，因侵权给信息主体造成显著且直接损害的比例较小，受害人遭受的损害大部分是精神损害，

---

① Taeger,Einfuehrungindas Datenschutzgesetz, Heidelberg, C. F. Mueller.

② 最高人民法院《关于审理利用信息网络侵害人身权益民事纠纷案件适用法律若干问题的规定》第 18 条规定：“被侵权人因人身权益受侵害造成的财产损失无法确定的，法院可在 50 万元以下酌定赔偿数额。”

③ 参见谢鸿飞：《个人信息泄露侵权责任构成中的“损害”——兼论风险社会中损害的观念化》，载《国家检察官学院学报》2021 年第 5 期。

④ 参见刘云：《论个人信息非物质性损害的认定规则》，载《经贸法律评论》2021 年第 1 期。

且达不到严重程度。一旦发生了个人信息侵权事件，当然会给信息主体的人格权造成精神损害，只不过是每个人的承受能力不同而已。解决问题的最好方法是对精神损害赔偿的适用条件进行适时放宽，即适度放宽“严重程度”的限制，这样更符合立法目的，能使受害人积极维权。因此，对精神损害赔偿的请求不应当以“严重程度”为限制，只要依据生活常识，一般理性人在得知自己个人信息泄露会产生抑郁、烦闷、绝望等不健康的心理问题就可以提起精神损害赔偿。有侵权就会有损失，有损失就应当进行救济。侵权人对于轻微或难以证明的新型损害，司法机关可以结合实际情况，行使自由裁量权来酌情判定侵权人给付一定数额的精神损害赔偿，哪怕是象征性的也没关系。在司法机关审理信息侵权案件中，只需受害人证明侵权造成了损害即可。

2. 确定精神损害赔偿的考虑因素

在个人生物识别信息侵权纠纷中，信息主体想要证明有实际的经济损失是很难的。只要能够证明个人生物识别信息侵权的事实已令一个理性人产生足够的精神压力或痛苦，精神损害存在合理客观的可能性，那么其所遭受的损害就可以被认定存在①，法院就可以酌情确定相应赔偿数额。《民法典》第998条的规定，是基于平衡双方利益，从多元化的角度实现损害的合理认定。②当然，“严重程度”限制的放宽应当是适度放宽，不是对所有侵害行为都一概严惩。受害人仍要对受害事实初步举证，提交遭受精神痛苦而致身心伤害或妨碍日常行为的相关证据，但该证明责任不强求精神痛苦要达到精神疾病或心理疾病的程度。此外，在实践中法院应当考察侵权行为的目的、方式和侵权事件的实际影响范围，结合侵权的范围和持续

① Daniel J. Solove & Danielle Keats Citron, *Risk and Anxiety: A Theory of Data-Breach Harms*, 92 Texas Law Review, 2018, p.740.

②《民法典》第998条规定，在认定行为人承担侵害除生命权、身体权和健康权外的人格权的民事责任时，应当考虑行为人和受害人的职业、影响范围、过错程度，以及行为的目的、方式、后果等因素。

时间等判断损害是否成立。

如何计算精神损害赔偿金额一直是司法实践中的难题。计算具体金额存在一定的困难，主要原因是精神损害相比于实际损害而言较难用金钱价值进行衡量。与物质损害不同，精神损害的表现并非物理破坏，即并非金钱数额的减少，而是身体的疼痛、精神痛苦和丧失生活乐趣。一般而言，精神损害赔偿的作用是通过让侵权人承担经济上的不利后果，对其进行制裁来抚慰受害人所受的精神伤害。关于精神损害赔偿的认定，《精神损害赔偿司法解释》对认定的考量因素进行了列举，但在实践中，在针对信息侵权赔偿时，信息侵权人的过错、侵权的后果、侵权获利等情况较难确定。关于精神损害严重与否的程度，以及赔偿金额的多少需由司法机关依据法律规定进行判断。在具体个案中法官需要根据具体案情进行裁量，由于法官对衡量赔偿因素的侧重点各有不同，地区间经济发展水平存在的差异性也使不同地区对赔偿认定标准各不相同。精神损害赔偿数额过低或过高都不太合适，过低不能有效救济受害人，过高会导致严刑峻法。须综合考量各种因素，确定一个相对适宜的数额，以达到既能抚慰受害人又能惩戒侵权人，还能警示不法分子的目的。[①] 实践中应当通过对具体案情的分析，深入考虑受害人受损害的情况、侵权人的过错程度、侵权范围、后果等因素，合理判断损害大小，以明确损害赔偿范围，为保障信息主体的损害赔偿请求权提供合理的依据。

四、个人生物识别信息侵权责任的承担

对个人生物识别信息进行保护的原因就是信息主体与信息处理者之间存在着不平等不合理的信息关系。[②] 在确定侵权责任时，有必要规定侵权

① 参见李翠萍、崔汪卫:《侵害个人信息权益精神损害赔偿的法律适用》，载《安庆师范大学学报（社会科学版）》2022 年第 4 期。

② 参见丁晓东:《个人信息权利的反思与重塑》，载《中外法学》2020 年第 2 期。

主体的连带责任，在信息主体无法证明究竟是谁造成了个人生物识别信息侵权而引发损害时，由数个侵权主体共同对信息主体承担连带责任，可以促使信息处理者维持较高的信息安全技术措施，保障信息主体的权利。[①]个人生物识别信息侵权的责任承担具体有以下几种情况。

（一）信息处理者侵权时的责任承担

在直接侵权的情形中，个人信息处理者应当在给信息主体造成损害的范围内，承担全部的赔偿责任。这主要发生在信息处理者直接主动非法收集、使用、泄露个人生物识别信息的场景中。在这种情形下，由于并不存在第三人的介入，属于信息处理者的直接侵权行为，因此应当由信息理者自己承担全部赔偿责任。针对个人生物识别信息的侵权，单独侵权原则适用于那些独立进行非法收集、使用或泄露他人生物识别信息的信息处理者。被侵权人可以直接追究侵权人的法律责任，要求其承担相应的民事赔偿责任。若是两个以上的信息处理者实施的侵权行为，应当承担连带责任。个保法规定，共同处理信息造成损害时信息处理者应当承担连带责任[②]，但是法律并未就“共同处理信息”给出相应的界定，相关司法案例也较为少见。因此，笔者建议应当完善个人生物识别信息侵权的多方主体连带责任制度，对“共同处理信息”作出相应的规定。采用多方主体连带责任可以由受害人选择任一“共同处理信息”主体让其对外承担侵权责任，而“共同处理信息”主体内部的责任分配则根据相关规定进行解决，欧盟的 GDPR、德国

① See Vgl Frenzel，Kommentarzum § 83，in：Paal/Pauly，DS-GVO/BDSG，2.Aufl. München：C. H. Beck，2018，Rn. 11.

② 《个保法》第 20 条规定，个人信息处理者共同处理个人信息，侵害个人信息权益造成损害的，应当依法承担连带责任。在涉及多个信息处理者的情形中由信息处理者证明其不存在因果关系时可以免责，否则，其应与其他信息处理者承担连带责任。

《联邦数据保护法》都对多人侵权场合下因果关系的推定作出了规定。[①] 可借鉴德国《联邦数据保护法》的做法，在个人信息的自动化处理场合，如果侵权人是数个信息处理者且无法查明具体是哪一个信息处理者造成了损害，则参与信息处理的每一个信息处理者均要承担责任。被侵权人可以选择追究所有共同侵权人的法律责任，要求他们共同承担民事赔偿责任。

（二）第三人直接侵权时的责任承担

除了信息处理者单独主动侵权外，个人生物识别信息民事侵权还存在第三人非法获取或使用他人生物识别信息的情形，如第三人进行技术破解引发个人生物识别信息失窃的侵权。在第三人介入直接侵权的情况下，信息处理者究竟是与该侵权第三人承担连带责任，还是承担补充责任存在一定的争论。如果信息处理者知道第三人利用其网络服务侵害他人生物识别信息且未采取防范措施，造成对被侵权人人身、财产的损害时，应当按照《民法典》第 1197 条的规定，与该侵权的第三人共同承担连带赔偿责任。《民法典》第 1197 条规定，信息处理者在明知有人要利用其网络系统侵权后，若仍不采取必要举措要承担连带责任。[②] 但是该规定对信息处理者来说较为苛刻，因为从技术角度来讲，世界上并不存在完美防御的网络服务安全系统，生物信息网络服务提供者即便采取了相应的防范措施，也未必能够保证其系统无懈可击。在这种情况下，如何认定信息处理者没有采取必要举措也是一个问题。此外，如今网络侵权现象十分普遍。一般来说，

① GDPR 第 82 条第 3 款规定："复数控制者牵涉同一侵害性数据处理时，若控制者能够证明其无论如何都不应对致害事件负责，则可以免责。"第 4 项规定："当不止一个控制者或处理者，或控制者与处理者同时涉及同一处理，而且它们对第 2 段和第 3 段规定的处理所引起的所有损失承担责任，每个控制者或处理者都应当对损失负有连带责任，以便保证对数据主体的有效赔偿。"德国《联邦数据保护法》（BDSG）第 83 条第 3 项规定："在个人信息的自动化处理场合，如果无法查明数个参与处理的控制者中的哪一个造成了损害，则每一控制者或者权利实施者均负有责任。"

② 《民法典》第 1197 条规定，网络服务提供者知道或者应当知道网络用户利用其网络服务侵害他人民事权益，未采取必要措施的，与该网络用户承担连带责任。

网络服务系统时刻都准备着如何防范他人的网络技术破解，如果因此就认定其知道或者应当知道有人想要利用其网络侵害他人的信息权益，对信息处理者来说也很不公平。所以，从这个角度而言，《民法典》第1197条应该是一种宣示性条款。该条款所规定的直接侵权主体是网络用户，而此处的网络用户应当作限缩解释，仅指的是网络服务系统所服务的用户，其利用该系统的网络服务实施了对他人的信息侵权，该侵权与黑客入侵是不同的，而《民法典》第1197条并不能适用像黑客入侵这一类型的第三人侵权。

因此，针对第三人侵权应参照《最高人民法院关于审理人身损害赔偿案件适用法律若干问题的解释》第6条第2款的规定处理[①]，由第三人承担主要责任、安保义务人承担补充责任。在生物识别信息法律关系中，双方当事人是信息处理者和信息主体，信息主体是权利人，信息处理者是义务人，其负有法律规定的安保义务。第三人的侵权责任先于信息处理者的补充责任，即先由第三人承担全部责任，第三人若能承担全部责任，信息处理者无须担责；若找不到第三人或其无法承担责任，则由信息处理者来担责，信息处理者承担的责任在性质上是补充责任，承担的是与违反安保义务相应的责任份额，而非第三人的全部责任份额。[②]可见，在第三人直接侵权情况下，通过责任的合理分配，让信息处理者承担补充责任，能够实现信息处理者与信息主体之间的利益平衡。

（三）信息处理者和第三人共同故意侵权时的责任承担

信息处理者和第三人共同故意侵权时的责任承担，应当类推适用《民

① 《最高人民法院关于审理人身损害赔偿案件适用法律若干问题的解释》第6条第2款规定："安全保障义务人有过错的，应当在其能够防止或制止损害的范围内承担相应的补充赔偿责任。"

② 参见王胜明：《中华人民共和国侵权责任法释义》（第二版），法律出版社2013年版，第226页。

法典》第1170条的规定。[①] 此时，个人信息处理者和侵权第三人的侵权行为可以认定为是两个以上主体实施危及他人人身、财产安全的共同侵权行为。信息主体可以自由选择被诉主体，不仅可以在信息处理者与侵权第三人之间任择其一起诉，也可以将二者作为共同被告提起诉讼。在这种连带责任情况下，信息处理者所承担的责任不是补充责任，而是与侵权第三人一样的第一顺位责任，对外并不存在份额的限制，只有在承担全部责任后，才可以向侵权的第三人进行追偿。多方主体连带责任制度是以矫正正义为基础而设立的，通过让责任主体承担损害赔偿责任来制止不法侵权行为，这样可以减轻受害人寻求救济的成本，便于维护信息主体的合法权益。

总之，针对我国目前个人生物识别信息侵权的复杂性，建议在个人生物识别信息民事侵权中区分不同情形，适用不同的归责原则。若信息处理者是政府机关公权力主体应当适用无过错责任。若为私权主体则适用过错推定责任，并实行举证责任倒置原则。由侵权人负责举证证明对于生物识别信息侵权造成的损害，自己没有过错，若证明不了，则要承担败诉的风险。在民事责任承担方面，当信息处理者直接主动侵权时，由其承担全部赔偿责任；在第三人介入直接侵权情况下，由第三人承担侵权责任，信息处理者承担相应的补充赔偿责任；在个人信息处理者和侵权第三人共同故意侵权时，适用连带责任。只有通过完善的侵权追究机制才能够使个人生物识别信息的侵权现象得到有效控制，才能对个人生物识别信息进行有效的保护。

五、个人生物识别信息侵权中惩罚性赔偿的适用

随着个人生物识别信息被广泛应用到各个领域，信息处理者想方设法

---

① 《民法典》第1170条规定，2人以上实施危及他人人身、财产安全的行为，其中1人或者数人的行为造成他人损害，能够确定具体侵权人的，由侵权人承担责任；不能确定具体侵权人的，行为人承担连带责任。

地挖掘其具备的潜在价值，非法过度收集与使用个人生物识别信息的现象比比皆是。单一生物识别信息主体的信息价值对于信息处理者来说是微不足道的，但如果收集的个人生物识别信息足够多，并形成海量个人生物识别信息数据库，个人信息处理者便拥有了巨大的商业价值。随之而来的是日益频发的个人生物识别信息侵权事件，导致信息主体的隐私安全、财产安全，以及算法公平等诸多权利受到侵犯。频发的个人生物识别信息侵权事件表明，信息处理者对于个人生物识别信息的安全保障意识还有待提高，为了促使信息处理者切实履行生物识别信息的安全保障义务，应当建立完备的惩罚性赔偿制度。

（一）在个人生物识别信息侵权中建立惩罚性赔偿责任制度的必要性

惩罚性赔偿又称报复性赔偿、示范性赔偿，是指为了惩罚侵权人，不以被侵害的受害人遭受的实际损害为标准，由侵权人向受害人支付超出实际损失相应的金钱赔偿的制度。[①] 超出实际损失相应的金钱赔偿是对侵权人的一种惩罚，因此称为惩罚性赔偿。个人生物识别信息侵权会造成信息主体的权利遭受损害，侵权人赔偿给信息主体的金钱不仅要填平受害人受到的实际损害，还要高于实际损害。惩罚性赔偿制度以其对侵权人的严厉惩罚、对相对弱势地位的受害人进行有力保护，体现出维护弱势主体利益，惩治、预防不法行为等功能。

1. 惩罚性赔偿责任制度具有对受害人补偿的功能

在个人生物识别信息侵权案件中，侵权人对信息主体因侵权造成的损害，可以通过金钱方式进行弥补，以填平受害人受到的损害。有侵权就有损害，有损害就应当赔偿。受害人受到损失时，可以依据侵权理论主张弥

---

① 参见胡兰玲、王恕蕾：《论惩罚性赔偿在产品责任中的适用》，载《理论与现代化》2010 年第 4 期。

补其所受损失，使其利益恢复至受损前的状态。[①] 侵害个人生物识别信息也同样如此，个人生物识别信息的侵权导致受害人财产损害或精神损害，或二者同时受到损害。个人生物识别信息侵权惩罚性赔偿责任制度是一种特殊的补偿性赔偿责任，建立的目的是让信息侵权人付出相应的金钱代价，对被侵害的受害人进行赔偿。损害赔偿是生物识别信息侵权民事责任承担的最好方式，对信息主体造成的财产损害可以直接换算成金钱，通过金钱弥补所受损害；对信息主体造成的无形损害，也应当通过金钱救济补偿所受到的损害，这是弥补受害人所能采用的最好办法。面对日益严重的生物识别信息侵权问题，以惩罚性赔偿责任制度的方式予以处理相对来讲较为合理。虽然通过惩罚性赔偿责任制度，信息主体获得的赔偿可能会超过遭受的实际损失数额，但该制度对信息主体的损害补偿性是其重要功能。

2. 惩罚性赔偿责任制度具有惩治处罚侵权行为人的功能

目前个人生物识别信息侵权案件虽然可以通过司法途径解决，但是法院判决赔偿的比例普遍较低，轻微的赔偿数额与侵权违法行为所获利润相差甚远。违法成本低，导致了个人生物识别信息侵权案件频发。因此，对信息主体遭受的损害进行惩罚性赔偿是十分必要的。惩罚性赔偿责任制度不仅具有补偿功能，还具有惩罚功能。该制度使受害人获得的赔偿金额高于其所受到的实际损失，既能让信息主体在明知道自己的个人生物识别信息权益遭受侵害的情况下，不再因损害赔偿举证困难、维权成本高昂、赔偿金额微小等因素而放弃维权，也能让个人生物识别信息的侵权人承担较大金额的赔偿责任，让其在财产上受到损失，这实际上就是对侵权人违反义务的制裁和惩戒。

3. 惩罚性赔偿责任制度具有威慑其他不法分子的功能

设置惩罚性赔偿责任制度可以通过让个人生物识别信息的侵权人承担

① 参见［美］博登海默:《法理学——法哲学及其方法》，邓正来译，中国政法大学出版社 1999 年版，第 165 页。

较大的赔偿金额，向社会发出警示，让其他的信息处理者以及不法分子知道侵犯他人个人生物识别信息造成损害的责任后果是什么，让这些人明白违法侵权行为不能给他们带来非法利益，而只能带来利益的损失，由此增加违法成本，从而对他们起到威慑作用。为了避免承担惩罚性赔偿责任，信息处理者和其他不法分子自然会减少对个人生物识别信息的侵权行为。通过惩罚性赔偿的警示作用，警诫信息处理者在收集、使用他人生物识别信息的过程中，更加注重履行安全保障义务，预防信息侵权行为的发生，保护信息主体免受人身和财产伤害，从而建立和维护有序的个人生物识别信息的规范秩序，促使信息处理者对个人生物识别信息处理更加规范。

4. 惩罚性赔偿责任制度具有激励受害人积极维权的功能

当个人权利受到侵害时，受害人一般会选择维权途径进行权利救济。民事救济途径通常包括协商、调解、投诉、仲裁或诉讼。信息主体受到损害时，通常首先会选择与侵权人进行协商，协商无果后可以向个人信息保护部门投诉。若选择投诉，还需要等待一段时间接收反馈，如果是通过电话投诉，个人信息保护部门还要安排投诉人与被投诉人见面协商。此外，信息主体还可以向消费者协会申请调解，如果调解不成，可以提起诉讼。诉讼是有成本的，需要花费大量的时间、精力和财力，如耗费时间进行取证，花费一系列的交通费、律师费、诉讼费以及误工费等费用。此外，还需要耐心等待诉讼结果，时间成本较大。作为受害人的信息主体在考虑是否要进行诉讼时，一般都会因这些成本而纠结。目前，我国在个人信息损害赔偿中适用的是损害填平原则，还没有建立惩罚性赔偿制度。个人信息损害赔偿包括财产损害赔偿和精神损害赔偿，如果信息主体在个人信息侵权中遭受了实际损害，可以依照实际损害计算赔偿数额。但是在大多数情况下，个人生物识别信息侵权中并没有实际损害而只有无形损害。个人生物识别信息侵权导致信息主体被欺诈和歧视的风险陡然增大，使信息主体一直处于焦虑和恐慌之中，承受极大的心理压力。这种损害是一种无形损害，受害人只能请求精神损害赔偿，而目前立法规定，精神损害赔偿只有在发生严重损害的情形时才适用，大多数受害人无法获得相应的赔偿。信息主体获得赔偿的概率很小，但维权成本又较大，二者相比，维权成本和损害赔偿数额的不匹配导致信息主体通过诉讼维权的积极性不高。

“不告不理”原则是民事诉讼的基本原则，如果被侵权的信息主体不积极起诉维权，就不能追究侵权人的责任，个人生物识别信息侵权行为就无法受到私法调整，私法对个人生物识别信息的保护功能就实现不了。只有通过制度设计，体现出有损害则必赔偿的理念，才能激励信息主体积极诉讼进行维权。从法律上对信息侵权行为进行否定，是对被侵权的信息主体最有力的宽慰，在某种程度上能够减轻受害人所承受的痛苦。建立惩罚性赔偿制度，通过提高损害赔偿金的方式，可以鼓励遭受损害的个人信息主体积极维权索赔，全力维护自己的个人信息权益。在个人生物识别信息保护领域，建立个人信息惩罚性赔偿制度，除了能够使个人信息权益得到全面有效的保护，也能提高行业的自律发展，从而实现维护个人信息保护环境与秩序的目的。

（二）惩罚性赔偿不应以“情节严重”为前提

我国民法典对侵害知识产权、产品缺陷、污染环境、破坏生态环境等行为规定了惩罚性赔偿，这些条文所规定的惩罚性赔偿均是以“情节严重”或“严重的人身损害”为前提。但是，惩罚性赔偿的这个客观要件不宜适用于个人生物识别信息侵权案件，大部分的个人生物信息侵权案件都是大规模侵权案件。“大规模侵权”是指基于一个同质性的侵权事实在大范围内引起众多人遭受不同程度损害的行为。[①] 个人生物识别信息领域的侵权行为不只侵犯某个特定的信息主体，通常会侵犯众多信息主体的权利，因其受害人人数众多、涉及面广泛、危害规模较大、侵害结果难以预测等会破

① 参见朱岩：《从大规模侵权看侵权责任法的体系变迁》，载《中国人民大学学报》2009 年第 3 期。

坏整个信息领域的秩序。大规模侵权具有较大的社会危害性、易发生性，不仅侵害了特定民事主体的利益，也侵害了社会大众的利益[①]，是非常严重的破坏市场经济秩序的行为。大规模个人生物识别信息侵权案件中侵权行为与损害后果往往同时发生，一旦发生，将会导致无法挽回的损失。个人生物识别信息侵权案件呈现整体危害面大，但单个规模小的特征，具体到每个受害的信息主体权益损失较小，而诉讼成本较高。由于信息主体与信息处理者之间在实力和地位上存在巨大差别，加上信息不对称等因素的影响，大多数受害的信息主体可能出于举证能力有限、成本效益等众多因素的考虑，往往抱着“多一事不如少一事”的态度怠于维权，这使得信息侵权行为愈加猖獗。个人生物识别信息侵权主体所获得利益远远大于违法成本，导致信息侵权案件频发，这会形成恶性循环，使社会成员整体信息权益处于受损状态。

虽然“情节严重”是适用惩罚性赔偿制度基本的构成要素之一。但是，我国的现行相关立法对此是有所突破的，可以作为先例进行参考。如消费者权益保护法和食品安全法并没有以“情节严重”为前提，反倒是规定了最低赔偿额。1993 年出台的消费者权益保护法规定的是“退一赔一”双倍赔偿的惩罚性赔偿制度。随着时代的发展，2013 年该法修订时提高了惩罚倍数，即由双倍提高到三倍，并增加了最低数赔偿额 500 元的规定。在食品安全保护领域，2015 年修订的食品安全法也作出了相似的规定，消费者在食品安全领域消费并受到了损害，可以请求支付价款十倍的惩罚倍数，并规定了 1000 元的最低数赔偿额。两部法律都通过设置惩罚倍数和最低赔偿额，较好地解决了消费领域与食品安全领域的损害赔偿困境，大大降低了消费者的维权成本，这使得消费者的维权意识和维权积极性都大大提高。通过惩治非法经营者的侵权行为，可以倒逼经营者不断提高自律意识和加

---

① 参见程建华:《大规模侵权救济思维的塑成——基于惩罚性赔偿制度构建的视角》，载《国家行政学院学报》2017 年第 2 期。

强对产品质量的把控。2019 年 12 月征求意见的《个人信息保护法（草案）》也对最低赔偿数额作出了规定，即按照每人每事件确定最低赔偿标准，遗憾的是最终出台的个保法删除了该规定。

在信息时代，信息安全是信息产业高质量发展的前提和基础。在信息社会中，每个自然人都是信息主体，作为信息权利人的自然人应当受法律保护。保护个人生物识别信息，是为了保护广大用户对于生物识别信息安全的信任，保证信息行业的健康发展。只有将个人生物识别信息的风险降到最低，才能使信息产业健康发展。由于个人生物识别信息容易成为大规模侵权的对象，侵犯个人生物识别信息势必会损害社会公共利益。因此，笔者建议在侵害个人生物识别信息的案件中，借鉴消费者权益保护法和食品安全法的做法，不以"情节严重"为前提，只要存在"损害"个人生物识别信息的行为便可要求侵权人承担惩罚性赔偿责任。

（三）在立法上应设置最低赔偿数额

惩罚性赔偿的一个重要功能在于惩罚侵权人，但是惩治也要做到适度，关键要素在于赔偿金额的适度。若金额过低，不仅不能补偿受害人且惩罚不足；若金额过高，远高于实际损失，则容易造成惩罚过严。惩罚过度会让侵权人的行为收缩至不适当的程度，纵使所得利益超过损害，行为人也不敢从事该种行为，结果导致有益行为将被阻止。[①] 在确定惩罚性赔偿数额时，除了要考虑受害人因行使救济权付出的合理开支和因诉讼而支付的相关费用外，还需考量侵权人的过错程度、侵权手段、损害程度，侵权人因不法行为所获得的利益等因素。目前世界上很多国家在个人信息侵权中规定了惩罚性赔偿数额。有的是规定下限，有的规定上限，有的是既规定下限也规定上限。如美国加州《消费者隐私法案》规定的赔偿数额是 100 美

---

① Mitchell Polinsky & Steven Shaven, *Punitive Damage An Economic Analysis*, Harvard Law, 1998, 111.

元至750美元，美国《公平和准确信贷交易法》则规定每次违规最高可获得1000美元的法定损害赔偿。我国目前在立法中多是以倍率原则来计算惩罚性赔偿的金额。例如，在知识产权领域是以实际损失、侵权获益或许可使用费作为计算基数，再与相应的倍数相乘得出惩罚性赔偿数额；消费者权益保护法和食品安全法采取的是具体倍率来确定惩罚性赔偿数额，分别是3倍和10倍赔偿，二者都是以消费者所支付价款为计算依据。

但是，个人生物识别信息侵权与消费领域和食品安全领域的侵权不一样，无法以消费者支付价款为依据设计相应的倍率，只能以个人信息价格标准为单位。但是目前理论界与实务界还没有讨论出统一且可靠的能够预测个人信息价格的标准单位，所以，很难采取倍率原则来确定生物识别信息侵权中的惩罚性赔偿。

最好的办法是借鉴消费者权益保护法和食品安全法中规定的最低赔偿数额的做法，在个人生物识别信息侵权中规定最低赔偿数额，而且惩罚性赔偿应不设上限只设下限。只要将惩罚性赔偿制度的最低赔偿数额设置得合理就具有实际可操作性。最低赔偿数额的设置既不能过低，也不能过高。过低起不到激励受害人的作用，受害人获得的赔偿如果不能弥补其所付出的成本，维权的积极性将降低。最低赔偿数额设置得过高又会导致赔偿责任过重，使信息处理者处在不合理的违法风险之中，扼杀了信息处理者运用个人信息实现个人效益或社会效益的动力。有观点认为，应将最低赔偿金数额设为500元或者1000元。① 还有观点认为应该参照我国台湾地区的做法，规定一个差额幅度较宽的区间，按照每人每事件500元至10000元的标准来确定。② 笔者认为，差额幅度方法不太可取，因为幅度设置太宽泛、

① 2019年12月征求意见的《个人信息保护法（草案）》对最低赔偿数额的相关规定，个人信息或者个人信息处理者获得的利益难以确定的，按照每人每事件500元至1000元确定。

② 参见刘云：《论个人信息非物质性损害的认定规则》，载《经贸法律评论》2021年第1期。

弹性太大，可能会出现同案不同判的情况。建议把惩罚性赔偿的数额限制在一定合理的阈值范围内，避免惩罚性赔偿数额畸高或畸低。根据我国个人信息主体维权的心理预期、确定最低赔偿数额的意义，以及将个人信息分为普通个人信息和敏感个人信息的做法，在个人信息侵权中最低赔偿数额可以设置两种标准：一是对于普通个人信息的侵权行为，应设置最低赔偿数额为 1000 元；二是对于敏感个人信息如生物识别信息的侵权行为，设置最低赔偿数额为 2000 元的赔偿数额。这样的分类设置可以平衡信息社会整体的“社会性损失”与信息处理者的“收益”，实现实质正义，保护个人信息免受损害。

第三节 个人生物识别信息保护公益诉讼制度的完善

公益诉讼是指在法律授权的情况下，对侵害社会公共利益的行为，有关国家机关或组织可以提起诉讼。[①] 公益诉讼制度是维护社会公共利益的一种有效手段，构建公益诉讼制度已经成为一种普遍的社会诉求。[②] 司法机关通过公益诉讼程序对涉及社会公共利益的社会关系进行调整，在此基础上能够发挥对社会治理的指引功能。大部分的个人生物识别信息侵权侵害的不仅是某个特定信息主体的权利，而且还侵害了大量不特定信息主体的权利。个人生物识别信息侵权是一种大规模侵权，具有致害行为的同质性、受害主体的多数性、因果关系的推定性，以及损害后果的复杂性等特

① 2012 年修订的《民事诉讼法》第 55 条规定：“对污染环境、侵害众多消费者合法权益等损害社会公共利益的行为，法律规定的机关和有关组织可以向人民法院提起诉讼。”

② 参见张卫平：《民事公益诉讼原则的制度化及实施研究》，载《清华法学》2013 年第 4 期。

点。[①] 要想实现对个人生物识别信息权益的全面保护，使信息主体的权利得到救济，建立个人信息公益诉讼制度是一个重要途径。

一、个人生物识别信息保护引入公益诉讼制度的必要性

在社会生活中，社会个体成员天然地更关心自己的私利，甚至有人会为了私利而主动损害公共利益，形成“公地悲剧”。在法律制度的发展演变过程中，人们逐渐意识到维护公共利益的重要性，公益诉讼制度就是保护公共利益的有效法律制度的成果之一。公益诉讼制度是以维护社会公共利益而构建的诉讼制度，其功能是为了恢复、补偿、保护公共秩序及利益。

（一）公益诉讼制度可以维护信息主体的权利

个人生物识别信息保护的公益诉讼体现了维护社会公共利益的法律价值取向。法律作为社会生活的“调整器”，通过对法律关系主体之间的利益冲突进行调整，达到平衡社会关系的目的。通过利益平衡，可以实现社会秩序的井然有序，获得社会秩序价值。个人生物识别信息公益诉讼制度的实施有助于社会生活保持一个相对稳定的状态。在个人生物识别信息收集、使用过程中，信息主体的权利经常受到侵害。相对于信息处理者，信息主体处于弱势主体地位，这种弱势主体主要体现为经济性的弱势。与生理性弱势主体和社会性弱势主体、自然性弱势主体不同，经济性的弱势主体是指在法律关系中由于实力不强处于不利地位的一方当事人。经济性的弱势主体人数众多，一旦权利受到侵害，往往受到侵害的是不特定的当事人。

信息主体处于弱势主体地位的主要原因有以下几方面。

首先，由于信息主体是自然人，他们居住分散，彼此之间也没有联络的纽带，信息主体是社会个体成员，他们与具有较大经济实力的信息处理者相比像是一盘散沙，具有结构弱的特点。

---

① 参见朱岩:《大规模侵权的实体法问题初探》，载《法律适用》2006年第10期。

其次，囿于信息渠道的因素，信息主体在获取信息流通上无途径，往往与信息处理者之间存在着信息不对称的情况。信息处理者所拥有的巨大数据体量，以及广泛的信息收集渠道、成熟的加工算法，使其在信息处理过程中占据了优势地位。[①] 信息处理者掌握着生物识别信息的相关技术和大量的个人生物识别信息，而信息主体却很难了解和掌握，即使信息处理者提供了所谓的“隐私协议”，信息主体也很难真正了解文本背后的真实内容，自然无法获得完全的信息。个人生物识别信息一经被收集，自然人对自己的信息就脱离了掌控，这种信息的不对称极易触发信息处理者的道德风险。

再次，在经济力量的对比上，单个的信息主体与信息处理者之间的差距也非常明显。个人生物识别信息处理者往往在身份上具有特殊性，如大型企业、科技巨头等，自然人由于自身技术能力欠缺，如果信息主体的权利受到损害，是很难与信息处理者相抗衡的。很多时候，信息主体都不知晓已被侵权，更不用说去防控风险或制止侵害。

最后，在个人生物识别信息侵权中，受侵害的信息主体往往举证困难，囿于现有立法中的归责体系，权利救济实属不易。凡此种种可以看出，虽然信息处理者与信息主体作为双方当事人是平等主体，但法律地位上的平等并不意味着现实意义上的实质平等，二者之间的关系是一种形式平等而实质不平等的关系。在社会关系的调整中，强势主体起决定、主导作用，强势主体往往可以把自己的意志强加给弱势主体。在数字化的现代社会生活中，信息处理者往往会要求信息主体不断提供个人生物识别信息来享受数字带来的便利服务，如若拒绝提供，则不能获得相应的服务，信息处理者具有获得他人生物识别信息的便利优势，并有能力进行自动化处理。对个人生物识别信息获取和处理的低成本，使得信息处理者更有动力非法收

① 参见曾昌:《分离困境与整合路径：大数据时代下个人生物识别信息保护制度之完善》，载《云南社会科学》2021 年第 5 期。

集和使用他人生物识别信息来谋求私利。如果放任信息处理者与信息主体强调意思自治，自由地分配他们之间的权利义务关系，就会造成不公平结果的出现。随着经济活动的日益频繁，个人生物识别信息的应用面临更多的危险和风险。在大数据时代，社会大众普遍已经适应了生物识别信息在日常生活中的应用，但大多数人并未意识到自己的权利会被侵犯。即使知晓，可能出于成本效益因素考虑，信息主体也往往怠于维权，如果无人维权，结果是侵权人所获利益远大于违法成本；生物识别信息侵权行为会有恃无恐、大行其道，信息主体的权益依然受损。只有将风险降低，才能使信息产业健康发展，公益诉讼制度能够起到预防信息侵权行为的发生和惩罚侵权行为，保护信息主体权利，合理配置社会正义的作用。

（二）公益诉讼制度可以维护社会公共利益

在现代社会，随着权利保护理念的日益深入，个人信息已经成为人们日益重视的新型权利，个人信息的侵权会导致人们在信息时代对个人生物识别信息安全的担忧。不同于传统的私权，个人信息权不仅关系到信息主体的私人利益，还会涉及社会公共利益与国家利益。在个人生物识别信息侵权案件中，通常不只是仅针对某个特定的信息主体进行侵权，还会侵犯众多社会成员的权利，由于这种侵权涉及面之广、危害性之严重会危及整个信息领域的公共秩序，因此具有“大规模侵权”的特点。“大规模侵权”是指基于一个同质性侵权事实在大范围内引起众多人遭受不同程度损害的行为。[①] 由于同一个侵权行为给为数众多的受害人造成人身、财产损害，大规模侵权行为侵害了“社会的秩序、正义、效益价值”，甚至还会使整个信息社会遭到破坏，最终会危害社会公共安全。在信息时代，保护个人生物识别信息，不仅是为了救济个人生物识别信息被侵犯后的财产损失，更

---

① 参见朱岩：《从大规模侵权看侵权责任法的体系变迁》，载《中国人民大学学报》2009年第3期。

是为了保护广大用户对于生物识别信息安全的信任，保证信息行业的健康发展。在信息社会中，每个自然人都是信息主体，信息主体的信息权利应当受到保护。由于个人生物识别信息容易成为大规模侵权的对象，侵犯海量的个人生物识别信息势必会损害社会公共利益。公益诉讼适用的切入点是侵权行为损害社会公共利益，而生物识别信息大规模侵权所侵害的正是社会公共利益，受害人受到的损失是一种“社会性损失”，这种损失直接影响到广大人民群众的合法权益。所以，在信息领域建立公益诉讼制度有正当理由，体现了现代法治维护公共利益的价值目标。

（三）公益诉讼制度可以弥补私益诉讼动力不足的缺憾

大多数情况下，信息处理者是运用专业的生物识别技术来收集、加工、分析、使用个人生物识别信息，对个人生物识别信息的使用、分析、传输大部分都是通过计算机技术批量完成的，在侵权中依然如此，具有大规模侵权的特征。个人生物识别信息的侵权行为极为隐蔽，一般情况下，受害人无法知晓侵权人是在哪个环节实施了侵权行为。个人生物识别信息侵权往往还呈现出整体危害面大，单个规模小，具体到每个受害的信息主体权益损失较小，而诉讼成本高昂的特征。在大规模信息侵权中，不会造成信息权益客体立刻发生物理状态的改变，侵权行为的损害后果通常具有持续性。由于信息主体与信息处理者之间在实力和地位上的巨大差别，加上信息不对称等多重因素的影响，大多数受害的信息主体可能出于举证能力有限、成本效益等众多因素的考虑，抱着“多一事不如少一事”的态度，怠于维权，这使得个人信息侵权行为愈加猖獗。这种直接拉大侵权人所支付损害赔偿金额与可得获利之间差值的结果，导致社会成员整体信息权益依然处于受损状态。侵害个人生物识别信息所造成的“损失”，无法完全由传统的损害赔偿责任制度救济，普通民事赔偿责任无法遏制个人信息领域的不法行为。造成这一现象的原因在于现行立法如民法典和个保法等法律中规定的个人信息侵权的救济制度是以个人生物识别信息私益诉讼为主导而构建的。依据的是单一信息主体信息权利的受害程度，在确定损害赔偿时没有考虑到个人信息权关系到不特定社会成员整体利益的情况。正是因为没有考虑多数成员整体利益受损的情况，由信息主体单打独斗维权的私人诉讼模式难以有效应对个人生物识别信息大规模侵权。即使走到诉讼阶段，私益诉讼中的救济只能是一对一进行，对于侵权人而言私益诉讼体量小、赔偿金额不高，因此不会害怕信息主体提起私益诉讼。私益诉讼对诉的利益均衡只是从消极方面来衡量的，私益诉讼的“个案解决”模式无法遏制信息侵权行为的蔓延[①]，在社会公共利益遭受损害又缺少利害相关人起诉时就没有办法积极追究侵权人的责任。根据现行法律制度的规定，个人生物识别信息大规模侵权所遭受的“社会性损失”在私益诉讼中无法计算在赔偿范围之内。我国目前对个人生物识别信息的司法救济途径，不仅在救济单个信息主体权利被侵害时存在诸多障碍，更无法解决涉及不特定多数信息主体的个人生物识别信息保护问题。

在信息社会中，个人生物识别信息除了具有私益属性外，其社会性与公共性也逐渐增加。是否值得立法对个人生物识别信息保护作出特别规定，应该充分考虑社会发展和现代法制所追求的价值目标。为了保护社会中广大信息主体的合法权益，维护社会公共秩序的健康稳定发展，在个人生物识别信息侵权案件中，应当平衡信息社会整体的“社会性损失”与信息处理者之间的“收益”，扭转资源分配的失衡，实现实质正义，保护个人生物识别信息免受伤害。为了救济受害人、积极预防侵权行为的发生和合理分配社会正义，要积极助推塑成大规模侵权救济思维[②]，以更好地预防和惩罚侵权行为，保障社会安全。公益诉讼制度可以对个人生物识别信息予以特殊保护，使维权的范围更广，跳出单个信息主体利益维权的局限，对大规

① 参见卢艳玲、宋丽红:《个人信息保护公益诉讼制度的理据探究与适用展开》，载《应用法学评论》2022 年第 1 期。

② 参见程建华:《大规模侵权救济思维的塑成——基于惩罚性赔偿制度构建的视角》，载《国家行政学院学报》2017 年第 2 期。

模个人生物识别信息侵权进行遏制，填补了信息社会所遭受的社会性损失，使受损的公共利益得以恢复。相比于信息主体个人提起的私益诉讼，适格的主体具有更强的诉讼能力，由这些主体提起公益诉讼维权效率更高。总之，只有制止、遏制生物识别信息侵权行为的蔓延，对侵权行为进行有效约束，才能对个人生物识别信息进行有效的司法保护，实现“良法善治”独特价值，公益诉讼是保护个人生物识别信息领域公共利益的有效机制。

二、个人生物识别信息保护民事公益诉讼制度的完善

在个人信息保护中设置公益诉讼制是一个具有广泛国际共识性的制度。[①] 我国于2012年修改了民事诉讼法，正式建立了我国公益诉讼制度，[②] 明确了民事公益诉讼的诉讼范围为环境污染、侵害众多消费者权益等侵害社会公益的行为。2013年修改后的消费者权益保护法明确规定，消费者协会可以原告资格提起消费公益诉讼。2021年颁布并实施的个保法明确规定了个人信息民事公益诉讼制度，并明确规定了提起公益诉讼的适格主体。2021年最高人民法院发布《关于审理使用人脸识别技术处理个人信息相关民事案件适用法律若干问题的规定》，对人脸识别信息侵权适用民事公益诉讼的问题作了规定。[③] 个保法虽然只规定了信息民事公益诉讼制度，没有规定行政公益诉讼，需要进一步改进与完善，但对个人生物识别信息公益诉讼来说，已经有了立法依据，符合法律的正当性要求。

---

① 参见张新宝、赖成宇:《个人信息保护公益诉讼制度的理解与适用》，载《国家检察官学院学报》2021年第5期。

② 2012年《民事诉讼法》第55条规定，对污染环境、侵害众多消费者合法权益等损害社会公共利益的行为，法律规定的机关和有关组织可以向人民法院提起诉讼。

③《关于审理使用人脸识别技术处理个人信息相关民事案件适用法律若干问题的规定》第14条规定:“信息处理者处理人脸信息的行为符合民事诉讼法第五十五条、消费者权益保护法第四十七条或者其他法律关于民事公益诉讼的相关规定，法律规定的机关和有关组织提起民事公益诉讼的，人民法院应予受理。”

（一）个人生物识别信息保护民事公益诉讼的适格主体

公益诉讼必须依据法律规定由适格主体提起。与私益诉讼不同，公益诉讼的“原告”是由法律拟制而成。依据个保法的规定，有权提起信息民事公益诉讼的主体有以下几类。

第一，检察机关。

检察机关是提起个人生物识别信息民事公益诉讼的重要主体。其提起公益诉讼，代表的是社会公共利益。[①] 个人信息侵权案件往往会侵害众多信息主体的合法权利，当众多信息主体的个人生物识别信息遭受损害时，就是侵害了社会公共利益，这时，检察机关提起公益诉讼，就是在维护社会公共利益。与其他提起主体相比，检察机关具有更强的诉讼能力。检察机关有充裕的资源、专业化的队伍、较强的取证能力，并且熟识诉讼流程，对提起公益诉讼有着丰富的经验。检察机关提起公益诉讼，可以依据公共利益的危害程度、公益诉讼的类型来选择诉讼程序和实施手段，实现便捷高效、针对性强的诉讼目标。[②] 在个人信息民事公益诉讼实践中，检察公益诉讼取得了较好的效果。如 2019 年杭州某网络科技公司研发的音乐视频教学类 App 强制索取用户“访问设备上的照片、媒体内容和文件”及手机设备号等权限行为，违法收集、使用用户个人信息（包括人脸信息）多达千万条。2020 年 6 月 23 日，浙江省余杭区检察机关提起民事公益诉讼，诉请被告某网络科技有限公司停止信息侵权。最后该案以调解方式结案，由被告某网络科技有限公司删除用户个人信息 1100 万余条、公开赔礼道歉，并承诺今后若违反协议约定，自愿支付 50 万元违约金用于公益支出。在现实生活中，信息主体在面对信息侵权行为提起私益诉讼时，存在取证难、

---

① 参见唐守东:《网络时代个人信息保护的公益诉讼模式构建》，载《行政与法》2021 年第 1 期。

② 参见刘学涛、潘昆仑:《个人生物识别信息的公益诉讼保护路径优化》，载《重庆邮电大学学报（社会科学版）》2022 年第 6 期。

维权成本高等问题。[①] 检察机关针对生物识别信息侵权行为侵害众多信息主体案件，提起民事公益诉讼可以维护信息主体的权利，是回应民生诉求的方式之一。

第二，消费者组织。

在我国，消费者组织主要是指消费者协会。消费者组织是消费公益诉讼重要的原告，2013 年修改后的消费者权益保护法增加了消费公益诉讼制度，并规定提起消费公益诉讼的主体是消费者协会。但是从我国消费民事公益诉讼整体的开展情况来看，由消费者协会提起民事公益诉讼的案件数量较少，这与消费者协会的财力、人力有限，以及取证困难有关。而消费者协会现在挂靠在市场监管部门，其独立性远远低于消费者对其功能的需求。因此，应当在消费者协会增强独立性方面进行探索，并完善相应的激励机制。通过激励制度可以激发消费者协会提起消费民事公益诉讼，以及个人信息民事公益诉讼的积极性，充分发挥其维护消费者权利的独特优势，遏制个人生物识别信息侵权高发的态势。

第三，由国家网信部门确定的组织。

由于个人生物识别信息的收集和使用往往涉及网络的安全和技术问题，检察院和消费者协会可能会缺乏相关的专业背景，这可能也是影响民事公益诉讼推进的重要因素。因此，个保法对个人信息公益诉讼的主体范围进行了扩大，可由国家网信办等部门根据实际情况来确定具有互联网管理背景的组织提起。这种由公权力机关和公民个人以外的有专业背景的社会组织来发动个人生物识别信息民事公益诉讼的方式，可以补充公权监管、私人维权，符合功能适当原则。较之公权监管，它成本更低；较之私人维权，它更集中有力，可以更好地保护个人信息。[②] 但是现有立法规定过于简略，

---

① 参见胡铭、陈高鸣:《数字时代个人信息保护的困境与程序法回应——以刑事附带民事公益诉讼为切入点》，载《浙江大学学报（人文社会科学版）》2023 年第 6 期。

② 参见王锡锌、彭錞:《个人信息保护法律体系的宪法基础》，载《清华法学》2021 年第 3 期。

有必要进一步细化。

个保法规定了民事公益诉讼的三类起诉主体，如何确定起诉主体的顺位也是需要明确的一个问题。目前关于个人信息民事公益诉讼起诉主体的顺位有不同的观点。第一种观点认为，既然个保法对此的规定是有顺序的，就应当按照个保法的规定确定顺位，即检察院—消费者组织—网信部门确定的组织，第一顺位的起诉主体是检察机关，消费者组织和网信部门确定的组织依次分别是第二和第三顺位的起诉主体，排名在后的主体只有在前面主体没有提起公益诉讼的情况下才能起诉。[①] 第二种观点认为，《个保法》第70条仅仅列举了有权提起个人信息保护公益诉讼的主体范围，并没有规定主体诉讼的先后顺位，三类起诉主体都可以径行提起民事公益诉讼。第三种观点认为，个人信息民事公益诉讼仍须遵循民事诉讼法规定的主体顺位，由检察院作为兜底诉讼主体。因为，民事公益诉讼通常涉及的是平等主体之间的人身关系和财产关系，作为国家公权力机关的检察机关对此不应过多进行干预，理论上由检察院作为兜底的诉讼主体才能确保其谦抑性[②]。个人生物识别信息民事公益诉讼对抗的是个人信息处理者（私权主体），检察机关需发布公告找寻是否已有适格主体提起了诉讼，只有在其他适格主体均未提起时，检察机关才能代表社会公共利益提起诉讼，履行职责，维护社会公共利益。[③]

如何理顺个人信息民事公益诉讼起诉主体的顺位，让个保法与民事诉讼法合理衔接，是一个亟须解决的问题。在个人生物识别信息民事公益诉讼确定适格主体起诉顺位的时候，应将检察院设为第一顺位的起诉主体。因为在目前的司法实践中，关于个人信息民事公益诉讼的案件主要是由检

① 参见王宁：《个人信息保护公益诉讼的逻辑证成与程序建构》，载《南方论刊》2022年第9期。

② 参见陆洲、高丽敏：《个人生物识别信息的公益诉讼制度优化研究》，载《河北工程大学学报（社会科学版）》2023年第2期。

③ 参见刘学涛、潘昆仑：《个人生物识别信息的公益诉讼保护路径优化》，载《重庆邮电大学学报（社会科学版）》2022年第6期。

察机关提起的，由消费者协会提起的民事公益诉讼数量本来就很少，涉及个人信息的民事公益诉讼案件数量更少。国家网信部门目前也未规定专门的个人信息保护组织，相关配套制度的制定也需要时间。可以预见，在今后较长的一段时期内，检察机关会是个人生物识别信息民事公益诉讼的主要起诉主体。检察机关在我国也是最先开展这一新型公益诉讼实践的主体，将其设为第一顺位的起诉主体，可以对个人生物识别信息民事公益诉讼的发展起到引领作用。①

检察机关提起个人生物识别信息民事公益诉讼与其他主体相比具有天然的优势，具体来说：首先，检察机关代表人民进行监督，其权力来源于人民，检察机关代表社会公共利益，提起公益诉讼是对社会秩序的维护，是公益属性的体现。其次，从业务能力看，检察机关有着大量的法律专业人才，具备较强的诉讼实力，能够多渠道发现相关线索，收集证据力度较强。因此，在个人生物识别信息民事保护公益诉讼中，笔者建议明确检察院是第一顺位的起诉主体。

对于公益诉讼而言，虽然提起诉讼的主体不受“与本案有直接的利害关系”的限制，但其他仍需遵循民事诉讼法的规定，即要提起民事公益诉讼，还必须要有明确的被告。在个人生物识别信息法律关系中，双方当事人分别是信息主体（权利主体）和个人信息处理者（义务主体）。因此，在个人生物识别信息公益诉讼中，被告是违法处理个人信息的信息处理者。对此，《个保法》第 70 条也明确作出了规定，对个人信息处理者侵害个人信息的行为，可发动民事公益诉讼。作为个人生物识别信息民事公益诉讼被告的个人信息处理者具有复杂性，应当对其范围进行限定。在个人信息民事公益诉讼中，被告应仅限于相关组织和个人，即私权主体，作为公权力主体的行政机关则不能成为个人生物识别信息民事公益诉讼的被告。公权

① 参见张陈果:《个人信息保护民事公益诉讼的程序逻辑与规范解释——兼论个人信息保护的“消费者化”》，载《国家检察官学院学报》2021 年第 6 期。

力主体在个人生物识别信息领域兼具当事人和监管主体的双重身份。若公权力主体作为信息处理者在处理个人生物识别信息过程中侵害众多个人生物识别信息权益的，以及作为监管主体不履行监管职责、不当监管或违法监管对个人生物识别信息造成侵害的，应当由检察机关提起行政公益诉讼。

（二）个人生物识别信息保护民事公益诉讼的启动要件

具备明确的启动要件是适用公益诉讼的前提和基础。在提起个人生物识别信息保护民事公益诉讼时，其启动要件是信息处理者（私权主体）有违法处理个人生物识别信息的行为，且该行为损害了社会公共利益。

1. 信息处理者（私权主体）有违法行为

个保法明确了启动个人信息民事公益诉讼的重要要件，即信息处理者（私权主体）有违法处理个人信息的行为。[①] 在个人生物识别信息的处理过程中，信息主体的权利经常容易受到侵害。由于信息处理者具有获得个人生物识别信息的便利优势，并有能力对个人生物识别信息进行处理，在信息处理过程中，信息处理者（私权主体）完全掌控着信息主体的生物识别信息，在信息技术上居于主导地位，与信息主体间存在着“数字鸿沟”，由此产生行为能力上的差距。[②] 信息处理者（私权主体）违法处理个人生物识别信息，会导致受害的信息主体遭受财产损害或精神损害。在认定信息处理者（私权主体）是否存在违法处理个人生物识别信息行为时，要对该行为进行违法性分析，即其行为是否违反了个保法的规定，若信息处理者（私权主体）违反个保法的规定处理信息主体的个人生物识别信息，则可以认定其行为违法。

---

① 《个保法》第70条规定，个人信息处理者违反本法规定处理个人信息，侵害众多个人的权益的，人民检察院、法律规定的消费者组织和由国家网信部门确定的组织可以依法向人民法院提起诉讼。

② 参见冯健鹏:《个人信息保护制度中告知同意原则的法理阐释与规范建构》，载《法治研究》2022年第3期。

2. 违法行为损害了公共利益

个人生物识别信息除了具有私益属性外，还兼具社会属性。个人生物识别信息侵权通常是对信息的批量使用和泄露，不只侵犯特定信息主体的权利，还会侵犯众多信息主体的权利。这种侵权呈现出受害人人数众多、涉及面广、危害程度严重的特点，会严重破坏市场经济秩序、危害社会公共安全。公益诉讼适用的前提条件是侵权行为损害了社会公共利益，而个人生物识别信息侵权侵害的正是社会公共利益。通过启动个人生物识别信息民事公益诉讼制度，可以维护社会公共利益，遏制个人生物识别信息侵权行为，使受损的公共利益得以恢复。由于对公共利益的理解具有主观性，司法机关在审理个人生物识别信息民事公益诉讼案件时，对于公共利益的认定应当具体案件具体分析。

个人生物识别信息侵权中公共利益的损害，是指信息处理者（私权主体）违法处理个人生物识别信息损害了社会公共利益。信息处理者（私权主体）非法处理个人生物识别信息造成公共利益损害时，能够提起信息民事公益诉讼的主体可以代表广大信息主体及时提起民事公益诉讼，以制止信息处理者（私权主体）的不法行为。

（三）建立公益诉讼专项基金制度

在生物识别信息公益诉讼获得胜诉的情况下，如何确保赔偿金合理分配、能否用于对受害人赔偿也是人们关注的一个问题。设立公益诉讼专项基金制度可以解决公益诉讼中对受害人进行公平受偿的问题。[①] 公益诉讼专项基金是指用专门用于公益诉讼的基金。首先，由于公益诉讼专项基金自身特性的原因，其无法来源于生产经营资金，在个人生物识别信息保护公益诉讼中，公益诉讼专项基金只能通过以下途径获得：国家的财政拨款、

① 参见张卫平：《民事公益诉讼原则的制度化及实施研究》，载《清华法学》2013年第4期。

社会各界的捐款，以及公益诉讼胜诉所获的赔偿金。其次，要明确公益诉讼专项基金的适用范围。一方面，可适用于生物识别信息保护公益诉讼，即可用于适格主体在提起公益诉讼中支出的鉴定、检验、公告、公证、专家论证、社会调查等的费用。另一方面，在一定范围内可对确定的信息侵权受害人给予赔偿，以实现公益诉讼对私益救济的关怀。再次，要健全专项基金运行管理。专项基金的设立及运行交应当由相关行政部门负责，由其承担基金的管理使用。最后，应当构建公益诉讼专项基金的监督机制，通过加强对专项基金的监督管理，让生物识别信息保护公益诉讼专项基金的运行做到公开透明。如通过审计部门、财政部门等，加强对专项基金的监督。[①] 同时，还应当发挥检察机关的监督职能。检察机关可以督促相关行政机关管理并运行专项基金，以确保专项基金能够用于公益诉讼事项。

三、个人生物识别信息保护行政公益诉讼制度的构建

个人生物识别信息如今在安防、金融、医疗、教育、支付、公共交通、文娱等诸多领域广泛应用，有力地维护了社会公共安全、方便了大众生活。随之而来的是个人生物识别信息的侵权行为也越来越猖獗，因侵权造成的损害日益严重，不论是受害人的范围，还是造成的损害程度，都是传统民事侵权行为无法比拟的。因个人生物识别信息侵权所造成的损失是一种“社会性损失”，直接影响广大人民群众的合法权益，损害社会公共利益，所以在信息领域对个人生物识别信息予以特殊的保护，建立公益诉讼制度有着正当理由。行政公益诉讼在诸多领域的适用有效地维护了社会公共利益。鉴于实践中已经出现检察机关提起关于个人信息行政公益诉讼的大量相关案例，建议立法尽快进行回应，在个保法中引入行政公益诉讼制度。

---

① 参见许身健、张涛:《个人信息保护检察公益诉讼的法理基础与制度完善》，载《法学论坛》2023 年第 1 期。

（一）个人生物识别信息保护引入行政公益诉讼的必要性

个人生物识别信息行政公益诉讼是指检察机关为维护关涉个人生物识别信息的公共利益免受侵害向违法行使职权或不作为的行政机关提起的诉讼。我国个保法规定了个人信息民事公益诉讼制度，确定了个人信息的民事公益诉讼制度，对遏制个人生物识别信息侵权、恢复受损的公共利益起到了积极作用。但是该法只规定了民事公益诉讼制度，没有规定行政公益诉讼。从大数据时代个人生物识别信息侵权行为的特点来看，个人生物识别信息公益诉讼既需要民事公益诉讼也需要行政公益诉讼，只有二者拧成一股绳形成合力，才能实现全面保护个人生物识别信息的目的。

关于行政公益诉讼制度，我国于 2017 年修订的《行政诉讼法》在第 25 条第 4 款中作出了规定。[①] 该条款列举了行政公益诉讼的范围，包括生态环境、食药安全、国有财产保护、国有土地使用权出让四大领域；该法以“等领域”的立法表述为行政公益诉讼介入个人信息领域预留了制度空间。将行政公益诉讼制度引入个人生物识别信息保护领域，是制度优势得以体现的有效路径[②]，可以弥补民事公益诉讼之不足。2018 年 2 月通过的《关于检察公益诉讼案件适用法律若干问题的解释》规定了受理法院层级、刑事诉讼附带民事公益诉讼的衔接、检察院撤回起诉的条件等，为民事公益诉讼和行政公益诉讼的运行操作提供了细致的规范。

个人生物识别信息的保护需要引入行政公益诉讼的理由在于：首先，信息处理者具有特殊性，个人生物识别信息侵权具有复杂性。在个人生物识别信息的法律关系中，基于对信息收集、使用的主体身份不同，可以将

---

① 《行政诉讼法》第 25 条第 4 款规定，人民检察院在履行职责中发现生态环境和资源保护、食品药品安全、国有财产保护、国有土地使用权出让等领域负有监督管理职责的行政机关违法行使职权或者不作为，致使国家利益或者社会公共利益受到侵害的，应当向行政机关提出检察建议，督促其依法履行职责。行政机关不依法履行职责的，人民检察院依法向人民法院提起诉讼。

② 参见张炜达、呼啸:《大数据时代下个人信息行政公益诉讼制度之建构》，载《西北大学学报（哲学社会科学版）》2020 年第 4 期。

信息处理者划分为以经营者为代表的私权主体和以政府部门为代表的公权力主体两类。以政府部门为代表的公权力主体在行政管理过程中为了更好地履行职责，需要收集和使用个人生物识别信息。政府公权力主体在个人生物识别信息法律关系中的身份较为特殊，一方面，其可以成为法律关系中的一方当事人即信息处理者，对个人生物识别信息进行收集和使用；另一方面，政府公权力主体基于个保法和其他法律法规的规定还承担对个人信息保护的职责，此时政府公权力主体的身份又是监管主体。由于身份的不同，其应当履行的义务和承担的责任也不尽相同。《个保法》第二章第三节对政府公权力主体作为信息处理者处理个人信息进行了特别规定。除履行一般信息处理者的保密义务、对信息主体的告知义务外，还应当按照比例原则，考虑相关个人生物识别信息收集、使用的目的、手段、范围、内容、限度等，采取相应防范措施以降低潜在的信息安全风险；对不同种类的个人生物识别信息，应当进行相应程度的加密措施，进行安全管控。虽然个人生物识别信息是实现社会公共治理的重要载体，但是在治理过程中行政机关也可能对个人生物识别信息造成侵害。对个人生物识别信息既要利用也要保护，只有二者达到平衡才能实现社会公共治理的目标。政府公权力主体在处理个人生物识别信息过程中，若是违反法律规定的义务，非法收集和使用个人生物识别信息，也可能会造成对不特定多数信息主体侵权的事件。

其次，政府机关等公权力主体收集、使用个人生物识别信息的行为可能是一种抽象行政行为，该行为需要上级机关的监管。但是出于共同的行政目的，上级机关可能无法有效地对个人生物识别信息侵权行为进行规制，由检察机关提起的行政公益诉讼，方可对此问题进行纠偏。

最后，作为履行个人生物识别信息监管法定职责的政府机构，其身份不是法律关系中的当事人而是监管主体，其监管的对象就是个人信息处理者（私权主体）。信息处理者（私权主体）在收集、使用个人生物识别信息的过程中，监管主体要对其进行动态化的监管，让其行为符合法律规范。

若个人信息处理者（私权主体）违法收集、使用个人生物识别信息，将承担个保法规定的法律责任，而此时的监管主体就是执法者。当法律规定的负有监管职责的行政机关，如网信、工信、公安、市场监管等行政机关怠于监管（不作为）或违法监管导致个人生物识别信息相关的公共利益受到损害时，也需要嵌入行政公益诉讼制度。因为其违法行使职权或不作为将影响个人信息保护法律价值的实现。[①] 由检察机关提起行政公益诉讼可以维护社会公共利益，防止监管机关对个人生物识别信息的间接侵害。

总之，现行立法对信息主体的权利和信息处理者的义务都作出了明确规定。个人信息处理者（私权主体）违法收集、使用个人生物识别信息时，往往在侵害信息主体私人权益的同时，还会造成个人生物识别信息的大规模侵权，使信息社会遭受社会性损失，破坏市场的正常秩序。因此，只要个人信息处理者（私权主体）的行为侵害了个人生物识别信息的公共利益，就可以通过民事公益诉讼来追究其责任。政府公权力主体作为信息处理者在处理个人生物识别信息过程中，若是存在违法收集和使用他人生物识别信息的情况，会对个人生物识别信息造成侵害；作为监管主体，如果政府公权力主体不履行监管职责、不当监管或违法监管，也会对个人生物识别信息造成间接侵害，这两种行为都会损害到个人生物识别信息的公共利益，影响个人生物识别信息法律保护的实现。因此，在出现这两种情况时，应当由检察机关提起行政公益诉讼。在个人生物识别信息领域中，政府公权力主体应当发挥其对个人生物识别信息保护的主导作用，行政公益诉讼可以督促其发挥监督功能。可见，在对个人生物识别信息保护中，应当既有民事公益诉讼，也有行政公益诉讼，应构建两种公益诉讼制度共存、互相配合相辅相成的机制，共同实现对个人生物识别信息的法律保护。

---

① 参见尹少成、王海：《个人信息保护行政公益诉讼制度的逻辑生成与制度建构》，载《经贸法律评论》2022 年第 6 期。

（二）关于行政公益诉讼的适格主体

《行政诉讼法》第25条第4款明确规定，唯一有资格提起行政公益诉讼的适格主体是人民检察院。检察机关不是个人生物识别信息保护的监管机关，而是在个人生物识别信息侵权发生后，代表公共利益提起公益诉讼的主体。在个人生物识别信息保护公益诉讼中，检察机关既可以对违法处理个人生物识别信息的个人信息处理者（私权主体）提起民事公益诉讼，也可以对行政机关提起行政公益诉讼，这样能够弥补政府公权力主体作为监管主体执法的不足，监督政府公权力主体积极履行保护信息主体信息权益的职责，这也是拓展司法救济途径的客观现实要求。

虽然目前我国个保法中没有规定个人信息的行政公益诉讼制度，但是在实践中已经有检察机关提起个人信息行政公益诉讼的相关案例。如最高人民检察院在2021年发布了关于个人信息公益诉讼典型案例11件，其中，行政公益诉讼有6起，刑事附带民事公益诉讼典型案例有3起。

个人生物识别信息行政公益诉讼中的被告有两个，一是作为信息处理者的政府公权力主体，政府机关（公权力主体）作为个人信息处理者在对个人生物识别信息进行处理过程中，如果有违法收集和使用个人生物识别信息的行为，会侵害众多信息主体的权益，损害公共利益，故须将作为信息处理者的政府机关（公权力主体）纳入被告范围，由检察机关提起行政公益诉讼对其进行监督。二是作为监管主体的政府公权力主体。监管主体监管的对象主要是信息处理者（私权主体）。对信息处理者（私权主体）收集和使用个人生物识别信息的行为，监管机关要进行动态化的监管，若个人信息处理者（私主体）出现违法收集、使用个人生物识别信息的行为，将责令其承担相应的行政处罚责任。我国行政诉讼法规定的被告是在特定领域“负有监督管理职责”的行政机关。[①]

① 参见蒋红珍:《〈个人信息保护法〉中的行政监管》，载《中国法律评论》2021年第5期。

（三）个人生物识别信息保护行政公益诉讼的启动要件

行政公益诉讼作为公益诉讼的一种类型，要符合和遵守公益诉讼的基本原理和规律。具备明确的启动要件是适用公益诉讼的前提和基础。在提起个人生物识别信息行政公益诉讼时，其启动要件应包括信息处理者（政府公权力主体）有违法处理个人生物识别信息的行为，或者行政机关有怠于监管或违法监管的行为，且违法行为损害了社会公共利益。另外，笔者建议，检察机关在向人民法院提起个人生物识别信息行政公益诉讼之前，须经过检察建议的程序。

1. 被告有违法行为

虽然个保法只明确了启动个人信息民事公益诉讼的要件为信息处理者有违法处理个人信息的行为，该规定在行政公益诉讼中应当依然适用。"信息处理行为"作为一种法律行为，是主体与客体互相作用的复杂过程。[①]认定信息处理者（政府公权力主体）是否存在违法处理个人生物识别信息的行为时，要对其行为进行违法性分析，看其行为是否违反了相关法律法规的规定。在个人生物识别信息的行政公益诉讼中，除了信息处理者（政府公权力主体）有违法处理个人生物识别信息的行为是发动行政公益诉讼的要件之外，另外还有一个发动要件是行政机关违法行使职权或者不作为，这是行政诉讼法规定的提起行政公益诉讼的重要缘由。基于个保法和其他法律法规的规定，行政机关作为监管主体承担着个人信息保护的职责。在个人生物识别信息法律保护中，监管主体应当积极履行职责，如果不履行监管义务、不当监管或违法监管而损害个人生物识别信息的公共利益，就会影响个人生物识别信息法律保护的实现。因此，在出现这种情况时，也可以由检察机关发动行政公益诉讼。

总之，个人生物识别信息侵权案件中违法行为的做出，有可能是作为

① 参见郭小伟、高珺：《个人信息保护公益诉讼条款的理解与适用》，载《中国检察官》2022年第15期。

信息处理者的政府公权力主体作出的，即行政机关存在违法处理生物识别信息的行为，从而损害了社会公共利益；也有可能是作为监管主体的行政机关作出的，即监管主体作出了不依法履职或者违法行使职权的行为，如监管主体放任信息处理者（私权主体）不当处理个人生物识别信息就是不作为行为。因此，不管是作为信息处理者的行政机关还是对个人信息保护负有监管职责的监管主体，若实施了生物识别信息的违法行为，检察机关均可提起行政公益诉讼。

2. 违法行为损害了公共利益

设置公益诉讼制度的目的是维护社会公共利益，个人生物识别信息公益诉讼制度就是为了解决侵权行为侵害了众多信息主体信息权益的问题。个人信息权不仅仅是信息主体的个人私权，其还具有社会公共属性。个人生物识别信息已经成为社会发展的重要资源，个人生物识别信息侵权行为侵害众多信息主体的合法权利就意味着侵害了社会公共利益。个保法在设计个人信息公益诉讼制度时，采用了“侵害众多个人的权益”的表述。社会公共利益关系到全体社会成员的个体利益，社会公共利益由社会成员个体利益集合组成，二者是相互依赖、相互包含的关系，保护个体利益在某些方面就是保护公共利益，公共利益的实现也是个体利益实现的有力保证，二者在根本上是一致的。因此，实施社会性经济违法行为，就会侵犯众多不特定社会个体成员的利益。所有社会成员的个人生物识别信息都有受保护的权利，当个人生物识别信息的侵权行为侵害的是不特定多数信息主体权利的时候，这种侵权行为已经构成了损害社会公共利益的大规模“社会性”侵权行为。“众多”通常指不特定的多数人，到底多少人能够代表社会公共利益，在认定时关键要对“众多”进行具体衡量、评估和量化。目前学界对“众多”的认定有两种学说，即“形式标准说”和“实质标准说”。[①] 前者认为应对“众多”规定具体数额、进行明确量化，该学说提供了一个具体明确的数额依据，便于司法机关进行判定，方便适用。后者“实质标准说”主张人数“众多”不过是社会公共利益认定的形式标准。应当如何把握何种标准能够体现社会公共利益，而不是简单以人数作为参考依据。[②] “形式标准说”以人数数额为标准，虽然便于法律适用，但是依据数额判定会使法律过于僵化，可能使法律救济不能周延，这反而可能会破坏法律所追求的实质正义。公共利益本身具有抽象性和不特定性，不能简单粗暴地以人数数额为限，应当开放式地合理把握社会公共利益的含义，从维护实质正义的出发点来判定“众多”。综上，“实质标准说”更符合这些特点。依据“实质标准说”，司法机关可以行使自由裁量权，从侵权的后果、实际受损的利益大小等方面来充分衡量是否侵害了社会公共利益，并以此进行司法裁判。[③]

总之，个人生物识别信息侵权案件中公共利益的损害，有可能是作为信息处理者的政府公权力主体造成的，即行政机关存在违法收集、使用生物识别信息的行为，损害了社会公共利益；也有可能是作为监管主体的行政机关不依法履职或者违法行使职权的行为造成的，如监管主体放任信息处理者（私权主体）不当处理个人生物识别信息。因此，不管是作为监管主体，还是作为信息处理者的行政机关都是检察机关监督的范围。至于“侵害”状态的认定，在大数据时代背景下，信息主体所承受的生物识别信息损失尤其是新型损害具有间接性特点，侵权不应以直接损害状态为依据，只要个人生物识别信息处理者实施了侵权行为，监管主体就应当及时纠正其不当行为。作为我国宪法规定的负有法律监督职能的检察机关，对行政

---

① 参见张新宝、赖成宇:《个人信息保护公益诉讼制度的理解与适用》，载《国家检察官学院学报》2021 年第 5 期。

② 参见吴光荣、赵刚:《消费者团体提起公益诉讼基本问题研究》，载《法律适用》2015 年第 5 期。

③ 参见张新宝、赖成宇:《个人信息保护公益诉讼制度的理解与适用》，载《国家检察官学院学报》2021 年第 5 期。

机关不依法履职或者违法行使职权的行为，应当及时出手予以制止，以保护公共利益不遭受侵害。

3. 经过行政公益诉讼的前置程序

在向人民法院提起个人生物识别信息行政公益诉讼之前，检察机关须经过公益诉讼前置的诉前检察建议程序。[①] 个人生物识别信息保护中的检察建议，可以督促负有个人生物识别信息保护职责的监管主体积极纠正自己的违法行政行为，积极完全履行行政职责，即不作为的要积极作为、乱作为的要纠正违法作为、不完全履职的要完全履职等。检察机关通过诉前程序，可以督促负有个人信息保护职责的行政监管部门依法履行职责来有效维护公共利益。若行政机关能够完全履行行政职责，则可以间接纠正信息处理者对个人生物识别信息权益的侵害行为。可见，通过检察建议手段对行政机关的违法或者不当行为进行合法的、必要的监督，可以促使其依法履职，节约司法成本。[②] 只有在行政监管部门拒不依法履行职责时，才可以诉之法院。[③]

① 《行政诉讼法》第 25 条第 4 款规定："人民检察院在履行职责中发现生态环境和资源保护、食品药品安全、国有财产保护、国有土地使用权出让等领域负有监督管理职责的行政机关违法行使职权或者不作为，致使国家利益或者社会公共利益受到侵害的，应当向行政机关提出检察建议，督促其依法履行职责。行政机关不依法履行职责的，人民检察院依法向人民法院提起诉讼。"

② 参见余凌云、郑志行：《个人信息保护行政公益诉讼的规范建构》，载《人民检察》2022 年第 5 期。

③ 参见蒋红珍：《个人信息保护的行政公益诉讼》，载《上海交通大学学报（哲学社会科学版）》2022 年第 5 期。

参考文献

一、著作类

1. ［希腊］亚里士多德:《亚里士多德全集》（第 8 卷），苗力田译，中国人民大学出版社 1992 年版。

2. ［美］约翰·罗尔斯:《正义论》，何怀宏等译，中国社会科学出版社 1988 年版。

3. ［美］N. 格里高利·曼昆:《经济学原理：微观经济学分册》（第 8 版），梁小民、梁砾译，北京大学出版社 2020 年版。

4. ［德］克雷斯蒂安·冯·巴尔:《欧洲比较侵权行为法》（上卷），张新宝译，法律出版社 2001 年版。

5. ［美］博登海默:《法理学——法哲学及其方法》，邓正来译，中国政法大学出版社 1999 年版。

6. ［法］皮埃尔·勒鲁:《论平等》，王允道译，商务印书馆 1988 年版。

7. ［德］乌尔里希·贝克:《风险社会》，何博闻译，译林出版社 2004 年版。

8. ［美］伯纳德·施瓦茨:《美国法律史》，王军等译，中国政法大学出版社 1997 年版。

9. 帕特里齐奥·肯佩斯:《生物识别的安全与隐私》，陈驰、翁大伟译，科学出版社 2017 年版。

10. 张新宝:《〈中华人民共和国个人信息保护法〉释义》，人民出版社 2021 年版。

11. 程啸:《侵权责任法》，法律出版社 2015 年版。

12. 个人信息保护课题组:《个人信息保护国际比较研究》(第二版),中国金融出版社 2021 年版。

13. 邱建华、冯敬:《生物特征识别——身份认证的革命》,清华大学出版社 2016 年版。

14. 江必新、王红霞:《国家治理现代化与社会治理》,中国法制出版社 2016 年版。

15. 杨合庆:《中华人民共和国个人信息保护法释义》,法律出版社 2022 年版。

16. 韩志红、宁立志等:《经济法权研究》,武汉大学出版社 2012 年版。

17. 张衡:《大数据时代个人信息安全规制研究》,上海社会科学院出版社 2020 年版。

18. 张新宝:《隐私权的法律保护》,群众出版社 1997 年版。

19. 张才琴、齐爱民、李仪:《大数据时代个人信息开发利用法律制度研究》,法律出版社 2015 年版。

20. 漆多俊:《经济法基础理论》,武汉大学出版社 2000 年版。

21. 王胜明:《中华人民共和国侵权责任法释义》(第二版),法律出版社 2013 年版。

二、期刊论文类

1. 包康赟:《人脸情绪识别算法的风险与规制》,载《北方法学》2022 年第 1 期。

2. 蔡培如:《欧盟法上的个人数据受保护权研究——兼议对我国个人信息权利构建的启示》,载《法学家》2021 年第 5 期。

3. 陈伟、宋坤鹏:《数据化时代"公民个人信息"的范围再界定》,载《西北民族大学学报(哲学社会科学版)》2021 年第 2 期。

4. 程啸:《民法典编纂视野下的个人信息保护》,载《中国法学》2019 年第 4 期。

5. 程啸：《论我国民法典中个人信息权益的性质》，载《政治与法律》2020年第8期。

6. 程啸：《论我国个人信息保护法中的个人信息处理规则》，载《清华法学》2021年第3期。

7. 陈星、梁丁：《大数据时代个人信息利用的法律规制》，载《重庆理工大学学报（社会科学）》2022年第6期。

8. 褚婧一：《论生物识别信息界定中的识别标准及我国的建构》，载《华中科技大学学报（社会科学版）》2023年第4期。

9. 刁胜先、姜音：《论人脸识别信息的法律保护——兼评我国"人脸识别第一案"》，载《重庆科技学院学报（社会科学版）》2022年第6期。

10. 丁晓东：《个人信息的双重属性与行为主义规制》，载《法学家》2020年第1期。

11. 段卫利：《被遗忘权的概念分析——以分析法学的权利理论为工具》，载《河南大学学报》2018年第5期。

12. 付微明：《个人生物识别信息的法律保护模式与中国选择》，载《华东政法大学学报》2019年第6期。

13. 高富平：《论个人信息保护的目的——以个人信息保护法益区分为核心》，载《法商研究》2019年第1期。

14. 高富平：《数据生产理论——数据资源权利配置的基础理论》，载《交大法学》2019年第4期。

15. 高志宏：《隐私、个人信息、数据三元分治的法理逻辑与优化路径》，载《法制与社会发展》2022年第2期。

16. 郭春镇：《数字人权时代人脸识别技术应用的治理》，载《现代法学》2020年第4期。

17. 郭小伟、高珺：《个人信息保护公益诉讼条款的理解与适用》，载《中国检察官》2022年第15期。

18. 何飞、娄丽敏：《生物特征识别技术在客户身份识别中的应用探析》，载《金融纵横》2021 年第 6 期。

19. 侯学宾:《AI 换脸：法律风险不容小觑》，载《浙江人大》2019 年第 11 期。

20. 胡凌:《刷脸：身份制度、个人信息与法律规制》，载《法学家》2021 年第 2 期。

21. 胡昕怡:《人脸识别技术应用法律规制研究》，载《河南司法警官职业学院学报》2022 年第 2 期。

22. 黄佳佳:《个人生物识别信息的民法保护路径探究》，载《中阿科技论坛（中英文）》2024 年第 2 期。

23. 纪海龙:《数据的私法定位与保护》，载《法学研究》2018 年第 6 期。

24. 姜素红、林炼鸿:《论被遗忘权的理论因应及制度构建》，载《湘潭大学学报（哲学社会科学版）》2023 年第 3 期。

25. 蓝寿荣:《商业活动中个人生物识别信息的属性与保护》，载《陕西师范大学学报（哲学社会科学版）》2022 年第 2 期。

26. 劳东燕:《“人脸识别第一案”判决的法理分析》，载《环球法律评论》2022 年第 1 期。

27. 廖建凯:《“大数据杀熟”法律规制的困境与出路——从消费者的权利保护到经营者算法权力治理》，载《西南政法大学学报》2020 年第 1 期。

28. 刘素华 :《论手机自动记录用户行动轨迹与个人信息保护》，载《法学评论》2020 年第 5 期。

29. 刘权:《论个人信息处理的合法、正当、必要原则》，载《法学家》2021 年第 5 期。

30. 刘越:《论生物识别信息的财产权保护》，载《法商研究》2016 年第 6 期。

31. 林洹民:《个人信息保护中知情同意原则的困境与出路》，载《北京航空航天大学学报（社会科学版）》2018 年第 3 期。

32. 孙道锐:《人脸识别技术的社会风险及其法律规制》，载《科学学研究》2021 年第 1 期。

33. 涂萌、谭诗悦:《论人脸识别技术应用的隐私安全风险与法律规制》，载《重庆理工大学学报（社会科学）》2022 年第 7 期。

34. 王鸿:《人脸识别技术应用的现行规制综述及立法趋势分析》，载《东北师大学报（哲学社会科学版）》2022 年第 2 期。

35. 王利明:《数据何以确权》，载《法学研究》2023 年第 4 期。

36. 王利明:《和而不同：隐私权与个人信息的规则界分和适用》，载《法学评论》2021 年第 2 期。

37. 王利明 :《〈个人信息保护法〉的亮点与创新》，载《重庆邮电大学学报（社会科学版）》2021 年第 6 期。

38. 汪辉、马韵洁、孙威蔚:《人脸识别技术在司法行政领域的应用》，载《数字通信世界》2018 年第 12 期。

39. 王鸿:《人脸识别技术应用的现行规制综述及立法趋势分析》，载《东北师大学报（哲学社会科学版）》2022 年第 2 期。

40. 王锡锌:《个人信息国家保护义务及展开》，载《中国法学》2021 年第 1 期。

41. 王鑫媛:《人脸识别技术应用的风险与法律规制》，载《科技与法律（中英文）》2021 年第 5 期。

42. 王旭:《人脸识别准入规则的失灵风险与制度重构》，载《大连海事大学学报（社会科学版）》2021 年第 6 期。

43. 王泽鉴:《人格权的具体化及其保护范围・隐私权篇（上）》，载《比较法研究》2008 年第 6 期。

44. 吴小帅:《大数据背景下个人生物识别信息安全的法律规制》，载《法学论坛》2021 年第 2 期。

45. 谢立斌、李艺:《个人信息的宪法财产权保护》，载《江西财经大学学报》2021 年第 5 期。

46. 邢会强 :《人脸识别的法律规制》，载《比较法研究》2020 年第 5 期。

47. 许可、孙铭溪:《个人私密信息的再厘清——从隐私和个人信息的关系切入》，载《中国应用法学》2021 年第 1 期。

48. 许瑞超:《基本权利第三人效力的范畴与本质》，载《交大法学》2021 年第 1 期。

49. 杨芳:《个人信息保护法保护客体之辨——兼论个人信息保护法和民法适用上之关系》，载《比较法研究》2017 年第 5 期。

50. 杨立新:《关于隐私权及其法律保护的几个问题》，载《人民检察》2000 年第 1 期。

51. 叶涛:《公共场所人脸识别技术应用的利益衡量与类型构造》，载《浙江社会科学》2022 年第 7 期。

52. 张建文:《新兴权利保护的基本权利路径》，载《河北法学》2019 年第 2 期。

53. 张建文、赵梓羽:《个人生物识别信息保护的立法模式与制度构建》，载《重庆邮电大学学报（社会科学版）》2022 年第 1 期。

54. 张丽英、段佳葆:《自动化决策下的个人信息保护——以〈个人信息保护法〉第 24 条为中心》，载《东岳论丛》2023 年第 10 期。

55. 张溪瑨、王晓丽:《人脸识别技术与应用的风险及治理研究》，载《科学学研究》2023 年第 3 期。

56. 张勇:《个人生物信息安全的法律保护——以人脸识别为例》，载《江西社会科学》2021 年第 5 期。

57. 赵精武:《〈民法典〉视野下人脸识别信息的权益归属与保护路径》，载《北京航空航天大学学报（社会科学版）》2020 年第 5 期。

58. 赵园园:《互联网征信中个人信息保护制度的审视与反思》，载《广东社会科学》2021 年第 3 期。

59. 郑文阳:《论个人生物识别信息保护中个体权利与公共利益的平衡》，载《法律科学（西北政法大学学报）》2024 年第 2 期。

60. 郑曦:《刑事司法中的数据安全保护问题研究》，载《东方法学》

2021 年第 5 期。

61. 周汉华:《个人信息保护的法律定位》，载《法商研究》2020 年第 3 期。

62. 曾雄、梁正、张辉:《人脸识别治理的国际经验与中国策略》，载《电子政务》2021 年第 9 期。

三、外文

1. Salil Prabhakar, Fingerprint Classification and Matching with Filter Bank, Michigan：University of Michigan State, 2001.

2. Patrick Greenlee, & David Reitman, Distinguishing Competitive and Exclusionary Uses of Loyalty Discounts, seat：The Antitrust Bulletin, 2005, 50(3).

3. Steve Lohr, Facial Recognition I Accurate, if You' real White Guy, The New York Times, 2018-02-09.

4. See Jay P. Kesan & Carol M. Hayes, Liability for Data Injuries, 2019 University of Illinois Law Review 295, 302（2019）.

5. Eugene Volokh, Freedom of Speech and Information Privacy, 52 Stan. L. Rev. 1049（2000）.

6. J. Solve & W. Hartzog, The FT Cand the New Comm on Law of Privacy, 114 Colum. L. Rev. 583（2014）.

7. Patrick Greenlee, David Reitman, Distinguishing Competitive and Exclusionary Uses of Loyalty Discounts, seat：The Antitrust Bulletin, 2005, 50(3).

8. Jack M. Balkin, The Three Laws of Robotics in the Age of Big Data, 78 Ohio State Law Journal, 1226（2017）.

9. Kateryna Nekit, Denis Kolodin & Valentyn Fedorov, Personal Data Protection and Liability for Damage in the Field of the Internet of Things, 10 JURIDICALTRIB. 80（2020）.

10. See Rosenbachv, Six Flags Entertainment Corporation, 2017 IL App. 2

d170317（2017），rev'd, 129 N. E. 3d1197（Ill. 2019）.

11. Marian K. Riedy & Bartlomiej Hanus, Yes, Your Personal Data Isat Risk：GetoverIt, 19 SMU Sci. & TECH. L. REV. 3（2016）.

12. Daniel J. Solove & Danielle Keats Citron, Risk and Anxiety：A Theory of Data-Breach Harms, 92 Texas Law Review, 2018, p. 740.

13. A. Mitchell Polinsky & d Steven Shaven. Punitive Damage An Economic Analysis, Harvard Law, 1998, 111.

14. Jay P. Kesan & Carol M. Hayes, Liability for Data Injuries, 2019 University of Illinois Law Review 295, 302（2019）.

15. Clara Kim, Granting Standing in Data Breach Cases: The Seventh Circuit Paves the Way towards a Solution to the Increasingly Pervasive Data Breach Problem, 2016 Columbia Business Law Review, 546（2016）.

后 记

科技的日新月异极大地便利了人们的工作与生活，绝大部分的科技创造仅能够改变或提高某个领域的技术水平或生产效率，但互联网技术却全方位地对人类的工作和生活产生了巨大的影响，是人类在应用技术领域的革命性创新。互联网不但为人与人之间进行跨越时空限制的交流与合作搭建了低成本的平台，而且会促使有关行业与领域发生变革。这些正在发生的变化是有目共睹的，并且仍然会以我们无法想象的速度飞速发展。这是人类有史记载的几千年来对自然规律不断探索与研究，并在此基础上经过无数的劳动者不懈的努力创造与发明的结果，也是人类技术文化传承的结果。艾萨克·牛顿曾经谦虚地说："如果我比别人看得更远，那是因为我站在巨人的肩上。"这位伟大的科学家用最简单、质朴的语言总结了人类科技文明传承的规律。

在生命科学领域，生物学家通过多年的研究终于破译与发现了人类的生物信息，并将互联网技术与生物识别技术相结合，掌握了根据生物信息识别不同个体的方法，实现了生物识别信息技术的大规模、高频次、远程化、高效率地广泛应用。这本来是造福人类自身的创造性技术成果，也有大力推广应用的必要。但是，技术是中性的，技术自身无法进行道德上的评判，某项技术的使用能够产生正效应还是负效应，取决于使用该项技术的目的或者在使用该技术的同时是否采取了一些必要的减少负面效应的措施。个人生物识别信息作为与个人身份认定密切相关的敏感信息，如果被泄露、被不正当地应用，将会给信息主体造成无法预知的不可逆的风险。在互联网作为传播手段的助推之下，会迅速放大个人生物识别信息泄露的风险。因此，如何建构必要及适当的制度性措施，为个人生物识别信息的合法应用提供保障，阻遏对个人生物识别信息的违法及不当使用，体现法律对人类自身权利的终极关怀与基本保障，就成为必要且紧迫的课题。基于上述原因，笔者尝试对个人生物识别信息的法律保护进行剥茧抽丝式的分析与研究，力求在对现有的法律制度规则进行必要的完善基础上，扎牢生物识别信息保护的“篱笆”，让我们生活在一个较为安全的环境中，这就是写作本书的出发点。

在本书的完成过程中，首先要感谢天津师范大学法学院、天津师范大学社科处的领导与同仁们的大力支持与帮助。天师大法学院多年来一贯传承的团结、互助、和谐的工作氛围，让我能够在身心愉悦的环境中安心从事教学与科研工作。同时要感谢我近 30 年的教学生涯中的学生们，在这里恕无法一一罗列他们的名字。授课前的备课让我养成了必须将法学理论与社会实践问题相结合的基本教学素养，在讲台上的讲授与分析让我对某个问题的分析与判断更加全面与客观，在学生们的询问与质疑中让我不断修正自己的学术观点与思考问题的角度与方法。可以说，学生们的疑问给了我写作这本书的灵感，与学生的探讨给了我这本书一些思路，因此这本书就是我多年教学与研究工作的阶段性成果，这也就是所谓的教学相长吧！最后，我要感谢与我携手共同生活 30 年的爱人，是她的相伴、照顾与帮助，让我安然度过了平凡的大半生直至知天命之年。

在本书付梓之际，衷心感谢中国检察出版社的编辑俞骊女士与彭羽涵女士。她们不厌其烦，对本书的不足之处提出了修改建议，付出了辛苦的劳动。让我能够及时查漏补缺而不至于贻笑大方，在此表示深深的谢意。

朱沛智

2024 年 3 月 29 日于天津师范大学